V&R unipress

Veröffentlichung des Universitätsverlags Osnabrück bei V&R unipress

Schriften des Erich Maria Remarque-Archivs

Band 19

Herausgegeben von Thomas F. Schneider
im Auftrag des Erich Maria Remarque-Friedenszentrums Osnabrück

KRIEG UND LITERATUR/WAR AND LITERATURE

Vol. X (2004)

Herausgegeben von Claudia Glunz und Thomas F. Schneider
Erich Maria Remarque-Friedenszentrum
Erich Maria Remarque-Archiv/Forschungsstelle Krieg und Literatur

V&R unipress

Dirk Göttsche / Franziska Meyer /
Claudia Glunz / Thomas F. Schneider (Hgg.)

Schreiben gegen Krieg und Gewalt

Ingeborg Bachmann und die deutschsprachige Literatur 1945–1980

Writing Against War and Violence

Ingeborg Bachmann and Literature in German 1945–1980

V&R unipress

Titelbildnachweis: »Das Buch Elija Nr. 7«, mit freundlicher Genehmigung Ergin Inans (Ausschnitt)

Der Druck wurde freundlicherweise unterstützt von: **austrian cultural forum**[lon]

Bibliografische Information Der Deutschen Bibliothek

Die Deutsche Bibliothek verzeichnet diese Publikation in der
Deutschen Nationalbibliografie; detaillierte bibliografische Daten sind
im Internet über <http://dnb.ddb.de> abrufbar.

ISBN 978-3-89971-268-1

ISSN 0935-9060
(gilt nur für Krieg und Literatur/War and Literature)

Gestaltung / Layout: Claudia Glunz, Thomas F. Schneider, Michael Fisher
Umschlagkonzeption: Tevfik Göktepe

Gedruckt auf alterungsbeständigem Papier.

Inhalt / Contents

Vorwort

Die Stimmen derer, die gegen Krieg und Gewalt schreiben, sind so schwach wie sie mächtig und gefürchtet sind. Der Bericht des *International Pen* vom Juni 2005 nennt die Namen fast 700 inhaftierter, hingerichteter oder verfolgter AutorInnen und JournalistInnen.[1] Politik und Medien horchen in der Regel scharf auf die Worte von AutorInnen. Nicht überhört wurde Arundhati Roys öffentlicher Einspruch gegen den Irak-Krieg, der die »brutale Entweihung des Gedenkens« an die Opfer New Yorks und die ›Manipulierung und Entwertung der Trauer‹ in Bildern und Sprache der Medien benannte.[2] Seien es die Vorwürfe ›politischer Naivität‹, der ›Gesinnung‹ oder des Schleuderns von ›Moralbomben‹ – vom Engagement provozierte Medien-Echos scheinen noch immer mit einer möglichen Aufklärungsmacht des literarischen Wortes zu rechnen. »Gründe lassen sich wahrlich finden, vom Konzept des ›engagierten Schriftstellers‹ Abstand zu nehmen«, weiß im September 2005 die *Frankfurter Rundschau,* um zu schließen: »Eines steht fest: Politisches Engagement ist out.«[3] Doch sind die Stimmen von AutorInnen gegen Krieg und Gewalt nie verstummt. Gemeinsam ist ihnen das Mißtrauen gegenüber der ›Sprache aus Phrasen‹ und deren mannigfaltigen gewaltbereiten Strategien der Auslassung, der Ausgrenzung und des Ausstoßens. ›Rechtspazifismus‹ und ›Friedensmissionen‹, ›friendly fire‹ und ›humanitäre Interventionen‹, ›militärische Operationen‹ und ›chirurgische Luftschläge‹, ›Aktionen‹ und ›Auseinandersetzungen‹ sind solche aktuellen Wortmünzen aus dem Wörterbuch des Krieges. »Wann der Vorkrieg beginne« – die Frage von Christa Wolfs Kassandra hat an Aktualität nichts verloren: »Falls es da Regeln gäbe, müßte man sie weitersagen. In Ton, in Stein eingraben, überliefern. Was stünde da. Da stünde unter anderen Sätzen: Laßt euch nicht von den Eigenen täuschen.«[4]

Gewalt und Krieg, als wieder entdecktes Mittel der Politik, beherrschen die Medien zu Beginn des 21. Jahrhunderts wie kaum ein anderes Thema. »Who would have thought that the twentieth century would be followed immediately by the eleventh century?«, fragte Amoz Oz angesichts der dem 11. September 2001 folgenden Gewaltspirale.[5] Krieg als institutionalisierter und legitimierter Ausnahmezustand bedeutet wie keine andere gesellschaftliche Situation das Ende gegenseitiger sozialer Berechenbarkeiten. Er fundiert auf der Aussetzung solcher gesellschaftlicher Vereinbarungen, die die Vernichtung und das Verstümmeln menschlicher Körper oder das Abbrennen fremder Häuser oder Schulen sanktioniert. Es ist offen, ob das 20. Jahrhundert als das kriegerischste und mörderischste in die Geschichte der Menschheit eingehen wird. Bis zum Jahr 1987 verzeichnet Rudolph J. Rummels zweibändige Studie *Death by Government* und *Statistics of Democide* mehr als einhundertundeinundsechzig Millionen und siebenhundertausend Ermordete: »In der Untersuchung Rummels geht es ausdrücklich [...] nicht um außerstaatliche Gewalt, nicht um Einzelfälle des staatlichen Terrors, sondern allein um die massenhafte Ermordung von wehrlosen Menschen in staatlicher Verantwortung.«[6]

Formen, Funktionen und Sprache kriegerischer Gewalt haben sich im 21. Jahrhundert gewandelt, nicht die Folgen für die Einzelnen. ›Präemptivkriege‹ und ›internationale Polizeiaktionen‹, ›Deterritorialisierung des Krieges‹ und ›Privatisierung militärischer Gewalt‹, Aussetzung des Völkerrechts, Rassismus und Erosion der

Bürgerrechte – diese Begriffe zeichnen abstrakt das politische und soziale Schlachtfeld mit seinen zahllosen Einfallstoren der Gewalt in die einzelnen menschlichen Leben. Dort hinterläßt sie Opfer und Täter, Folterer, Verstümmelte und Vermißte, Vergewaltiger und Vergewaltigte; Gewalt stößt aus, trennt und fügt unheilbare physische und psychische Verletzungen zu; sie zwingt zur Flucht und in die soziale Verelendung, sie verursacht Krankheit, Angst, Schmerzen und anhaltende Traumatisierungen. Die Spuren der Angriffe auf Menschen sind von keiner Statistik erfaßbar. Die Zahl der Trauernden und im weiteren Betroffenen übersteigt die Zahl der Ermordeten und Gequälten um ein Mehrfaches. »Der Mensch fällt eben um keinen Preis zusammen mit dem bloßen Leben des Menschen [...], ja nicht einmal mit der Einzigkeit seiner leiblichen Person. So heilig der Mensch ist [...], so wenig sind es seine Zustände, so wenig ist es sein leibliches, durch Mitmenschen verletzliches Leben«, schrieb Walter Benjamin 1921 zur »Kritik der Gewalt«.[7] Wo Statistiken über die Opfer von Krieg und Gewalt an die Grenzen des Vorstellungsvermögens stoßen, konfrontiert Literatur den Leser mit der Einzigkeit der Person. »Wenn wir uns auf die Seite des Ich schlagen, bricht der Boden / Wenn wir uns nicht auf die Seite des Ich stellen, zerbrechen wir«,[8] heißt es in Ursula Krechels eindrücklichem Kriegspoem *Stimmen aus dem harten Kern*, das von den Schlachtfeldern des Peloponnesischen Krieges bis zu den Kriegen des 21. Jahrhunderts die Stimmen der Untoten aufruft:

> Und wer grübe sie denn aus, wenn wir träumen, grübe im Sand
> Wo wir nicht waren, und wer grübe, wo wir vielleicht gewesen
>
> Und wer grübe im Sand, wo jetzt die Panzer, schweres Geschütz
> Und wer grübe im Sand, ob vielleicht ein Wort, ein Fetzen von
>
> Wortlosigkeit eine Spur ließ verrottend, wer grübe denn wirklich
> Wo eine Leine Feuer fing oder sich in einem Ast verwickelte [...].[9]

In ihrer Zugewandtheit, die immer auch den Leser meint, besteht Literatur auf der Sisyphos-Aufgabe des Erinnerns, der Sprachsuche und des Ausstellens ungesehener Möglichkeiten. Texte gegen Krieg und Gewalt führen nicht nur an die äußeren, sondern auch an die inneren Kriegsschauplätze, sie entdecken Extremsituationen im Alltäglichen. Sie verlangsamen und sind nachtragend. Im Abstand von der Tagespolitik liegt ihre Stärke. Doch wo Literatur zum Hinsehen auf das ›durch Mitmenschen verletzliche Leben‹ provoziert, insistiert sie auf Gleichzeitigkeit und Aktualität und fordert hierin – mit Ingeborg Bachmann – anhaltend dazu heraus, unsere Möglichkeiten des Einspruchs zu erweitern.

Der vorliegende Band enthält die Beiträge des internationalen Symposiums *Writing Against War – Writing Against Violence: Ingeborg Bachmann and German-Language Literature since 1945*, das am 14.–15. Januar 2005 an der Universität Nottingham stattfand. Anlaß der Tagung war die in Wien und Salzburg konzipierte multimediale Ausstellung *Writing Against War: Ingeborg Bachmann, 1926–1973.*[10] Ausgehend von dem Thema der Ausstellung untersuchte die Tagung jedoch nicht nur unterschiedliche Strategien des ›Schreibens gegen den Krieg‹ in dem einschlägigen Werk Ingeborg Bachmanns. Zur Diskussion standen auch andere deutschsprachige AutorInnen der Nachkriegsjahrzehnte, die sich kritisch mit Nationalsozialismus, Holocaust und Zweitem Weltkrieg, mit dem Kalten Krieg oder später mit Vietnam und dem vergessenen deutschen Kolonialismus auseinandersetzen. So zeigen die dreizehn Beiträge, von denen sieben auf deutsch und sechs auf englisch verfaßt sind, mit ihrem Blick auf Werke, die zwischen den späten 1940er und den späten 1970er Jahren entstanden, ein breites Spektrum literarischer und politischer Perspektiven von AutorInnen unterschiedlicher Herkunft und Generationszugehörigkeit. Und doch bringt die thematische Konzentration auf die kritische literarische Auseinandersetzung mit Krieg und Gewalt bzw. mit den jeweils herrschenden Diskursen ihrer öffentlichen Verhandlung ein dichtes Netzwerk von Spiegelungen hervor, in dem die Gemeinsamkeiten und Differenzen der Strategien des ›Schreibens gegen den Krieg‹ ebenso hervortreten wie die divergierenden Tendenzen der Erinnerungskulturen in Österreich, der Bundesrepublik Deutschland und der DDR seit dem Ende des Zweiten Weltkriegs.

So heißt ›Schreiben gegen den Krieg‹ für eine österreichische Autorin wie Ingeborg Bachmann, die beim Ausbruch des Krieges ein Teenager war und in der Kärntener Provinz auch weitgehend dem Bombenkrieg entging, z.B. etwas anderes als etwa für ihre männlichen Kollegen, die selbst Soldaten waren, oder für jüdische Autoren, die den Holocaust überlebten. Bachmanns Interesse gilt weniger dem unmittelbaren Kriegserlebnis und seinen Verstörungen als den kultur- und mentalitätsgeschichtlichen Voraussetzungen und Folgen des Krieges sowie den verborgenen gesellschaftlichen Gewaltstrukturen, die sie als die Wurzel kriegerischer Gewalt betrachtet. Mit Blick auf die Interferenzen von ›großer‹ und ›kleiner‹ Geschichte, politischer Zeitgeschichte und persönlichem Alltag mündet das Schreiben gegen den Krieg hier also in die literarische Kritik der Gewalt in den Strukturen der österreichischen und deutschen Nachkriegsgesellschaft. Dies reicht vom Machtverhältnis der Geschlechter in einer patriarchalischen Gesellschaft bis zu Gedankenformen des Kalten Krieges in Kultur und Politik sowie historisch vom nicht vergehenden Erbe des Weltkrieges und Holocaust bis zu Vietnam und den Folgen des europäischen Kolonialismus. Die übrigen diskutierten Autoren – von George Saiko und dem frühen Stefan Heym über Paul Celan und Peter Weiss bis zu dem jüngeren Uwe Timm – gehen in ihrer literarischen Auseinandersetzung mit Krieg und Gewalt ebenfalls über Darstellungen einschlägiger Erfahrungen hinaus und zielen auf die auslösenden Machtverhältnisse und Strukturen in der Gesellschaft des 20. Jahrhunderts. Schreiben gegen den Krieg impliziert auf unterschiedliche Weise so auch bei ihnen eine Kritik der herrschenden Erinnerungsdiskurse und die grundsätzlichere Frage nach den Möglichkeiten und Grenzen der Kriegs- und Gewaltdarstellung im Medium der Literatur. So reflektieren die Beiträge in ihrer Auseinandersetzung mit literarischen Texten aus mehr als drei Jahrzehnten zugleich Grundzüge der sich wandelnden Gedächtniskultur im deutschsprachigen Raum seit dem Zweiten Weltkrieg und überprüfen aktuelle Positionen zur Theorie des kulturellen Gedächtnisses sowie zur literarischen Repräsentation von Krieg und Gewalt.

Im ersten Teil des Buches beleuchten sechs Aufsätze verschiedene Aspekte des Schreibens gegen den Krieg bei Ingeborg Bachmann und arbeiten dabei zugleich Bezüge zu den ›Problemkonstanten‹ ihres Werks heraus. Hans Höller entwickelt zunächst grundlegend sein umfassendes Konzept dieser Poetik gegen den Krieg in einem nach 1945 entstandenen Werk, das sich gegen die Verdrängung der jüngsten

Vergangenheit in der Nachkriegszeit und angesichts der Politik des Kalten Krieges in kritischer Reflexion und utopischen Gegenbildern mit den epochalen Erfahrungen von Krieg und Gewalt auseinandersetzt. Dabei verfolgt er die unterschiedlichen Ausdrucksformen solch kritischer literarischer Zeitgenossenschaft von Bachmanns unveröffentlichtem frühen Kriegstagebuch bis zu ihrem großen *Todesarten*-Projekt. Die folgenden Analysen schließen hier an, indem sie jeweils bestimmte Aspekte und Phasen eines solchen Schreibens kulturgeschichtlich kontextualisieren. Ausgehend von Walter Benjamins Essay »Zur Kritik der Gewalt« untersucht Sabine Gölz Bachmanns Sprachkritik und liest ihre Erzählung *Ein Wildermuth* als literarisches Reflexionsmodell der Darstellung und Sprengung der inhärenten Gewalt herrschender Diskurse und jeder Versprachlichung unmittelbaren Erlebens. Beate Willma rekonstruiert den Ort von Bachmanns poetologischer Verflechtung von Sprachkritik und Musikästhetik in der Geschichte der musikalischen Avantgarde der 1950er Jahre und macht in ihrer musikwissenschaftlichen Analyse des Essays *Musik und Dichtung* die politischen Implikationen der musikästhetischen Kontroversen der Zeit kenntlich. Dirk Göttsche stellt den im März 2005 erstmals aus dem Nachlaß publizierten Korpus der Entwürfe zur politischen Sprachkritik vor, mit denen die Autorin in den frühen 1960er Jahren literarischen Anspruch und politische Essayistik in einer Kleinen Prosa zu vermitteln suchte, die sich als ›Schreiben gegen den Krieg‹ lesen läßt. Elisabeth Wagner zeigt im Vergleich von Bachmann und Peter Weiss und deren Topographien von Orten in der Fremde, wie in der Evozierung von Bildern Erfahrungen und Codierungen von Gewalt sichtbar gemacht werden. Vor dem Hintergrund zeitgenössischer Erinnerungsdiskurse eröffnet Tabea Kretschmanns Beitrag schließlich eine neue Perspektive auf Bachmanns literarische Dante-Rezeption (vor allem in ihrem Roman *Malina*) im Kontext der Auschwitz-Debatte der 1960er Jahre.

Die zweite Hälfte des Bandes blickt dann über Bachmann hinaus auf andere deutschsprachige AutorInnen und ihre unterschiedlichen Poetiken des Schreibens gegen Krieg und Gewalt im Kontext der jeweiligen Gedächtniskulturen der verschiedenen Länder. Anne Fuchs thematisiert zunächst grundsätzliche Fragen der Darstellbarkeit von Krieg und Gewalt in der Literatur im Horizont aktueller Debatten zum kulturellen Gedächtnis; ihre Analyse von Margret Boveris diskurskritischem Erinnerungsblick auf das Ende des Zweiten Weltkriegs aus der Perspektive der 1960er Jahre konfrontiert und hinterfragt universalisierende Konzepte einer generationsübergreifenden Traumatheorie, die in angloamerikanischen Perspektiven auf die literarische Erinnerungskultur derzeit im Vordergrund stehen. Die drei sich anschließenden Beiträge verfolgen über drei Dekaden unterschiedliche Formen des Schreibens über Krieg und Gewalt sowie die ihnen zugrundeliegenden gesellschaftlichen Machtstrukturen und Mentalitäten. Dennis Tate diskutiert Stefan Heyms frühen populären Zeitroman *The Crusaders* über den gerade erst überstandenen Zweiten Weltkrieg im Licht der Wiederkehr solcher Kreuzzugsmetaphorik in der diskursiven Rechtfertigung der jüngeren Kriege in Serbien und im Irak; Ritchie Robertson analysiert die stärker anthropologisch ausgerichtete Frage nach den Ursachen der Gewalt in der Gesellschaft des mittleren 20. Jahrhunderts bei George Saiko und Hans Lebert im Zeichen unterschiedlicher Konzepte der Gewalterklärung und Gewaltbeherrschung; und Mary Cosgrove interpretiert die experimentelle Kritik politischer Macht und psychophysischer Herrschaftsgewalt in den

Protokollromanen Albert Drachs vor dem Hintergrund der politischen Philosophie Giorgio Agambens. Die folgenden Beiträge zu Paul Celan beleuchten dann zum einen dessen Zwischenaufenthalt im Wien der Nachkriegsjahre, wo er auch Ingeborg Bachmann begegnete, als Station in der Genese von Celans literarischer Gedächtnissprache (Heike Bartel); zum anderen werden werkübergreifende Aspekte in Celans Schreiben über die erlittenen Gewalterfahrungen herausgearbeitet, die nicht zuletzt in seinen Übersetzungen virulent werden (Martin Hainz). Der Band schließt mit Monika Albrechtes Neulektüre von Uwe Timms Antikriegsroman *Morenga*, in dem die kritische Erinnerung an den deutschen Kolonialkrieg in Namibia sich mit der Konfrontation von Mentalitäten der Studentenbewegung im Spannungsfeld von Antimilitarismus und Gewaltfaszination überschneidet.

Abschließend möchten die Herausgeber allen danken, die die Tagung sowie den Tagungsband und sein Erscheinen in dem passenden Rahmen des Jahrbuchs *Krieg und Literatur* möglich gemacht haben, vor allem also dem Österreichischen Kulturforum London und der Universität Nottingham, die die Tagung und die Drucklegung des Tagungsbandes großzügig bezuschußt haben. Den Erben Ingeborg Bachmanns, Dr. Heinz Bachmann und Isolde Moser, sowie Gunilla Palmstierna-Weiss, Nuria Schoenberg-Nono, dem Peter-Weiss-Archiv sowie der Bayerischen Staatsbibliothek Monacensia danken wir für die urheberrechtliche Genehmigung der verwendeten Briefzitate. Bei der Jahrbuchredaktion und unseren AutorInnen bedanken wir uns für die gute Zusammenarbeit, die eine zügige Publikation der Tagungsergebnisse möglich gemacht hat.

Dirk Göttsche und Franziska Meyer

Anmerkungen

1 http://pen.org/media/CasepdfJune05.
2 Arundhati Roy. »Unsere Wut ist grenzenlos. Über den Antiamerikanismus als Ideologie«. Aus dem Englischen von Matthias Fienbork. *Frankfurter Allgemeine Zeitung*, 2. Oktober 2002.
3 Ina Hartwig. »Engagement, was ist das? Die Literaten und die Politik«. *Frankfurter Rundschau*, 17. September 2005.
4 Christa Wolf. *Kassandra*. München: dtv, 1994, 78.
5 Amos Oz. *Help Us to Divorce. Israel and Palestine. Between Right and Right*. London: Vintage, 2004, 46.
6 Hartmut Böhme. »Gewalt im 20. Jahrhundert«. *figurationen* 0 (1999), 139–157, hier 139, oder: http://www.culture.hu-berlin.de/HB/volltexte/texte/gewalt.html.
7 Walter Benjamin. *Gesammelte Schriften*. Hg. von Rolf Tiedemann, Hermann Schweppenhäuser. Frankfurt/M.: Suhrkamp, 1991, Bd. II.1, 179–203, hier 201–202.
8 Ursula Krechel. *Stimmen aus dem harten Kern. Gedicht*. Salzburg, Wien: Jung und Jung, 2005, 129.
9 Ebd., 151.
10 Die Ausstellung im D.H. Lawrence Pavilion (University of Nottingham, 10.–22.1.2005) wurde vom »Literatur-Verein zur Förderung von Werk- und Kunstverständnis« (Wien) in Kooperation mit dem österreichischen Bundesministerium für Auswärtige Angelegenheiten erstellt und von Hans Höller (Salzburg) wissenschaftlich betreut. Vgl. zur Ausstellung die website http://www.ingeborg-bachmann.cc/ausstellung.html.

Aspekte des Schreibens gegen Krieg und Gewalt bei Ingeborg Bachmann

Hans Höller

Was heißt, nach 1945, gegen den Krieg schreiben?

What Does Writing Against War Mean After 1945?

This essay situates Ingeborg Bachmann's writing against war in the context of a political concept of memory similar to the concepts of memory developed by Bertolt Brecht and Günter Eich in the early 1950s. Bachmann's poetics of memory stand out, however, by their continuation of the Austrian tradition of linguistic scepticism in literature and by the inclination of her writing to expose itself beyond all political reason to the destructive experiences of violence and war. The visionary elements in Bachmann's concept of language can be seen to be set against these destructive experiences.

»Die weltweiten Schrecken der vierziger Jahre scheinen vergessen«
(Bertolt Brecht)

In einem der letzten Interviews im Mai 1973, auf ihrer Polenreise, sprach Ingeborg Bachmann, auf Walter Benjamin bezogen, von jenem »Erfahrungsschwund, der immer mehr auftritt, durch die Entwicklung der Massenmedien«, und von dem »verzweifeltste[n] Versuch«, die Menschen »mitzureißen« in die »Erfahrungen, die die Schriftsteller machen und die ihnen durch diese gefährliche Entwicklung dieser modernen Welt weggenommen werden« (Gespräch mit Karol Sauerland, GuI, 140).

Dieser emphatische Begriff von Erfahrung reagiert nicht mehr nur auf die Politik des Vergessens in der Restauration der fünfziger Jahre, sondern auf den medial bedingten, in der Grundstruktur der warenproduzierenden Gesellschaft angelegten Erfahrungsverlust. Der Titel ihres ersten Hörspiels, *Ein Geschäft mit Träumen*, benennt bereits jene Vermarktung der Träume, auf die im Hörspiel mit den tiefgreifenden Angstbildern des ersten Traums geantwortet wird. Bachmanns Lyrik lebt aus den Bildern dieses Widerstands im Subjekt, und sie thematisiert den Mut, den es braucht, sich gegen die beherrschende Tendenz zum Vergessen zu stellen: »Wenn das Wasser von neuem ins Mühlrad greift, / wer wagt's, sich der Nacht zu erinnern?« (*Nachtflug*, W 1, 53). Ihr Œuvre trifft sich hier mit Bertolt Brechts Einschätzung der gesellschaftlich schwachen Position des Gedächtnisses in der Zeit von Restauration und Kaltem Krieg am Beginn der fünfziger Jahre. Unausgesprochen wird dabei dem Schreiben eine Politik von Gedächtnis und Vorstellungsvermögen aufgetragen, die in der Lage wäre, die drohenden zukünftigen Leiden zu verhindern: »Das Gedächtnis der Menschheit für erduldete Leiden ist erstaunlich kurz. Ihre Vorstellungsgabe für kommende Leiden ist fast noch geringer. Die weltweiten Schrecken der vierziger Jahre scheinen vergessen.«[1]

Nach 1945 gegen den Krieg schreiben, das bedeutet bei Ingeborg Bachmann, dem Erinnerungsvermögen einen zentralen Stellenwert einzuräumen. Der schmerzliche Prozeß des Erinnerns gehört gewissermaßen in die Genese jedes einzelnen Werks, bestimmt oft die ersten Entwürfe, als quasi traumatischer, der unbewußten Gewalterfahrung sich überlassender Schreibimpuls. Als suchte jeder Text seinen Beginn in den »Gesteinsschichten der Erfahrung« (Theodor W. Adorno),[2] um, von noch nicht vorformulierten, primären Erfahrungen ausgehend, keinem erfahrungsleeren Automatismus des Schreibens zu verfallen. Auch die utopische Sprache in ihrem Werk ist als Gegenentwurf auf diese tiefgreifenden Erfahrungen von Angst und Vernichtung bezogen.

Ein Ich, das sich dem »Nachtmahr und seiner Konsequenz« »aussetzt«, damit »Kunde gegeben werden kann« (*Ein Ort für Zufälle*, W 4, 278f.), so Ingeborg Bachmanns Formulierung in ihrer Büchner-Preisrede 1964, das meint keine Ästhetik des Schreckens, nicht Selbstzweck oder spielerische Schocks, sondern den immer neuen Versuch, Gleichgültigkeit und Gewöhnung abzuwehren.

Gegen den Krieg schreiben, das bedeutet bei ihr, so traditionsbewußt ihr Schreiben auch ist, aus der Sicherheit traditionellen Erzählens herauszutreten und das so schon fragwürdig gewordene Ich der Moderne den neuen destruktiven Erfahrungen von Exil und Vernichtung auszusetzen. Schon lange vor Ingeborg Bachmanns »Ich ohne Gewähr« (*Frankfurter Vorlesungen*, W 4, 237) ist die »Schattensicherheit« des Erzählers im Gefolge des Ersten Weltkriegs fragwürdig geworden. Dieses Wort fällt am Schluß von Thomas Manns Roman *Der Zauberberg*. Am Ende dieser »Reise durch eine Krankheit«, die die damalige Krankheit der Zeit war, um an eine Formulierung in Ingeborg Bachmanns Kommentar zu *Der Fall Franza* zu erinnern (W 3, 341), sehen wir Hans Castorp, den Helden des Romans, in einer der Materialschlachten des Ersten Weltkriegs dahinstürzen, in einer Szenerie der Vernichtung, die dem Erzähler den Abstand seiner auktorialen Rede fragwürdig werden läßt – »Hinweg mit unserer Schattensicherheit, wir erzählen das nicht!«[3]

Das nicht Erzählbare erzählen

Der Bruch mit der epischen Gelassenheit bisherigen Erzählens ist in einem generationenbreiten literaturgeschichtlichen Feld am Beginn des letzten Jahrhunderts vorbereitet worden, in einer literarhistorischen Epoche, die zeitlich mit der Kriegspolitik des Imperialismus zusammenfiel. Vor dem Ersten Weltkrieg, in der Wiener Moderne, war es der innere Monolog eines unscheinbaren Leutnants im Werk Arthur Schnitzlers, der das gesellschaftlich Unbewußte der Zeit als Ungeheuerlichkeit an den Tag brachte. Oder es war, wie bei Hofmannsthal oder Karl Kraus, das banalste Alltagsgerede, an dem die bedrohliche Destruktivität in der Gesellschaft hervorgekehrt werden konnte. Arthur Schnitzler, Karl Kraus oder Hugo von Hofmannsthal haben, so verschieden sich ihre Werke ausnehmen und so kontroversiell sie einander gegenüber traten, in ihren Werken Erfahrungen artikuliert, die dazu zwangen, »alle Dinge«, die noch in den alltäglichsten Gesprächen vorkamen, »in einer unheimlichen Nähe zu sehen« – »so wie ich einmal«, schreibt der Lord Chandos in Hofmannsthals *Ein Brief*, »in einem Vergrößerungsglas ein Stück von der Haut meines Fingers gesehen hatte, das einem Blachfeld mit Furchen und Höhlen glich«.[4]

Das war noch vor dem Ersten Weltkrieg. Nach dem Zweiten Weltkrieg ist aus dem Blachfeld ein »Mordschauplatz« geworden. Die offene und verborgene Gewalt, die nun an der herrschenden Sprache abzuhören ist, ist das Thema von Bachmanns Schreiben nach dem Krieg, denn »›Nach dem Krieg‹« »ist die Zeitrechnung«, heißt es in der Erzählung *Unter Mördern und Irren* (W 2, 159), deren Titel selber einen schwer überbietbaren radikalen Befund der sozialpsychologischen Situation in der Restauration nach 1945 enthält. Schreiben bedeutet unter diesen Bedingungen, sich »anstrengen müssen« mit der Sprache, die von diesen Verwüstungen gezeichnet ist. Mit dieser Sprache könne der Schriftsteller nicht »umgehen«: »Sie erschreckt ihn«. Dieses Erschrecken weiter zu geben, wäre die eine Aufgabe der Literatursprache, die andere aber ist das Bemühen um eine Sprache, die »ein neuer Geist« bewohnen würde – die Sprache einer bewohnbaren Welt (W 4, 192). Man könnte dabei an die Utopie der grünen Häuser denken, von der ihr Gedicht *Böhmen liegt am Meer* erzählt – und von dem einst die Emigranten träumten: »Wann in mein Grünes Haus ich wiederkehr ...« (Theodor Kramer).[5]

Keine Stunde Null

Bachmanns Schreiben nach 1945 kennt keine Stunde Null. Als sie bei Kriegsende Bekanntschaft mit einem jungen englischen Offizier schloß – einem 1938 aus Österreich geflüchteten Juden –, waren es die Bücher aus der ersten Jahrhunderthälfte, die zwischen ihnen eine Beziehung herstellten und »Täterkind und Opferkind« (Robert Schindel)[6] miteinander verbanden: »auf einmal« haben sie von Büchern geredet, steht in Ingeborg Bachmanns Tagebuch vom Juni 1945, »von Thomas Mann und Stefan Zweig und Schnitzler und Hofmannsthal«, und »auf einmal war alles ganz anders«.[7]

Es gab die Bücher, und nach 1945 konnten sie weiter geschrieben werden, ohne einem geschichtslosen Epigonalismus zu verfallen. Bachmanns Werk schließt an die Bruchstellen an, an die Erfahrung des Sich-fremd-Fühlens in jener Welt von gestern und ihrer nicht mehr selbstverständlichen Sprache. Schon damals erwiesen sich die Beziehungen als brüchig, und eben dieser registrierte Zerfall setzte ein neues, utopisches Denken frei, ob das Robert Musils Roman *Der Mann ohne Eigenschaften* war, der Ingeborg Bachmann nie zu beschäftigen aufgehört hat, oder Joseph Roths *Die Kapuzinergruft*, aus dem Ingeborg Bachmann in ihrer letzten Erzählung *Drei Wege zum See* (1972) die Gestalt des Franz Joseph Trotta weiterführte: ein für immer Exilierter, der die erzählte Zentralfigur, eine erfolgreiche Fotojournalistin, in ihrer publizistischen Arbeit verunsichert und ihr die Vermarktung der Fotografien von den Kriegsschauplätzen der Welt fragwürdig erscheinen läßt. In der literaturwissenschaftlichen Forschung ist dieser erzählerische Figuren-Entwurf, eine Gestalt, die über einen früheren geschichtlichen Zusammenbruch nicht hinweg kommt, mit Paul Celan assoziiert worden.

Die zerstörte »Schattensicherheit«

Vom Bruch mit der »Schattensicherheit« des alten Erzählens geht die Literatur nach 1945 aus, ein Bruch, der weiter zurückliegt und vom Erzähler in Thomas Manns *Zau-*

berberg aus den Erfahrungen des Ersten Weltkriegs erklärt wurde. Im Werk Ingeborg Bachmanns ist die männliche Erzählinstanz selber fragwürdig geworden, als hätte eine bestimmte Form der Herrschaft über das Wort mit der Bereitschaft zum Kriegführen zu tun. Am explizitesten wird der Prozeß gegen die männlich bestimmte Erzählinstanz in Bachmanns Roman *Malina* geführt, hier unter dem Verdacht einer geheimen Komplizenschaft mit der mörderischen Vaterfigur im mittleren Roman-Kapitel, »Der dritte Mann«. Der Roman macht auf die Genealogie dieser Figur im vorangegangenen Werk aufmerksam, auf jene Ich-Instanzen, die Literatur und Gewalt in eine beunruhigende Verbindung brachten: »Der dunkle Schatten« im Gedicht *Ängste* (1945),[8] der »Feldherr«, der das gelungene Werk als Ergebnis eines aufopfernden Kampfes deutet (*Einem Feldherr*, W 1, 47f.), der »Vogel«, der dem schreibenden Ich das Herz ausraubt (*Mein Vogel*, W 1, 96f.), der Vampir, der vom Blut des Ich gestärkt seine Schwingen ausbreitet (*Heimweg*, W 1, 103f.). Im Roman *Malina* wird die Titelfigur einmal mit dem Blaubart assoziiert – »denn das letzte Zimmer ist sein Zimmer« (W 3, 23) –, sonst ist Malina der mit allen Wassern der Moderne gewaschene Vertreter der Idee des Werks, der sich als Beamter des Heeresgeschichtlichen Museums in Wien tarnt und so an ähnlich fragwürdige Doppelexistenzen österreichischer Schriftsteller besonders in der Zeit des Ersten Weltkriegs erinnert.

Träume

Ingeborg Bachmanns *Ein Geschäft mit Träumen* (1952), ihr erstes Hörspiel Anfang der fünfziger Jahre, bezog sich indirekt auf Günter Eichs *Träume* (1951). In Bachmanns Hörspiel wird im ersten Traum ein aus dem Film geläufiges Schockerlebnis akustisch inszeniert: Eine Eisenbahn rast auf eine Gruppe von Menschen zu. Dieses Schreckbild des losgelassenen, sich gegen den Menschen verselbständigenden technischen Mittels springt in der Szene um in einen Kriegsschauplatz. Der Generaldirektor, der in der Rahmenhandlung als Firmenchef begegnet, hat sich im Traum in einen General und Diktator verwandelt, der den Befehl zum Luftangriff auf diese ausgesetzte Menschengruppe gibt (W 1,196).

Der Unterschied zu Günter Eichs Hörspiel liegt im Chok-Charakter, den bei Bachmanns Hörspiel der sprachliche Ausdruck panischen Entsetzens selber vermitteln will: Plötzlich befindet man sich in einer Welt, in der wieder Krieg herrscht. Durch die personelle Verflechtung der Rahmenhandlung, der scheinbar friedlichen Welt draußen, mit dem Kriegstraum wird die latent kriegerische Seite einer nur scheinbar friedlichen Zivilisation sichtbar. Der Krieg erscheint als eine andere Option männlich-patriarchaler Gewalt. Während im Werk Günter Eichs die kritischen Traum-Inszenierungen ein episodisches Ereignis darstellen, bleiben sie bei Bachmann bis zum Traum-Kapitel in *Malina* ein Zentrum ihrer literarischen Auseinandersetzung mit den Grundlagen einer kriegerischen Zivilisation. Hier, im mittleren Kapitel des Romans, werden in den Traumbildern Krieg und Vernichtungsgeschehen, Schlachtfeld und Menschenschlachthaus so ineinander verschoben, daß auf der fiktionalen Ebene der Traumsprache nahe gelegt wird, was die so umstrittene »Wehrmachts-Ausstellung« im Panorama ihrer Fotos und schriftlichen Fakten dokumentierte: daß der ›ganz normale Krieg‹ Teil eines systematischen Vernichtungsprogramms war, vor allem durch den Massenmord an der jüdischen Bevölkerung.

Eine andere politische Implikation der literarischen Traumsprache in Bachmanns *Malina* liegt darin, daß Gewalt in der Familie und in den Geschlechterbeziehungen mit dem Kriegsgeschehen verschränkt wird. Das ständig wiederholte, persönlich adressierte Wort »mein Vater« erinnert die Vätergeneration an die gebrochene humane Verantwortung. Die übliche Trennung zwischen dem Innenraum der Familie und der Welt des Kriegs draußen ist in der bildsprachlichen Komprimierung des Traums aufgebrochen; Gewalt, geben die Traumszenen zu verstehen, geht immer aus Familien hervor und sie trifft immer auch die Mitglieder einer Familie.[9]

Auch das Verschweigen der Verbrechen nach dem Krieg, die gesellschaftliche Übereinkunft nach 1945, und nicht nur nach 1945, wird als Ungeheuerlichkeit in der Beziehung der einander am nächsten stehenden Menschen vor Augen geführt.

Das erste Traumbild im mittleren Kapitel von *Malina* ist das vom »Friedhof der ermordeten Töchter« im Land am See: eine Totengräberszene nach dem Krieg, nach der Shoa, magisches Entsetzen über der Szenerie, in den Wörtern, den Gesten und dem Nicht-Gesagten (W 3, 175). Heimat und Landschaft, sonst der Imaginationsraum für Frieden, sind zur Schädelstätte geworden, so wie sie sich im frühen Gedicht *Nachtflug* aus der Luft zu erkennen gab, eine Welt, »geträumt auf Schädelstätten und Scheiterhaufen« (W 1, 52).

Mit diesem Bruch der politisch-familiären correctness des Sprechens über den Krieg, wie es nach 1945 herrschte, zerbricht Ingeborg Bachmann in ihrem Werk die Vorstellung strenger Grenzen zwischen Krieg und Frieden. Schon das Gedicht *Alle Tage* hat einen Frieden zum Thema, in welchem der »Krieg [...] nicht mehr erklärt, / sondern fortgesetzt« wird (W 1, 46). *Todesarten* nannte die Autorin später ihre Erforschung der Opfer dieses Kriegs mitten im Frieden.

»Der dritte Mann«

Die Vätergeneration rückt, in der familialen Personalisierung des Traums, in einen Zusammenhang, den sie selber nie wahrhaben wollte. Das Traumkapitel ist mit »Der dritte Mann« überschrieben. Der Titel zielt auf die patriarchale Dreieinigkeit der drei männlichen Hauptfiguren im Roman und die Geschlechterverhältnisse als einem wesentlichen Aspekt der vorgeführten »Todesarten« der Töchter. *Der dritte Mann* ist aber auch der Titel von Carol Reeds und Graham Greenes berühmtem Film über einen kaltblütigen Mörder im Nachkriegs-Wien, zu dem Bachmanns Roman einige assoziative Beziehungen herstellt. Eine unscheinbare – und doch entscheidende – Affinität zwischen dem literarischen *Todesarten*-Projekt und dem Nachkriegs-Film liegt in der Gestalt des Harry Lime, einem Typus eiskalter Rationalität, der blind ist für die Opfer seiner Machenschaften. Im Verbrecher der Nachkriegszeit hat die instrumentelle Vernunft, die Auschwitz ermöglichte, eine neue historische Verkleidung angenommen, und im Film wird auch die Frage nach den Opfern gestellt, jene Frage, die Ingeborg Bachmann nie zu beschäftigen aufgehört hat.

Die Kriegsblinden-Rede

Das Thema »Schreiben gegen den Krieg« eröffnet die Möglichkeit, das Werk Ingeborg Bachmanns in neuen sozialen und politischen Zusammenhängen zu sehen, die

Konstellationen von Biographie und Zeitgeschichte, von Leben und Schreiben, von Alltagskultur, Literatur und Philosophie auf neue Weise zu entdecken. Selbst die oft zitierten poetologischen Texte oder das durchgängige und zentrale Motiv des Sehens im Werk Bachmanns gewinnen so eine zusätzliche politische Dimension, einen neuen Akzent auch in der Wahrnehmungsästhetik der Moderne nach 1945.

Es erscheint mir symptomatisch, daß Ingeborg Bachmann ihre Poetik des Sehens und Sehend-Machens in einer Rede für die Kriegsblinden dargestellt hat. In dieser Rede, »Die Wahrheit ist dem Menschen zumutbar« (1959), wird der Kriegsblinde zur Imago des blinden Sehers: »eine schreckliche und unbegreifliche Auszeichnung«. Die Aufgabe des Dichters könne nicht darin bestehen, »den Schmerz zu leugnen, seine Spuren zu verwischen, über ihn hinwegzutäuschen«. Vor Leuten, die im Krieg das Augenlicht verloren haben, besteht sie auf einem anderen Sehen. Daß einem »die Augen aufgegangen« sind, sagen wir ja nicht, »weil wir eine Sache oder einen Vorfall äußerlich wahrgenommen haben, sondern weil wir begreifen, was wir doch nicht sehen können. Und das sollte die Kunst zuwege bringen: daß uns in diesem Sinne, die Augen aufgehen« (W 4, 275). Es ist hier von der Wahrnehmungserweiterung durch die Kunst die Rede, aber zugleich zielt der konkrete Anlaß der Rede auf geschichtliche und politische Einsicht. Sie spricht von einem Schreiben, das dazu beiträgt, daß uns die Augen aufgehen über den neuen alten Krieg.

Eine in viele Genres und Formen gegliederte Antikriegsschrift nach 1945

Dieses Sehend-Machen ist eine der Grundintentionen von Bachmanns Schreiben, und ihr gesamtes Werk, nicht erst die *Todesarten*-Prosa, kann gelesen werden als eine in viele Genres und Formen gegliederte Antikriegsschrift, eine Schrift, welche analytische Recherche der Grundlagen des latenten Kriegszustands in der Gesellschaft genauso umfaßt wie die Alptraumbilder der Vernichtung, aber auch wunderbare Gegenbilder, märchenhaft lyrisch-philosophische Utopien des Friedens, wie *Böhmen liegt am Meer*, oder nüchterne Forderungen als »die conditio sine qua non« eines friedlichen Miteinanders – so im Projekt der europäischen Zeitschrift »Gulliver« – »daß alle, alle ohne Unterschied und für immer, leben sollen und arbeiten sollen, dürfen, und essen und schlafen ohne Furcht [...]« (*Tagebuch*, W 4, 68). Darum kommt die Autorin, auch wenn sie die Bücher der Vergangenheit liest, immer auf die Frage von Krieg und Frieden zu sprechen. So sieht sie auch in den für sie vorbildlichen großen Romanen des 20. Jahrhunderts »das umfassende Problem« im Krieg. Robert Musils *Der Mann ohne Eigenschaften* verstand sie in einem Radio-Essay aus den frühen fünfziger Jahren als erzählerische Recherche der Ursachen des Kriegs: »Alle Linien, die Musil nachgezogen hat, führen zum Krieg« (»Der Mann ohne Eigenschaften«, W 4, 101). Bei der Lektüre von Marcel Prousts *Auf der Suche nach der verlorenen Zeit* ging es ihr um die Entdeckung des Bruchs, wo der gesellschaftliche Kampf »aller gegen alle« (W 4, 167) in den Ersten Weltkrieg übergehe und der »Schock«, den »der Krieg auf den Roman Prousts [...] ausgeübt hat«, »fast den ursprünglichen Aufriß sprengte« (W 4, 171):

> AUTORIN: Es ist die Zeit, in der, außer dem Krieg, alles außer Kraft gesetzt ist. Aber es ist nicht der Krieg, der geschieht, wo die Schüsse fallen, oder der

> abgemalt werden könnte auf einem Schlachtenbild, sondern eine Spiegelung, die wirklicher ist: sein Eindringen in die Sprache aller [...].
> (»Die Welt Marcel Prousts – Einblicke in ein Pandämonium«, W 4, 168).

Das »Eindringen« des Kriegs »in die Sprache aller« ist Gegenstand von Ingeborg Bachmanns schriftstellerischer Recherche, begonnen noch in der Zeit des Zweiten Weltkriegs. Die unverwechselbare Richtung, die ihre Jugenderzählung *Das Honditschkreuz* (1943) nahm, lag in der Durchleuchtung des wahnhaften nationalistischen Geredes, das die männliche Jugend auf dem Land um den Verstand bringt und im Krieg ihre Verheißung suchen läßt. Was in dieser ersten, am konservativen Heimatroman orientierten Erzählung der Kriegsenthusiasmus der bäuerlichen Jugend war, wird in der späteren Erzählung *Unter Mördern und Irren* (1961) die Kriegsideologie der herrschenden Eliten im Österreich der fünfziger Jahre sein, an deren Sprache sie bewußt macht, wie das Männer-Ich in Erinnerung an das Schlachtfeld zu sich und seinen Werten findet. In einem Saal einer Wiener Gaststätte trifft sich die intellektuelle Herrenrunde, in einem andern findet ein Frontkämpfertreffen statt, die alten Nazilieder klingen herüber – »Als wär kein Tag vergangen« (W 2, 185). Diesen Satz spricht ein aus dem Krieg Heimgekehrter und nie mehr zu einer Heimkehr fähiger Mensch, der verwirrt am Tisch der Herrenrunde Platz genommen hat und mit seiner irren Rede das Mörderische von Krieg und Kriegsnostalgie entlarvt: »Denn was für die anderen einfach ein Kriegsschauplatz war, das war für mich ein Mordschauplatz.« (W 2, 183)

In *Jugend in einer österreichischen Stadt*, wie *Unter Mördern und Irren* eine Erzählung des ersten Erzählbands, *Das dreißigste Jahr*, hören die Kinder plötzlich jene Sprache, als deren äußerster Gegensatz das literarische Werk Ingeborg Bachmanns zu verstehen ist, die Sprache der Vernichtung: »Die Zeit der Andeutungen ist zu Ende. Man spricht vor ihnen von Genickschüssen, vom Hängen, Liquidieren, Sprengen [...].« Wie die Sprache, in der sie einmal behütet waren, ist auch das Haus zerbrochen: »Es ist nie mehr Licht im Haus. Kein Glas im Fenster. Keine Tür in der Angel. Niemand rührt sich und niemand erhebt sich.« (W 2, 91) Das Haus schützt nicht mehr, die Kriegsruine wird zum Bild einer nicht mehr bewohnbaren Welt.[10]

Schreiben nach 1945, nach einer Zeit vorher nie dagewesener Vertreibung und Zerstörung, bedeutet bei Ingeborg Bachmann, dieser Gewalt eingedenk zu bleiben, sie zu analysieren – und trotzdem in der Sprache die Utopie eines anderen, tragfähigen Zusammenhangs zu entwerfen. Ihr schönstes Gedicht, das Gedicht vom friedlichen Angrenzen an die anderen Menschen, an die anderen Sprachen und Kulturen, setzt mit dem Bild von Haus und Brücke ein, alte, wie selbstverständliche poetische Bilder, und zugleich ganz konkrete, rettende Gegen-Erinnerungen zu einer schon früh in der Jugend erfahrenen Welt feindlicher Grenzen:

> Sind hierorts Häuser grün, tret ich noch in ein Haus.
> Sind hier die Brücken heil, geh ich auf gutem Grund.
> [...]
> Grenzt hier ein Wort an mich, so laß ich's grenzen.
> [...]
>
> (*Böhmen liegt am Meer*, W 1, 167)

Anmerkungen

1 Bertolt Brecht. »Zum Kongreß der Völker für den Frieden«. Ders.. *Ausgewählte Werke in sechs Bänden*. Bd. 6: *Schriften*. Frankfurt/M.: Suhrkamp, 1997, 593.

2 Theodor W. Adorno. *Metaphysik. Begriffe und Probleme*. Hg. von Rolf Tiedemann. Frankfurt/M.: Suhrkamp, 1998, 166.

3 Thomas Mann. *Der Zauberberg*. Berlin, Leipzig: Aufbau, 1975, 767.

4 Hugo von Hofmannsthal. »Ein Brief«. Ders.. *Werke*. Bd. 2: *Erzählungen und Aufsätze*. Frankfurt/M.: Fischer, 1957, 342.

5 Theodor Kramer. »Wann in mein Grünes Haus ich Wiederkehr«. Ders.. *Gesammelte Gedichte*. Hg. von Erwin Chvojka. Wien, München, Zürich: Europa Verlag, 1985, 400.

6 Robert Schindel. »Einmal muß das Fest ja kommen. Lesung aus *Die gestundete Zeit* mit Kommentar«. *Kolik. Zeitschrift für Literatur* 19 (2002), 39.

7 Zit. n. Hans Höller. *Ingeborg Bachmann*. Reinbek bei Hamburg: Rowohlt, 1999, 9.

8 Zit. ebd., 38.

9 Vgl. dazu auch den Prosatext *Der Tod wird kommen* (W 2, 266–276).

10 Vgl. Ingvild Folkvord. *Sich ein Haus schreiben. Drei Texte aus Ingeborg Bachmanns Prosa*. Hannover-Laatzen: Wehrhahn, 2003.

Sabine I. Gölz

Taking Exception
Toward a Critique of Violence
with Benjamin and Bachmann

Man muß sich etwas herausnehmen
Gedanken zur Kritik der Gewalt
bei Benjamin und Bachmann

The perfect crime is – when the victim did it. You see?
(Nabokov/Fassbinder, *Despair*)

Im Dunkel neben der Welt
Taste ich nach einem Rascheln im Busch.

Im Dunkel neben der Welt
Wird meine Haut vom Sehnen gestreift.

Im Dunkel neben der Welt
Erhebt sich ein langsames Licht.
(Avero)

Kontrolle über Repräsentation wird als Kontrolle über die Lebenden verhandelt, und sprachliche Gewalt zielt immer auf die Lebenden. Eine durchschlagende Kritik sprachlicher Gewalt wird erst dann möglich, wenn Repräsentation nicht mehr naturalisiert wird, wenn sich »das gegenwärtige Leben« als unrepräsentierbar liest. In der Nebeneinanderstellung von Walter Benjamins Essay »Zur Kritik der Gewalt« und Ingeborg Bachmanns Erzählung »Ein Wildermuth« wird letztere als Studie dessen lesbar, was Benjamin »reine Gewalt« nennt. Die stärkste Kritik am Gesetz und an der Sprache kann nur durch die Lebenden initiiert werden und muß immer wieder neu gewonnen werden. Kritik muß gelebt werden.

What is the object of a study of ›violence‹ in literature? Is it literary representations of violence – descriptions of war, physical abuse, and torture (all distressingly relevant today) – or is it a more elusive violence that inheres in the workings of language itself? Ingeborg Bachmann's work, to my mind, is a sustained effort toward a critique of power/violence in the second, more fundamental sense. It foregrounds signifying processes in their full complexity, and thus counteracts the naturalization which obscures their impact and puts it beyond the purview of critique. Central to my considerations, therefore, will be violence in the interplay between the order of signs and the living.

In proposing to study what might appear to be ›merely symbolic‹ violence I wish, however, in no way to disregard the material and bodily dimensions of the issue. I would, on the contrary, like to insist that violence (and/or the threat of violence) is always aimed at the living. I do not subscribe to the notion that it is possible to do ›violence to a text‹. One can ›force‹ a text into a reading it may otherwise ›resist‹ – but the result is not a victimized text, but a weak reading. Violence as I understand it targets sentient beings. It occurs as an event that impacts here and now. Texts may become sites of contestation or bones of contention. They may be used to occasion, frame or stage events, but they cannot be their ›victims‹. They also do not contain those events. Nor do they have any agency on their own. To think otherwise only has one effect: to divert our attention, to blind us to the place where violence both originates and takes effect, to make us forget that control over representation is always negotiated as control over the living.[1]

Bachmann draws our attention to a theoretical awareness and active care that surrounds the texts as what she calls »theoretische Umsorge« (W 4, 193). We may think of »Umsorge« as a relative of the allegorical figure »Sorge«, the »Care« or »Worry« and her disturbing appeal to conscience and self-reflexivity. Faust, at the end of Goethe's drama, famously refuses to acknowledge her – and is blinded in return. Sorge has a power of her own. In arriving, she declares: »in verwandelter Gestalt / Üb' ich grimmige Gewalt [In an ever-changed disguise / All men's lives I tyrannize]«.[2] What power is that, and what transformation? What would it take to overcome Faust's blindness and acknowledge Sorge?

Let us keep these questions in mind as we turn – with help from Jacques Derrida and Giorgio Agamben[3] – to Walter Benjamin's 1921 essay »Zur Kritik der Gewalt«,[4] which will help us situate the critique of violence articulated in Ingeborg Bachmann's story *Ein Wildermuth* (W 2, 214-252).[5]

Critique of Violence: Benjamin, Derrida, and Agamben

In »Zur Kritik der Gewalt«[6] Walter Benjamin cites the distinction made in the philosophy of positive law between two kinds of violence: sanctioned vs. unsanctioned, legitimate vs. illegitimate.[7] He launches his critique of violence by asking for the »meaning of this distinction«,[8] and soon finds himself considering

> the surprising possibility that the law's interest in a monopoly of violence vis-à-vis individuals is explained not by the intention of preserving legal ends but, rather, by the intention of preserving the law itself; that violence, when not in the hands of the law, threatens it not by the ends it may pursue but by its mere existence outside the law.[9]

Violence in the hands of individuals is a threat to the law not because it may be used for illegitimate ends, but by virtue of its mere existence outside the law. Benjamin here leads us toward a problem that already occupied writers such as Dostoevsky and Nietzsche: the founding of any legal order occurs necessarily by violence, by an ultimately not legitimizable act of force. Previous law is broken or disregarded the moment a new law is laid down, and any existing law risks being displaced by a new one in the same way: »Lawmaking is powermaking [Rechtsetzung ist Machtsetzung], assumption of power and to that extent an immediate manifestation of violence.«[10] Any law outlaws violence not under its control because the latter contests and rivals it. If the rule of any law is a matter of power rather than some higher justice, however, then no clear distinction can be drawn between, on the one hand, a violence branded as ›criminal‹ by law because it lies outside of its control and, on the other hand, the no less extra-legal violence that founded that law itself. ›Great‹ criminals and the ›great‹ founders of new orders meet at a place where the law is suspended or ignored, a place outside of and not subservient to any law. (Hence the preoccupation of Dostoevsky's characters in general, and of Raskolnikov in particular, with the figure of Napoleon.)

The realization that the law is founded by violence engulfs another distinction important to Benjamin's argument: the one between the violence that establishes or posits a law, and the violence that enforces an existing one. Law-preserving violence, which usually claims to derive legitimacy from the very law it serves to uphold, now – and this is the point of Benjamin's argument – appears as the mere continuation and repetition of the violence which posited that law.[11] A critique of legal violence therefore also has no force unless it attacks »the legal system root and branch [die Rechtsordnung selbst an Haupt und Gliedern anficht]«.[12]

The lack of legitimacy at the origin, which comes to envelop the rule of law in its entirety, also concerns Derrida in his reading of Benjamin. He adds a useful nuance when he argues that the law's self-preservation relies on a structure of iteration or repetition:

> [T]he very violence of the foundation or position of the law (*Rechtsetzende Gewalt*) must envelop the violence of conservation (*Rechtserhaltende Gewalt*) and cannot break with it. It belongs to the structure of fundamental violence that it calls for a repetition of itself and founds what ought to be conserved, conservable, promised to heritage and tradition, to be shared [...]. Thus it inscribes the possibility of repetition at the heart of the originary [...]. Position is already iterability, a call for self-conserving repetition.[13]

The law preserves itself through the continuous repetition of the founding violence on the living.

The law is founded on a violence or force outside of both law and representation. In this same place, however, also resides the potential for a »deposing of the law [Entsetzung des Rechts]«.[14] Here, at the place of »Sorge« and »Umsorge«, where no distinctions seem possible, all distinctions – and decisions – are made.

What does this imply for a possible critique of violence? How can the latter both have effective force and maintain the confidence that it is not just yet another instance of the very thing it would critique? Benjamin, in theorizing the critique of violence, proceeds by making distinctions in this place »outside« of the law. Most important among these is the one between »mythic« and »divine« or »pure« violence that is the *telos* of his whole argument.[15] Mythic violence is the one whose annihilation he calls for:

> Far from inaugurating a purer sphere, the mythic manifestation of immediate violence shows itself fundamentally identical with all legal violence, and turns suspicion concerning the latter into certainty of the perniciousness of its historical function, the destruction of which thus becomes obligatory.[16]

The task of breaking the cycle of mythic violence and deposing the law it founds, Benjamin assigns to the second, to »pure« or »divine« violence. But how is this to occur? What is this divine or pure violence? How are we to distinguish it from mythic violence? This is the central mystery of Benjamin's essay. »The definition of this third figure, which Benjamin calls ›divine violence‹«, writes Agamben, »constitutes the central problem of every interpretation of the essay«.[17]

With characteristic precision, Benjamin's text suggests at least a partial answer: »This divine violence is not only attested by religious tradition but is also in at least one sacred manifestation found in the present life [im gegenwärtigen Leben].«[18] For whose is that »present life« if not that of the living, here, at this tantalizing place outside of the law and next to the text, both origin and target of violence, but also the place where the power of myth can be broken. »Pure« or »divine« violence manifests itself here, in events

> defined by moments of expiating, striking process without bloodshed [Momente des unblutigen, schlagenden, entsühnenden Vollzuges], and [...] by the absence of all lawmaking.[19]

The breaking of the cycle of mythic violence no longer sheds blood. It strikes as pure process (Vollzug), contests the rule of law root and branch, and posits nothing.

Bachmann's *Ein Wildermuth*

The heart of Bachmann's story *Ein Wildermuth* is an incident that befalls judge Anton Wildermuth during an apparently routine trial. Something happens that makes the judge scream and puts an end to his career. The event is described as a »visible accident [Unfall]« (or, if we press the German a bit, a »visible non-case«), and as the »impact of the spirit into his spirit [Geist]«, incapable of causing more than a »short disoriented [»kopflose«, literally: »headless«] confusion«. He knew »that no story could be forged out of the elements, and no meaningful connection [Sinnzusammenhang] could be demonstrated«.[20] At the center of the story is an »incomparable effect«, an event that cannot be turned into a story.[21] Bachmann's text begins by acknowledging, even insisting on its own inability to represent the event at its center.

That untellable event exhibits all the characteristics of the »striking, expiating process without bloodshed«[22] that is the hallmark of what Benjamin calls pure violence. While not representing it, the story revolves around it, explores what leads up to it, the trace of its impact, and the re-orientation in its wake. We can therefore approach Bachmann's story as an effort to think a critique of the mythic violence of law, and the implications of a true break with it.

Truth

> »A Wildermuth always chooses the truth.« District Court Judge Anton Wildermuth was thinking about this mighty sentence [gewaltigen Satz], which he had so often heard from his father, schoolteacher Anton Wildermuth, as he was taking off his robe and skullcap.[23]

With those lines the story begins. The search for truth is connected to the judge's very name by the »mighty«, »powerful« or »violent« sentence in which his father laid the law (»Gesetz«) for anyone named »Wildermuth«, which the judge has obeyed all his life, and about which he thinks as he takes off the insignia of the court. The pursuit of truth has ultimately led beyond the law:

> About people I have had to seek the truth, about so many who were guilty before the law, and others who were not guilty before the law – but what does that mean? For how can the law be in the truth …[24]

»How can the law be in the truth …« That sentence is no less powerful than the one Anton Wildermuth inherited from his father. But unlike the other, it no longer posits a law. A rhetorical question ending in an ellipsis, it suggests that to follow truth at this juncture leads both beyond the law and beyond what can be articulated in language. The »I« narrating the story's concluding part recalls a time when »to choose the truth« had still meant to »tell« the truth, although even then, that effort »to tell the truth [Wahrheit sagen]« was failing, because everything named was »entangled with a preceding event [Begebenheit], an object [Gegenstand] that lay outside of the named objects«.[25] This truth, which leads the judge beyond law and language, however, is a mere moment of »striking […] process [schlagenden [...] Vollzuges]«,[26] or, with Agamben, »an action as pure means, which shows only itself, without any relation to an end«.[27]

Axe

Although this truth-event cannot be ›told,‹ the story insists on its importance. Such chafing at the limits of language has a long line of literary precedents, as does the concern with violence, confession and judgment. I would here like briefly to mention one of these, invoked by the indeed ›striking‹ topos of the axe.

The defendant being tried in *Ein Wildermuth* is a simple man (also named »Wildermuth«) who has murdered his father with an »axe« (»Holzhacke«).[28] The impact of that deed seems to travel in the form of rampant headaches from one person to the next. A headache has set in right after the incident:

> His headache had now spread into every corner of his brain, and his head lay as under a crown of pain. Wildermuth stared ahead of himself while this booming sentence reverberated within him […]. Carefully, as though otherwise his head might fall off, he lowered himself into a chair and thought that from now on it was forever at an end with this truth. He held his head stretched forward,

> listening, to find out whether this standstill [dieser Stillstand] was also making itself felt outside on Court Street and in the whole town, indeed in the whole world –[29]

The impact seems to bring the whole world to a standstill and crowns the judge with pain, recalling both Christ's crown of thorns and Prince Myshkin's moments of clairvoyance and epilepsy. The travel of a blow to the head between murderer, victim, and judge also resonates with Dostoevsky's *Crime and Punishment*. Prosecutor Porfiri Petrovich strangely echoes the crime he would prosecute in speaking to Raskolnikov about his own investigative methods as he tries to extract a confession from him:

> Tell me, really, who among all the accused, even the most cloddish peasant, doesn't know, for instance, that they will first lull him with unrelated questions (to use your happy expression) and then suddenly stun him right on the head, with an axe, sir – he, he, he! – right on the head, to use your happy comparison, he, he![30]

Raskolnikov uses an axe to test his theory, to step over the law and claim the status of the extraordinary, the Napoleons of this world. In this sense, the blow of the axe figures a mythic violence that founds laws, yet considers itself not bound by them. With the self-conscious echo of that blow in Porfiri's effort to make Raskolnikov confess, law-enforcement presents itself as a continuation of the very mythic violence it prosecutes. But just like Raskolnikov is no ordinary criminal, Porfiri, too, aspires to something more complex than mere law enforcement. Instead of simply and forcibly arresting Raskolnikov, he aspires to provoke an event closer to what Benjamin calls pure violence. He aims to have the violent impact of the axe repeat itself – without bloodshed – on the one who wielded the axe in the first place, and thus to wake up the murderer to his ethical responsibility by having his transgressive violence judge itself. He aims to have Raskolnikov acknowledge the »Sorge« that Faust denies.

A comparison of Bachmann's story with Dostoevsky shows that Bachmann reframes the problem. If Dostoevsky's prosecutor aims to bring the murderer to conscience and consciousness, Bachmann does the same with the judge. *Ein Wildermuth* does not aim to make the murderer confess, but argues that confession is not possible, and that indeed the court of law is not fit to judge. Something about the crime exceeds both language and the comprehension of the court. By giving both murderer and judge the same name, Bachmann concurs with Benjamin's (and Derrida's) argument that mythic violence is based on an iterative cycle that repeats and enforces it. Both founding and law-enforcing violence inhabit a place outside of the law. But this place is equally available to a critical force that challenges the law's claim to power *tout court* – and that is condemned as ›criminal‹ by the law precisely because it poses this challenge. To drive home this third possibility, it is not enough to bring the transgressor to acknowledge the law and judge himself before it. The law itself, in the figure of the judge, has to undergo that trial. Bachmann thus puts a different modality of mythic violence on trial than Dostoevsky: not that of a Raskolnikov, who experiments with the power of deciding over the life or death of others, but the violence of those who invoke the law even at moments when it may have to be de-posed, where its enforcement exposes both its own mythic violence. The axe murderer in *Ein Wildermuth* confesses to having killed his father out of hatred, because that father was a violent man. The crime being tried in Bachmann's story is thus itself a critique of violence of sorts. Yet Bachmann is careful not to let her story become another version of Raskolnikov's article. She is not advocating anyone's right to get away with murder. Without justifying the murder that is before the court, she does, however, take exception to the self-righteous violence of a law enforcement (and ›reality enforcement‹!) that refuses to acknowledge its own limits and remains blind to the »Worry« (»Sorge«) that it may itself not be a critique of violence at all, but merely a repetition of the mythic violence at the origin of the law.[31]

The law challenged in Bachmann's story, however, is also very much the law of language. This is first of all indicated by the fact that Bachmann points out that the iterative structure of mythic violence resides and is handed on as tradition, that it takes the form of a lineage carried on in a name.[32] A different challenge to language and representation, however, poses the small item that triggers the judge's turn into deconstructive self-reflexivity.

Button

An important role in bringing about the self-deconstruction of the judge is played by a central piece of evidence in the case – the button that refuses a »confession« (»Beichte«).[33] The button is a small, mass-produced item that has been torn off, that can no longer be assigned to one coat or the other. Because it has thus come off from any origin, the button no longer carries any one truth, but remains suspended between two: the one the murderer is failing to tell, and the truth-event that befalls the judge. By insisting on its own complete lack of signification, its emptiness of any truth, this button is the crucible of Bachmann's story. Like any signifier, the button has its origin in a process of mechanical iteration and mass-production. But while Derrida, for instance, might deduce from this the undecidability and indefinite deferral of any signified, Bachmann insists on bringing the powerful impact and significance of language back into view. The signifying impact of language is not represented, but strikes in the shadow and around the edges of the distracting spotlight of representation that has us spellbound.

The button triggers the waking up of the judge to the violence of the law precisely by its insistence on its own utter lack of content and individuality, its complete detachment from any origin. The button brings a piece of pure language before the court – and what seemed like ›reality‹ begins to slip. Two reactions to this occur simultaneously. One is the prosecutor's »He drove his cutting voice, a well-practiced voice, into the courtroom, used his power words [Machtworte] and called the lost assembly back into reality.«[34] The prosecutor's voice curbs acknowledgement of any truth that might exceed the law. The mythic power (Macht) of his words intervenes to enforce and reinstate that status quo, sanctioned by precedent, law, and tradition, which passes for reality only as long as we submit to its interpellation.

(The moment not by accident recalls Joseph K.'s interpellation into the law in the cathedral chapter of *The Trial.*)

The second response is the judge's scream. Although that scream seems to coincide with the moment of violent *coupure*, it actually occurs in a different time:

> Not, as the newspapers reported, at the end of the argument or during the dispute over the button, but *at this moment* [in diesem Augenblick] it happened that District Court Judge Anton Wildermuth lifted himself with an effort out of his chair, leaned on his hands, and screamed. [...] It was a scream which was so odd only because it had no connection with the trial, belonged nowhere and to nobody.[35]

The scream is the truth of the button. In it, truth, too, comes off from language. That is why the scream is so »odd« (»sonderbar«), or »strange«, belongs nowhere and to nobody. The word »sonderbar« is cognate with the English word »to sunder«, and originally means something that is set apart, separated out, detached.[36] The scream marks the separation of violence from the law, of truth from language.[37] The time of the scream has nothing to do with narrative temporality or with the ›reality‹ of the court. This event occurs always today, »at this moment«. The scream is the true counterpart, here and now, of the pure and empty sign that has nothing to confess.

The button, finally, also invokes another important intertext. Ilse Aichinger's radio play *Knöpfe* (»Buttons«) was written only a few years before Bachmann began working on the stories in *Das dreißigste Jahr*, and is included in a volume of radio plays in 1961, together with one of Bachmann's own radio plays.[38] In Aichinger's fascinating play, the mass production of any given button series has its origin in the mysterious disappearance of a person (usually a woman) whose name the buttons end up bearing. The attempt to bring back one of those women by collecting all of the buttons with her name fails, and the two protagonists, Ann and John, ultimately give up the effort and end up »im Freien [in the open]«[39] – fugitives from an uncanny economy that turns women into buttons and men into »Vertreter [representatives]«.[40] Bachmann's story has a button return to testify to its very inability to bring back the truth or the woman in the disappearance of which it had its origin. In that sense, the truth of the button is the same as the conclusion on which Bachmann's later novel *Malina* ends – that there is no woman here. But as we have seen, this is no lament, but rather a virulent challenge which ultimately does not aim at the origin at all, but at bringing about a waking up, a truth that happens always now, and that de-poses the mythic violence of the law root and branch.

This liberating deposing of the law and of language insofar as it claims to ›represent‹ us is, to my mind, the event that Bachmann's texts strive, over and over, to bring about. Truth neither precedes language, nor is it contained by language. Rather, it must continue to occur. Agamben articulates this with wonderful clarity when he points out that the breaking of myth is simply, over and over, at stake in the game:

> And just as the victory of one player in a sporting match is not something like an originary state of the game that must be restored, but only the stake of the game (which does not preexist it, but rather results from it), so pure violence (which is the name Benjamin gives to human action that neither makes nor preserves law) is not an originary figure of human action that at a certain point is captured and inscribed within the juridical order (just as there is not, for speaking man, a prelinguistic reality that at a certain point falls into language). It is, rather, only the stake in the conflict over the state of exception, what results from it and, in this way only, is supposed prior to the law.[41]

The iterative structure of myth can rely on an unconscious and mechanized repetition, while the breaking of myth is an incomparable effect, a singularity, and incapable of mechanical reproduction. Myth can and is being mass-produced, but its power can only be broken by individual events of waking up from it – at this moment, and as the »present life [gegenwärtige Leben]«,[42] here and now, in the taking exception to the realm of iterative violence and mass-produced mystification.

While language remains incapable of containing truth, it is thus nevertheless the axe whose violent impact wakes us, as in the famous passage from Kafka's letters, which Bachmann cites in her *Frankfurter Vorlesungen*:

> Wenn das Buch, das wir lesen, uns nicht mit einem Faustschlag auf den Schädel weckt, wozu lesen wir dann das Buch? Damit es uns glücklich macht …? Mein Gott, glücklich wären wir eben auch, wenn wir keine Bücher hätten, und solche Bücher, die uns glücklich machen, könnten wir zur Not selber schreiben ... Ein Buch muß die Axt sein für das gefrorene Meer in uns. Das glaube ich. (W 4, 210-211)[43]

A book must be an axe, it must give us a headache. Benjamin's work, so perfectly suspended between being an indispensable resource for intense critical thinking about and a tantalizing example of language as it perpetuates a mythic violence, is a case in point.[44] *Ein Wildermuth* also calls for a racking of brains, a breaking of heads – most explicitly at the very moment when it has just shifted, in the aftermath of the impact, from third into first-person narrative:

> Soll sich doch einer den Kopf darüber zerbrechen, warum ich des Weges komme und ihn anhalte und ihn anschreie, und soll sich doch einer fragen, wohin, auf welchem Weg mit meinen Gedanken, ich noch stürzen werde, wenn ich wieder aufstehe nach diesem Fall. Welche Augenfarbe ich habe? Welches Alter? Welche Schuhgröße? Wie ich mein Geld ausgebe? Wann ich geboren bin? (W 2, 226)[45]

Who is speaking here? Why does the narrative shift from names and third-person narration to the first person? Who is this indefinably open »I« into which the judge, after the impact and beyond the law of all names, has now turned? The shift to the first person is the textual acknowledgment of a rejection of the language of names in favor of a language that openly provokes the event of consciousness. It invites me to take exception to language. The impact suffered by the judge cannot be conveyed in language, but must occur over and over – always a singular event, always today. The word »I«, too, is a button that cannot be attributed to one coat or the other, language or truth, yesterday or today. At stake am, over and over, I: neither man nor woman, only this present life – now.[46]

Notes

1 I have developed this argument in greater detail in: *The Split Scene of Reading. Nietzsche/Derrida/Kafka/Bachmann.* Atlantic Highlands: Humanities Press, 1998.

2 Goethe: *Faust,* 11426–27; Johann Wolfgang von Goethe. *Faust. Part 2.* Translated by David Luke. Oxford: Oxford UP, 1994, 219.

3 I would like to thank Laura Rigal, Louis G. Schwartz, Doug Tye, and the students in my Dostoevsky class for discussions that provided important impulses for this essay.

4 Walter Benjamin. *Gesammelte Schriften.* Ed. by Rolf Tiedemann, Hermann Schweppenhäuser. Frankfurt/M.: Suhrkamp, 1991, vol. II.1, 179–203; henceforth cited as GS. English edition: Walter Benjamin. »Critique of Violence«. Translated by Edmund Jephcott. *Selected Writings.* Vol. 1, 1913–1926. Ed. by Marcus Bullock, Michael W. Jennings. Cambridge, London: Belknap Press of Harvard UP, 1996, 236–252; henceforth cited as SW.

5 English translations of passages from the story are my own, but I give page references to Michael Bullock's translation, *A Wildermuth,* which I have consulted and often in part adopted (Ingeborg Bachmann. *The Thirtieth Year.* Translated by Michael Bullock. New York: Holmes and Meier, 1987, 133–170; henceforth cited as *Thirtieth Year*).

6 For a richly informative discussion of Benjamin's essay and its reception history see Beatrice Hanssen. *Critique of Violence. Between Poststructuralism and Critical Theory.* London, New York: Routledge, 2000.

7 SW 1, 237–238; GS II.1, 181–182.

8 SW 1, 238; GS II.1, 181.

9 SW 1, 239 (GS II.1, 183).

10 SW 1, 248; GS II.1, 198.

11 For the distinction of »lawmaking [rechtsetzende]« and »law-preserving [rechtserhaltende]« functions of violence see SW 1, 241 and 243; GS II.1, 187 and 190.

12 SW 1, 242; GS II.1, 187.

13 Jacques Derrida. »Force de loi. Le ›Fondément mystique de l'autorité‹« / »Force of Law. The ›Mystical Foundation of Authority‹«. Translated by Mary Quaintance. *Cardozo Law Review* 11 (1990), 920–1045 (997).

14 My translation, GS II.1, 202; Jephcott translates »suspension of law«, SW 1, 251–252. Kevin Attell, translating Agamben, also has »depose«. Giorgio Agamben. *State of Exception.* Translated by Kevin Attell. Chicago, London: University of Chicago Press, 2005, 53.

15 SW 1, 249 (GS II.1, 199).

16 Ibid.

17 Giorgio Agamben. *Homo Sacer. Sovereign Power and Bare Life.* Translated by Daniel Heller-Roazen. Stanford: Stanford UP, 1998, 63.

18 SW 1, 250 (translation modified); GS

II.1, 200.

19 SW 1, 250 (translation modified); GS II.1, 200.

20 Bachmann, *Thirtieth Year*, 134; Bullock translates »Geist« as »mind«. W 2, 215.

21 Divine violence/power cannot be recognized except by its »incomparable effects« (»unvergleichlichen Wirkungen«), writes Benjamin (SW 1, 252; GS II.1, 203). It is intriguing to note that the French word that means »to appear before a court of law« is »comparaître«. (Cf. e.g. Derrida, »Force of Law«, 1000.) An »incomparable effect« is thus precisely one that cannot be tried by the law – an *Un-Fall*.

22 SW 1, 250 (translation modified) (GS II.1, 200).

23 Bachmann, *Thirtieth Year*, 133; W 2, 214.

24 Ibid., 166 (W 2, 248).

25 Ibid., 148; W 2, 229.

26 SW 1, 250 (translation modified); GS II.1, 200.

27 Agamben, *State of Exception*, 88.

28 Bachmann, *Thirtieth Year*, 134; W 2, 215.

29 Ibid., 133f.; W 2, 214.

30 Fyodor Dostoevsky. *Crime and Punishment*. Translated by Richard Pevear and Larissa Volkhonsky. New York: Vintage, 1993, 337; see also 347.

31 Benjamin insists on a similar reserve on judgment when he writes that the commandment »thou shalt not kill« is a guide for action, but cannot serve as a basis for judging a deed with which it is incommensurable (cf. GS II.1, 200–201).

32 Bachmann's poetics differs from and poses a challenge to Benjamin's investment in a language of names. This will have to be elaborated elsewhere. The concluding moment of »Zur Kritik der Gewalt« would have to play an important part in such an analysis.

33 Bachmann, *Thirtieth Year*, 142; W 2, 223.

34 Ibid., 144; W 2, 225.

35 Ibid., emphasis SIG.

36 Elsewhere, I have discussed the function of the word »sonderbar« in Benjamin's »Kleine Geschichte der Photographie«. There, it also marks a »sundering« – the one that posits the origin or *Ursprung* of Benjamin's essay. It is the mark of an intervention of mythic violence. Here, the same word signals, by contrast, a departure from the »cutting« voice of the prosecution, and marks the moment when the force of myth is broken. »Geistesgegenwart als Lichtung im Ähnlichen. Benjamins ›Gegenwart‹ – ›Heute‹ bei Bachmann«. Caitriona Leahy, Bernadette Cronin (eds.). *Re-acting to Ingeborg Bachmann. New Essays and Performances*. Würzburg: Königshausen & Neumann, 2005 (forthcoming).

37 Agamben, 88:

> To show law in its nonrelation to life and life in its nonrelation to law means to open a space between them for human action, which once claimed for itself the name of »politics«. [...] The only truly political action [...] is that which severs the nexus between violence and law. [...] We will then have before us a »pure« law, in the sense in which Benjamin speaks of a »pure« language and a »pure« violence. To a word that does not bind, that neither commands or prohibits anything, but says only itself, would correspond an action as pure means, which shows only itself, without any relation to an end. And, between the two, not a lost original state, but only the use and human praxis that the powers of law and myth had sought to capture in the state of exception.

38 *Hörspiele. Ilse Aichinger. Ingeborg Bachmann. Heinrich Böll. Günter Eich. Wolfgang Hildesheimer. Jan Rys.* Frankfurt/M.: Fischer, 1981 [1961], 43–79; henceforth cited as *Hörspiele*. Bachmann's *Die Zikaden* was also included in that volume. Cf. also Sabine I. Gölz. »Buttons«. *SubStance* 68 (1992), 77–90.

39 *Hörspiele*, 79, my translation.

40 Ibid., 78 and *passim*.

41 Agamben, *State of Exception*, 60.

42 Cf. Benjamin: SW 1, 250; GS II.1, 200.

43 Cf. Franz Kafka's letter to Oskar Pollak of January 27, 1904.

44 The present essay stands in close relation to my essay »Geistesgegenwart« (see footnote 36). The close textual analysis offered there provides a concrete case study of the theoretical issues I am

concerned with here. Inversely, the theoretical frame developed here deepens the implications of that other reading. There, I have tried to show by what stunningly concrete textual procedures one of Benjamin's own texts deploys an iterative process designed to ensure the reproduction of a violent founding moment.

45 Let someone rack his brains
about why I come along and
stop him and scream at him, and
let someone ask himself where,
on which path with my thoughts,
I will still plummet, when I get
up again after this fall [»Fall«,
also »case«]. What color my
eyes are? How old I am? What
size shoes I wear? How I spend
my money? When I was born?

Thirtieth Year, 145.

46 I would like to thank the University of Iowa's International Programs for supporting my participation in the conference on which this volume is based.

Beate Willma

»Am Starkstrom Gegenwart« Postwar Musical Aesthetics in Ingeborg Bachmann's *Musik und Dichtung*

»Am Starkstrom Gegenwart« Musikalische Ästhetik der Nachkriegszeit in Ingeborg Bachmanns »Musik und Dichtung«

Ingeborg Bachmanns kurzes Prosastück »Musik und Dichtung« (1959), das bisher vorwiegend als poetologischer Text rezipiert wurde, enthält auf musikkritischer Ebene zahlreiche Kommentare zur zeitgenössischen konzertanten Vokalmusik. In nur scheinbar allgemeinen Metaphern weist die Autorin fachkundig auf die technischen und ästhetischen Konsequenzen des seriellen Komponierens für die Textvertonung hin und entwirft vor diesem Hintergrund die Vision einer politisch engagierten zeitgenössischen Vokalmusik. Zu ihren wichtigsten Bezugspunkten gehören: Karlheinz Stockhausens Ästhetik der seriellen Musik, ihre eigenen und Hans Werner Henzes »Nachtstücke und Arien«, die Zielsetzungen der Münchner Konzertreihe »musica viva« und nicht zuletzt politische Vokalkompositionen Luigi Nonos und Karl Amadeus Hartmanns, auf die der Text durch die Namen der jeweils vertonten Autoren verweist. Während Bachmanns Vision auf die emphatische Kommunikation existentieller und historischer Leiderfahrungen abzielt, implizieren ihre Beispiele zum einen eine weniger direkte politische Kunst, deren semantische Strategien von der einschränkenden Situation des Kalten Krieges mit bestimmt sind. Zum anderen schließt sie durch ihre Konzentration auf traditionelle Textvertonung wichtige kompositorische Tendenzen aus, die eine neue Expressivität vorbereiteten.

During the past decade, the work of Ingeborg Bachmann has undergone a thorough re-contextualisation in respect of its historical and cultural backgrounds. Since the mid-1990s commentators have been establishing her references both to the Nazi period and the *Nachkriegszeit* with unprecedented accuracy, revealing as historical facts what had long been regarded as mere allegations, or even inventions, on the part of the author.[1] The musical elements in Bachmann's work have, by contrast, not been subjected to similar analysis until very recently. A good example is her short prose piece *Musik und Dichtung*, first published in 1959. While this text has often been said to define Bachmann's musical aesthetics as being in many aspects a rather backward-looking, romantic one,[2] her numerous references to avant-garde music and its accompanying discourses went unnoticed for a long time.[3] Even now that her principal allusions in this piece have been identified[4] much remains to be done to specify further her argument with regard to the contemporary music and the music criticism of her day. This is particularly true in terms of Bachmann's description of music as reacting to, and therefore being aesthetically defined by, the dilemma that the articulation of political opinion in art faced during the Cold War.

The principal purpose of this article is to examine this argument of Bachmann's in the light of the two main conflicting narratives of contemporary music at the time, namely, the Darmstadt avant-garde on the one hand and the circle around the Munich concert series *musica viva* on the other. My discussion includes Bachmann's involvement in musical multimedia at the time, as well as her friendship with various composers. While these biographical facts have been cited extensively in connection with *Musik und Dichtung*, many of their implications have yet to be evaluated concerning their significance for her argument.

Musik und Dichtung as Music Criticism

I would like to define the main objective of her text on the level of music criticism as an ardent plea for a committed vocal music:

> Die Musik, ihrerseits, gerät mit den Worten in ein Bekenntnis, das sie sonst nicht ablegen kann. Sie wird haftbar, sie zeichnet den ausdrücklichen Geist des Ja und Nein mit, sie wird politisch, mitleidend, teilnehmend und läßt sich ein auf unser Geschick. [...] Musik und Wort [...] halten die Toten wach und stören die Lebenden auf, sie gehen dem Verlangen nach Freiheit voraus und dem Ungehörigen noch nach bis in den Schlaf. Sie haben die stärkste Absicht, zu wirken. (W 4, 61)

Bachmann sets the stage for this plea with a rather harsh depreciation of those contemporary vocal compositions that subscribe to the anti-expressive aesthetics of integral serialism, her argument being that they would fail to take sides politically. Then she states her case for a committed vocal music and underscores her points with a series of musical examples in the form of the names of poets whose texts have been set to music. It is the conclusion of the piece, with its famous »Apotheose der menschlichen Stimme«,[5] that has attracted the most interest among commentators to date. On the one hand, this final page-long conjuration of the expressive potential of the human voice clearly reaches beyond the domain of music criticism. Bearing crucial implications for Bachmann's »musikalisch[e] Poetik«[6] it has been related to many instances in her purely literary writing. On the other, this passage has often been understood as an appeal for opera in times of its crisis, and has thus been linked to the writer's self-proclaimed infatuation with the genre in 1956, as well as her numerous collaborations in this field.[7]

However, the poetological implications of *Musik und Dichtung* notwithstanding, her critical argument is preoccupied with vocal music based on pre-existing literary texts:[8] »Wie ein Stigma haftet [...] die Musik den Dichtungen, zu denen sie Liebe hat, an [...]. Sie bestehen wohl weiter für sich, aber sie haben ein kostbares zweites Leben in dieser Verbindung.« (W 4, 61)[9] This formulation includes vocal concert music, *Literaturoper*, and also theatre and film music wherever the human voice is used. Bachmann's list of poets confirms her preoccupation mainly with the first of these genres since solely the name of Federico García Lorca can be related to *Literaturoper*, and only that of Bertolt Brecht to theatre and film music.[10] That this is the focus of her text is also confirmed by a letter to Luigi Nono where she refers to her future piece under the working title »nuovi testi e nuova musica«, and mentions several of his respective pieces when asking the composer for his criteria for the selection of a text.[11] Finally, this ties in with the fact that her piece was commissioned for *musica viva*, a commemorative volume celebrating the eponymous Munich concert series in contemporary music on the occasion of the 800th anniversary of the city of Munich in 1958.[12] With its objective of making accessible again any contemporary music of a high standing after the years of Nazi censorship, the series featured numerous pieces of contemporary vocal concert music but can hardly be pronounced an exponent of opera in particular.[13]

Integral Serialism in Vocal Music: Technical and Aesthetic Consequences

When embarking on the essay, Bachmann uses the long-established image of music and poetry as a pair of lovers who attain their unification in vocal music. The countless versions of this image aside, she concentrates on one of its more basic implications, that is, the necessity for the two arts to adopt some of each other's features so that vocal music can be produced technically. First, her claim that »die Künste auseinanderzutreten scheinen, sich wenig Blicke zuwerfen und nicht mehr in den alten Umarmungen liegen« (W 4, 59) can be read as a metaphor for the general departure of 20th-century modernist music and poetry from structures and features that were formerly considered the prerequisites of vocal music. According to Constantin Floros' systematization, a poem was considered both ›musical‹ and suitable for a musical setting when it offered certain features regarding both its form and characteristics on a »materiale [...] Ebene« such as melody, rhythm, metre, phonetic material, rhyme, or alliteration.[14] As Peter Horst Neumann points out:

> Wesentliche Formelemente der Poesie hatten in der Musik ihre Entsprechungen [...] und gewisse Gedicht-Formen waren, wenn nicht als Aufforderung zur Vertonung gemeint, so doch als solche wirksam.[15]

This changed in the 20th century when, according to Floros, features such as »Reim, Assonanz, strophische Gliederung, Metrum [...] als abgenutzt und antiquiert [galten], und [...] deshalb gemieden [wurden]«.[16] Thus, when Bachmann writes about the absence of »›Wortmusik‹ in der Dichtung« (W 4, 59), she refers to an element that would typically be connected with the practice of text-setting before this caesura.[17]

Secondly, she points to the critical aspect of integral serialism in general, but also to its crucial implications for vocal music when she refers to the different treatment of rhythm in the two arts: »Zwar sind beide Zeitkünste, aber wie verschieden wird in beiden gemessen: ungleich strenger in der Musik, ungleich unbefangener in der Sprache […].« (W 4, 59) It was effectively the new treatment of rhythm that separated the 1950s' new, integral serialist music (in which many so-called musical parameters are defined through mathematical calculations on the basis of a series) from the earlier serialism of the Schoenberg School (whose use of the series was restricted to pitch), leading to a distinctively non-expressive musical idiom.[18] When used in vocal music, this new compositional treatment of rhythm led to a rather precarious situation.

Whereas composers before 1950 had not faced any difficulties with the discrepancy between the measured durations in music on the one hand, and the freer rhythms of poetry or even prose on the other, the calculated rhythms of integral serialism turned this difference into a more serious problem. Composers in earlier styles had been free to take fragments of exact rhythms from instrumental music and to assemble them into a stylized version of the rhythms of their chosen texts, principally preserving the stress patterns of their chosen text. Their successors in integral serialism, by contrast, could not adjust their calculated rhythms to the requirements of language any more. Appearing as arbitrary and entirely unforeseeable even in instrumental music, these rhythms turned out to be incongruous with any possible rhythm of language, and thus dissolved the meaningful speech of their underlying texts into a nonsensical collection of mere phonemes. In this way, Bachmann could indeed present the use of integral serialism in vocal music as a threat to the essence of vocal music in its more traditional sense, that is, the immediate and enhanced communication of a text in an elevated manner.

Even if the strict use of the serialist tool was soon abandoned, the aesthetics of vocal music had changed. The extreme rhythmical distortion of a text had become part of the repertoire of compositional techniques in vocal music, before composers had had a chance to make sense intellectually of this rather absurd situation. Pierre Boulez, for example, chose to embrace the contradictory nature of this situation with unequivocal radicalism when commenting on the issue of text-setting in 1958 (but with reference to his earlier *Le marteau sans maître*): »it is not a question of heightening the power of the poem but, frankly, of hacking it to pieces.«[19]

While Bachmann gives a rather precise assessment of the implications of integral serialism for vocal music, her argument seems unaware of the alternative solutions put forward at the time, particularly the abandonment of both high poetry and serialism in favour of a strong theatrical element. Famously, 1958 saw the composition of Luciano Berio's *Thema (Omaggio a Joyce)* for magnetic tape in which the recorded voice is partly manipulated so that the verbal meaning of the respective passages of the recited text is largely lost. Similarly, György Ligeti used synthetic sounds to imitate the auditory impression of human speech in *Articulation* (also 1958) while generally avoiding the evocation of actual words.

It cannot be determined whether Bachmann knew of these more forward-looking experiments while they were being conducted, particularly since it was not until the mid-1960s that they consolidated into a new vocal style. However, it can be shown that, despite her quite well-informed reference to the problem of rhythm, she chose to leave aside another, more significant consequence of serialism for vocal music that Berio and Ligeti had drawn in a practical way: namely that the use of poetic texts for a musical setting had become no more than one option among others. As her letter to Nono of 8 April 1958 shows,[20] Bachmann was well aware of this change when she included Nono's *Il canto sospeso* in the research for her piece. In this composition for orchestra, vocal soloists and, most importantly, mixed choir, the composer had set farewell-letters of convicted resistance fighters, thus evading the problem of »verschuldet[e] Sprache« (W 4, 60) through quoting from authentic material and, through the music, commenting on it. This »unquestionable masterpiece of his [Nono's, B.W.] first decade's work«[21] achieves its extraordinary poignancy in the last movement precisely through the complete dissolution of the rhythms of speech. Dissembled into mere syllables, the text becomes an integral part of the music mainly through its vowel colours.

Therefore, on the one hand, Bachmann implies that serialism has led to the destruction of the immediate communication of a verbal message. On the other, in her mention of Cesare Pavese in her list of poets, she alludes to Nono's *La terra et la compagna* (1957, where the composer carried further the compositional technique that he had first established in *Il canto sospeso*), and thus concurrently suggests that the complete absorption of a text into the musical texture could indeed provide a new, alternative way of powerfully conveying a verbal message (whose wording the audience would have to extract from the programme). As a consequence, she leaves unacknowledged the fact that a composer's former choice between either setting a poetic text or writing instrumental music had become obsolete due to the inclusion of non-fictional texts in the repertoire. Nor does she acknowledge the possible emphasis on the sonic qualities of a text, which would treat it as music in the first place. Such changes would obviously present a poet in musical multimedia like Bachmann with serious cause for thought, and her exclusive focus on literary texts therefore gives something of the impression of a pose of denial, as well as a rather backward-looking orientation.

Problematic References to Stockhausen's Thought and Music

After alluding to the technical problems faced by vocal music, Bachmann suggests that integral serialist composers would be reluctant to write vocal music altogether, and reveals their presumed aesthetic reasons for this attitude as political ones, that is, as the composers' unwillingness to face up to the recent past.

> Fürchtet daher vielleicht eine Musik, von der es heißt, daß sie nichts ausdrücke, ausdrücken wolle [...] an Reinheit zu verlieren in diesem Umgang? Mehr noch: fürchtet sie, die schon die Instrumente an die Grenzen der Spielbarkeit treibt, deren Eigentümlichkeiten neu behandelt oder sie abzuschütteln versucht, [...] die auf der Suche nach Renaissance und einer neuen Unschuld ins Unbegrenzte blickt, daß sie sich mit einer verschuldeten Sprache der menschlichen Stimme überantworten muß? (W 4, 59–60)

While the pronounced non-expressiveness in contemporary music that Bachmann bemoans is principally pointed at Karlheinz Stockhausen's aesthetics,[22] it is less easy to understand her assertion that the music adhering to these ideals would as a consequence abstain from using the human voice. As is well known, many of Stockhausen's seminal works were vocal; Boulez is famous for his landmark serialist settings of René Char and Stéphane Mallarmé;[23] and Bachmann herself refers to

Nono's serialist output later in her piece, thus revealing the principally rhetorical, and also polemical, nature of her initial claim.

Therefore, it seems to me that Bachmann picks out for the purpose of her argument the very beginning of Stockhausen's serialist phase in the early 1950s, when there was indeed a tendency to abstain from using the human voice. His *Kreuzspiel* from 1951 provides a good example of a composer's actual reluctance to engage with the human voice for aesthetic reasons. This piece for oboe, bass clarinet, piano, and percussion, was originally conceived for boy treble and male voice instead of the two wind parts. In Stockhausen's correspondence with Karel Goeyvaerts, the Belgian composer clearly argues in terms of aesthetics when he declares himself »opposed to the use of voices due to the imprecision of their timbre«. Likewise, he advises Stockhausen to abstain from the use of the human voice because this »would introduce extrinsic sounds«.[24] Even if these particular comments had not got through to the public at the time it is well possible that Hans Werner Henze, who was still attending the Darmstadt summer courses that year (as well as the following year, when both *Kreuzspiel* and his own *Lyrische Suite* from *Der Idiot* were premiered),[25] could have perceived this tendency and conveyed it to Bachmann.

The author's general reference to Stockhausen's ideology is also supported by Henze's later comment on *Momente* from 1960, which seems to echo Bachmann's words:

> Auch hier tritt entschlossen [...] die Moderne ans Licht des Tages, in die Kunstwelt der Gegenwart. Es funkelt und schmettert und knattert darin, zukunftsgewandt, futuristisch, und alles sagt mit voller Überzeugung ja zu sich selbst.[26]

Another example, now also for the alleged »Unschuld« (W 4, 59–60) of serialist music, in Stockhausen's output, is his tape composition *Gesang der Jünglinge* from 1955/56 for recorded boy treble and synthetic sounds, which Bachmann probably knew at least from hearsay due to its performance in the first *musica viva* concert to feature electro-acoustic music on 9 November 1956.[27] In this piece Stockhausen keeps the principal audible text to the words »Jubelt« and »Preiset den Herrn« (taken from the apocryphal biblical legend of the chant of the youths in the fiery furnace); the chaste quality of the recorded boy treble is even surpassed by the synthetic, somewhat sterile sound of the electronics. While the composer remarked on his text: »Wo immer [...] aus den Klangzeichen der Musik für einen Augenblick Sprache wird, lobt sie Gott«,[28] the image of the fiery furnace chosen only ten years after the end of Nazi rule hints that the biblical story had proved terribly wrong to many believers. Therefore, while Stockhausen's piece can be said to refer to these memories on the one hand, on the other it prevents them from entering his audience's consciousness by drawing their attention to the thrill of the technical apparatus, which must have been overwhelming at the time. The reviews of the piece's first Munich performance in the *musica viva* series on 9 November 1956, entitled »Musikalische Atomforschung« and »Musikalische Vivisektion«, offer lengthy discussions of the supposedly ›scientific‹ treatment of the human voice, while abstaining from any mention of the recent past altogether.[29]

I would not consider it an exaggeration to place Bachmann's criticism of Stockhausen here in a strong connection with the Donaueschingen première of her and

Henze's *Nachtstücke und Arien* in autumn 1957, about one year before she wrote *Musik und Dichtung*. On this occasion, Stockhausen, Boulez, and Nono noisily left the concert hall only a short time after the performance had started. According to Henze's recollection, most of the notables present refused to congratulate him or Bachmann on their great success with the audience under the pressure of this statement, including the festival's director and commissioner of the piece, Heinrich Strobel; as a result Henze felt effectively banned from the German community.[30] As for Bachmann, *Nachtstücke* is the first composition in which her texts were set to music, and Henze later emphasized that she was »entsetzt über den dort herrschenden Mangel an Toleranz, Kollegialität und Demokratie«[31] among his fellow composers. Given that *Musik und Dichtung* was probably commissioned on the occasion of the work's second performance as part of the *musica viva* series on 30 May 1958,[32] it would be no surprise to find Bachmann using the less attractive sides of Stockhausen's aesthetics to set the stage for the music that she intends to promote.

Political Messages, Semantic Strategies

Nachtstücke und Arien consists of two orchestral songs which are framed by instrumental pieces. The first »Aria«, after Bachmann's poem *Im Gewitter der Rosen* was understood by Henze as a love song and set accordingly in a late romantic idiom. It is the second part, *Freies Geleit*, that features a political message in the line »Die Erde will keinen Rauchpilz tragen« (W 1, 161), in which Bachmann objects to West Germany's imminent stationing of nuclear weapons in 1957. Despite the seriousness of this message, Henze's setting of the second »Aria« merely continues the tone of the first one. Both the following extended finale and the concluding »Nachtstück« clearly affirm the evocation of beauty in the underlying poem, with the former being set, in Henze's words, as »ein chorischer Hymnus auf eine schöne, atombombenfreie Zukunft«.[33] Moreover, each part quotes the characteristic »Undine« chord from Henze's eponymous ballet.[34] Thus, while the piece does meet the ideal of committed vocal music that Bachmann lays out in *Musik und Dichtung* in every detail, this very positive formulation of an objection is not efficient as a political statement. *Nachtstücke und Arien* was to become one of Henze's most frequently performed pieces; however, its anti-nuclear message merely survived, encapsuled as it were, in the aural feast of its musical presentation.

However, Bachmann's list of poets can be read as a whole catalogue of successful examples for a committed vocal music in *Musik und Dichtung*: »[…] Brecht, García Lorca und Mallarmé, Trakl und Pavese und [die] älteren, die immer am Starkstrom Gegenwart hängen, [...] Baudelaire, Whitman und Hölderlin […].« (W 4, 61) What I perceive in this list is, at a first level, a collection of landmarks both of a personal and general nature. As I have mentioned above, *Musik und Dichtung* was commissioned for a commemorative volume of the Munich concert series of contemporary music, *musica viva*. One of the series' deliberate aims was to again perform music that had been banned during the years of Nazi censorship. Thus we can read in the mention of the name of Brecht his *Badener Lehrstück vom Einverständnis*, for which Paul Hindemith had written the music and which Henze conducted at the first »Darmstädter Ferienkurse für Neue Musik« in 1946. According to Henze, this piece was the main object of discussion that year, and in a later interview he recalls the experience of being able to perform Hindemith's music again as a gesture of: »man darf wieder, wir können wieder, wir haben die Freiheit wieder!«[35] Bachmann's selection of older writers starts with the name of Baudelaire, which refers to Alban Berg's concert aria *Der Wein* which, too, was composed before the years of Nazi rule, and performed in the *musica viva* series when Bachmann had just got to know Henze and also Karl Amadeus Hartmann, the series' founder and organizer, in 1952.[36]

The name of Cesare Pavese is particularly interesting since it points only to one reference, namely Nono's *La terra et la compagna*, a setting of three poems from the context of the Resistenza for choir, solo soprano and tenor, and instruments, continuing the compositional technique of text-splitting that Nono had first used in the last movement of *Il canto sospeso*. As a first consequence, the syllables make their way through the different timbres of the choir parts, like a choral version of Schoenberg's »Klangfarbenmelodie«. In *La terra et la compagna* Nono uses this technique also to superimpose different texts, in order to create a new meaningful unit, as he claims, but certainly at the expense of an immediate understandability of the two texts. Moreover, in the same piece his extraction of vowels from syllables turns some of the choir parts into hybrids between voice and instrument. The phonetic quality of the text is still present, while its meaning has become imperceptible.

Obviously, Nono had to defend this decline in verbal communication, particularly since he put great emphasis on the political message of his music. In a defence of *Il canto sospeso* against Stockhausen's polemical analysis of 1958, he insisted that his composition (which relies on casually serial techniques) would indeed convey the disturbing message of the texts he chose. »Das Prinzip der Textzerlegung«, he said in 1960,

> hat dem Text seine Bedeutung nicht ausgetrieben, sondern hat den Text als phonetisch-semantisches Gebilde zum musikalischen Ausdruck gemacht. Die Komposition mit den phonetischen Elementen eines Textes dient heute wie früher der Transposition von dessen semantischer Bedeutung in die musikalische Sprache des Komponisten.[37]

In other words, Nono expects us to read the text beforehand, as is now taken for granted in the reception of contemporary vocal music.

Thus, in her mention of Pavese, Bachmann takes sides also with Nono in his growing alienation from Darmstadt, which was to lead to an open breach in 1959. She seems to agree with him on the point that the texture of vocal music does not have to be conventional (as the *Nachtstücke und Arien* are), nor that the words have to be understandable in order to actualise the truths they articulate. In fact, she might even refer to Nono's technique of text-splitting when she writes:

> Die Worte suchen ja längst nicht mehr die Begleitung, die die Musik ihnen nicht geben kann. Nicht dekorative Umgebung aus Klang. Sondern Vereinigung. Den neuen Zustand, in dem sie ihre Eigenständigkeit opfern und eine neue Überzeugungskraft gewinnen durch die Musik. (W 4, 60–61)

Another piece by Nono is present in *Musik und Dichtung* in the name of Federico García Lorca (which is confirmed by Bachmann's letter to the composer from 8 April 1958 in which she asks for his criteria when selecting a text). His *Tre epitaffi per Federico García Lorca* from 1951–1953 are a large, three-part monument to the Spanish poet who became one of the first and most famous casualties of the Spanish Civil War. As Gianmario Borio has pointed out, »the engagement with García Lorca represented [...] a clear allusion to themes of civil commitment and of the democratic transformation of society«.[38] Famously, Nono specifies further his choice to set various texts by Lorca and also Pablo Neruda through his rhythmical quotation of *Bandiera rossa*, the song of the Italian Communist Party of which he had become a member in 1952. His widow Nuria Schoenberg Nono recalls of this quotation: »auch Maderna sagte, wer weiß, ob die merken, daß das da drinnen ist, wer weiß, was dann passiert ...«[39] It is not clear whether this refers to Nono's fellow composers, his audience and critics, or his financiers in Hamburg, where the third epitaph received its première in 1953. In fact, while parts of postwar cultural life in Europe have been documented in terms of the Cultural Cold War, this has not yet been accomplished for the German radio stations, whose studio infrastructure and commissions were crucial for the development of the avant-garde. Therefore, at present, an assessment of *Musik und Dichtung* in this respect can only rely on speculation.

For this purpose it is instructive to turn to Karl Amadeus Hartmann, the organizer of the *musica viva* and a composer himself, to whose *First Symphony* Bachmann alludes in the name of Walt Whitman. The history of this piece, which had made a deep impression on Henze in 1948,[40] is paradigmatic for Hartmann's path as a composer. Having been brought up in Munich with a socialist background, Hartmann decided to stay there during the Nazi rule. Withdrawing from the public, as well as from every aspiration to get performed in his native country, he found his personal style in orchestral pieces full of Mahlerian pathos that he dedicated mainly to the victims of Nazi crimes. We witness the beginnings of this in a letter from 1936, when he tells a friend about his current project which would later become his first symphony:

> Ich arbeite an einer Kantate (für Altstimme und großes Orchester) (Text frei nach Walt Whitman), in der ich unser Leben schildere. Die Gedichte, die ich sehr geändert habe, bringen das gesamte, schwere, hoffnungslose Leben, und doch wird keine Idee vom Tode erstickt. Ich glaube, in diesem Werk einen kleinen Fortschritt gemacht zu haben, in Musik, die alle Menschen angeht.[41]

Surprisingly enough, after 1945 Hartmann did not try to get his works performed either; instead he subjected them to an extended process of revision, recomposing and reassembling out of them eight symphonies and other, mostly orchestral works. In this process he dropped many of the explicitly anti-fascist dedications, and also withdrew entire works where they were too programmatic. According to his own statement he never changed his political views – however he never really declared them either – but abandoned the idea of a music that was overtly political in favour of more general themes, wherever a text was involved.[42]

While Hartmann's activities after 1945 can be attributed to a number of compositional and non-compositional factors, it seems to me that his radical disillusionment both with the realization of socialist ideas in the Eastern block, and also with the alleged cultural freedom in the Western part of Germany, were central to his continuing pose of lament and resignation. In a curious anachronism he juxtaposes the murder of Federico García Lorca in 1936 with the current relationship between politics and the arts in 1962 when he writes:

> Wie übel es heute im ganzen um Kunst und Politik steht, zeigt u.a. das Ende des großen spanischen Dichters García Lorca. [...] Diese Erfahrung macht den schon ernüchterten Weltblick des Künstlers in diesem Jahrhundert nicht hoffnungsvoller.[43]

From this perspective, the ongoing heroic anti-fascism in the work of many artists appears as a muted critique of their current, postwar situation. While the propagation of cultural freedom was used as a crucial tool in the anti-Stalinist propaganda particularly of the American occupiers,[44] overtly leftist positions were not acceptable, as the radical decline of performances of Nono's works in West Germany in the 1960s shows.

Conclusion: Expressivity as Opening and Restriction

I have reassessed Bachmann's plea for a committed vocal music in *Musik und Dichtung*, firstly with regard to the state of compositional technique at the time, and secondly in view of political statements in selected examples of vocal music. As I have shown, through her implicit musical examples Bachmann acknowledges the role that the *musica viva* played in the rediscovery and promotion of new music after the Second World War, also with regard to her own, and Henze's, personal experiences. In doing so she supports the concert series' emphasis on the continuity of musical development beyond the caesura of 1945,[45] thus radically opposing the »zero hour« myth of the Darmstadt protagonists. Likewise, her selection of examples echoes the series' programming principles in terms of compositional style. As Karl Heinrich Ruppel summarizes:

> »Weite des Blickfelds« war einer der Hauptpunkte bei der Konzeption der MUSICA VIVA; das galt in nationaler wie in stilistischer Hinsicht. Humane und geistige Toleranz bildeten die Voraussetzung. [...] Es spielte ebensowenig eine Rolle, ob die aufzuführenden Schöpfungen tonaler, atonaler oder dodekaphonischer Herkunft waren.[46]

This goes hand in hand with Bachmann's distinction between integral serialism as a style on the one hand and a compositional tool on the other, which enables her to criticize Stockhausen's aesthetics while concurrently promoting Nono's use of the same technique. Again, her differentiation contests the practice of the Darmstadt leaders who argued in terms of compositional technique but effectively enforced a particular musical aesthetics.

Bachmann then uses this differentiation to point to the political dimension behind the technical controversies. In doing so she goes beyond other commentators in the *musica viva* volume, for example Ruppel, who repeats her formulation »geistig und technisch« merely with regard to the challenges that integral serialist music poses for its interpreters; and who confines the principal differences between Stockhausen's and Nono's work to their chosen media.[47] Her achievement is maybe best measured against Richard Taruskin's phrase of »Cold War Serialism« that attributes the early 1950s' worldwide spread of twelve-tone technique and its derivatives only today, after fifty years, to an aesthetic situation that was crucially defined by a political one.[48]

Although Hartmann refrained from making explicit political statements in his own music or writings after 1945, I would like to relate both Bachmann's analysis and plea to her dissatisfaction with Adenauer's Germany, which she and Henze shared with Karl Amadeus and Elisabeth Hartmann in the early 1950s[49] and that is obvious also from Bachmann's correspondence with Wolfgang Hildesheimer in 1956.[50] The fact that Hartmann was one of the few figures in music whose continuing antifascism was credible to the younger generation must in itself have been a clarifying, and indeed empowering inspiration to an artist who had been brought up under the Nazi system. In fact, as Hartmann's passionate defence of Nono's more explicit approach shows, he was prepared to stand up for an artist whose statements were more radical than his own.[51]

At the same time, a closer examination of Bachmann's implicit musical examples reveals the political element of her vision of a committed vocal music as mainly utopian. A mere fraction of the compositions implied contain a political message so powerful that this would justify the absence of experimentalism in aid of intelligibility;[52] and even in Nono's music such messages are partly hidden, while Hartmann's piece assumes no more than a very general pose of resignation and lament. Moreover, her insistence on expressivity, together with her exclusive focus on high poetry, generally prevents her from considering those approaches that turned away from the traditional concept of text-setting, using non-coherent texts to communicate a different kind of meaning, and dissipating the boundaries between music and language even further. Notably, *Musik und Dichtung* excludes the 1950s' flourishing research into noise that experienced a second climax due to the popularity of tape-based music, research from which Henze would clearly benefit in his »musica impura« of the late 1960s; and of which Bachmann would also make use in her later work, for example in her transcriptions of noises in *Malina*.[53]

Notes

1 For both a whole wealth of such identifications and their methodological outline see Sara Lennox. »Gender, Kalter Krieg und Ingeborg Bachmann«. Monika Albrecht, Dirk Göttsche (eds.). *»Über die Zeit schreiben« 3. Literatur- und kulturwissenschaftliche Essays zum Werk Ingeborg Bachmanns.* Würzburg: Königshausen & Neumann, 2004, 15–54.

2 On Bachmann's proximity to »Ausdrucksästhetik« see e.g. Katja Schmidt-Wistoff. *Dichtung und Musik bei Ingeborg Bachmann und Hans Werner Henze. Der »Augenblick der Wahrheit« am Beispiel ihres Opernschaffens.* Munich: iudicium, 2001, 40–46.

3 For the most recent survey of previous readings see Antje Tumat. *Dichterin und Komponist. Ästhetik und Dramaturgie in Ingeborg Bachmanns und Hans Werner Henzes »Prinz Friedrich von Homburg«.* Kassel, Basle, London, New York, Prague: Bärenreiter, 2004, 147.

4 Beate Willma. »In dialogue with Henze, Nono, Hartmann. Reflections on music in the writings of Ingeborg Bachmann«. Public lecture at the Oxford Colloquia, 28 May 2002, and Tumat, *Dichterin und Komponist,* 149–163.

5 Dirk Göttsche. »Libretti«. Monika Albrecht, Dirk Göttsche (eds.). *Bachmann-Handbuch. Leben – Werk – Wirkung.* Stuttgart, Weimar: Metzler, 2002, 97–104 (100).

6 Cf. Dirk Göttsche. »Bachmann und die Musik«. Albrecht, Göttsche (eds.), *Bachmann-Handbuch,* 297–308 (297).

7 Cf. Corina Caduff. *»dadim, dadam« – Figuren der Musik in der Literatur Ingeborg Bachmanns.* Cologne, Weimar, Vienna: Böhlau, 1998, 89; Dirk Göttsche. »Musikästhetische Essays«. Albrecht, Göttsche (eds.), *Bachmann-Handbuch,* 188–190 (189); Tumat, *Dichterin und Komponist,* 154–155.

8 Christian Bielefeldt has spoken of »Lyrikvertonung« as the subject of *Musik und Dichtung.* Christian Bielefeldt. *Hans Werner Henze und Ingeborg Bachmann: Die gemeinsamen Werke. Beobachtungen zur Intermedialität von Musik und Dichtung.* Bielefeld: transcript, 2003, 53, n. 72.

9 Cf. also: »Wir wissen nicht, [...] warum eine Musik bestimmten Worten ein anderes Leben zu geben wünschte [...].« (W 4, 59)

10 By 1958 Wolfgang Fortner had used Federico García Lorca's play *Bodas de sangre* (1933) first for *Der Wald* (dramatic scene, 1953), which was then incorporated into *Die Bluthochzeit* (1957).

11 Letter to Luigi Nono of 8 April 1958 (Bachmann/I 58-04-08 m, Archivio Luigi Nono, Venice). I am grateful both to Nuria Schoenberg Nono and Ingeborg Bachmann's heirs for their kind permission to use two quotations from this letter.

12 Karl Heinrich Ruppel (ed.). *Musica viva.* Munich: Nymphenburger Verlagsanstalt, 1959.

13 Cf. Renate Ulm. »Chronik der *musica viva* I (1945–1963)«. Renate Ulm (ed.). *»Eine Sprache der Gegenwart«.* Musica viva *1945–1995.* Mainz: Schott, Munich: Piper, 1995, 75–118.

14 Constantin Floros. »Probleme der Amalgamierung von Dichtung und Musik in der Kunst des 20. Jahrhunderts«. Otto Kolleritsch (ed.). *Zum Verhältnis von zeitgenössischer Musik und zeitgenössischer Dichtung.* Vienna: Universal, 1988 (Studien zur Wertungsforschung, 20), 35–50 (36).

15 Peter Horst Neumann. »Zum gestörten Verhältnis zeitgenössischer Poesie und Musik«. Kolleritsch (ed.), *Zum Verhältnis,* 68–77 (74).

16 Floros, »Problem der Amalgamierung«, 37.

17 Her parallel mention of »›poetisch[e] Inhalt[e]‹ in der Musik« (W 4, 59) refers to the realization of an extra-musical plot in instrumental music which, interestingly, she presents as a counterpart to the setting of actual words in vocal music.

18 Cf. also Tumat, *Dichterin und Komponist,* 149–152 and 155–158, who views *Musik und Dichtung* in the context of the loss of »Sprachlautlichkeit« in the music of the early 1950s but does not discuss the technical consequences of this development for vocal music.

19 Pierre Boulez. *Orientations. Collected Writings.* Ed. by Jean-Jacques Nattiez. Translated by Martin Cooper. London: Faber & Faber, 1986, 180. It is likely that Bachmann would at least have known

about *Le marteau sans maître*, where Boulez had put into practice what would later become his explicit strategy. The piece had been performed in the *musica viva* series on 2 December 1955 (cf. Ulm, »Chronik der *musica viva* I«, 96).

20 »Lorca, Canto Sospeso, Pavese«. Bachmann/I 58-04-08 m, Archivio Luigi Nono, Venice.

21 Gianmario Borio. »Nono, Luigi«. L. Macy (ed.). *Grove Music Online*. Accessed 21 January 2005. <http: //www.grovemusic.com>

22 As formulated in his writings. Cf. Tumat, *Dichterin und Komponist*, 156–157.

23 Bachmann's mention of Mallarmé refers probably to Maurice Ravel's *Trois poèmes de Stéphane Mallarmé* (1913) for voice and instruments that were performed in a *musica viva* concert on 9 November 1956 (cf. Ulm, »Chronik der *musica viva* I«, 98). It is not clear whether she knew about Boulez' emerging cycle for soprano and instruments *Pli selon pli* (1957–1962), namely *Improvisation sur Mallarmé I »Le vierge, le vivace et le bel aujourd'hui«* and *Improvisation sur Mallarmé II »Une dentelle s'abolit«* (both 1957) that were premiered in Hamburg on 13 January 1958 and that continue the anti-expressive style of text-setting that Bachmann criticizes. It would require a separate investigation to establish the role of Boulez' music in her argument, as well as that of the other apolitical compositions she refers to.

24 Quoted in Herman Sabbe. »Karlheinz Stockhausen. ›...wie die Zeit verging...‹«. Heinz-Klaus Metzger, Rainer Riehn (eds.). *Karlheinz Stockhausen*. Munich: Edition Text + Kritik, 1981 (Musik-Konzepte, Heft 19), 189. Quoted after Robin Maconie. *The Works of Karlheinz Stockhausen*. London, New York: Oxford UP, 1976, 21.

25 Cf. Hans Werner Henze. *Reiselieder mit böhmischen Quinten. Autobiographische Mitteilungen 1926–1995*. Frankfurt/M.: Fischer, 2001, 167–168, and Gianmario Borio, Hermann Danuser (eds.). *Im Zenit der Moderne. Die Internationalen Ferienkurse für Neue Musik Darmstadt 1946-1966. Geschichte und Dokumentation in vier Bänden*. Freiburg: Rombach, 1997 (Rombach Wissenschaften. Reihe Musicae, 2), vol. 3, 555.

26 Henze, *Reiselieder*, 201.

27 Cf. Ulm, »Chronik der *musica viva* I«, 98.

28 Karlheinz Stockhausen. »Nr. 8. Gesang der Jünglinge (1956)«. Id., *Texte zu eigenen Werken, zur Kunst Anderer, Aktuelles*. Vol. 2. Cologne: Dumont, 1964, 49–50 (49).

29 Rolf Seeliger. »Musikalische Atomforschung. Elektronisches Konzert der ›Musica viva‹ in München«. *Die andere Zeitung* (Hamburg), 29 November 1956; Ludwig Wismeyer. »Musikalische Vivisektion«. *Musikalische Jugend. Jeunesse musicale* 1956, no. 6. Both printed in: Margot Attenkofer. »Pressespiegel 1945–1963«. Renata Wagner, Margot Attenkofer, Helmut Hell (eds.). *Karl Amadeus Hartmann und die* musica viva. *Essays. Bisher unveröffentlichte Briefe an Hartmann. Katalog*. Munich, Zurich: Piper, Mainz, London, New York, Tokyo: Schott, 1980 (Bayerische Staatsbibliothek. Ausstellungs-Kataloge, 21), 136–137.

30 Henze, *Reiselieder*, 182.

31 »Gespräch zwischen Hans Werner Henze und Peter Ruzicka, Munich, 20 October 1999«. Hans Werner Henze. *Drei Sinfonische Etüden. Quattro Poemi. Nachtstücke und Arien. La selva incantata*. Michaela Kaune, Sopran, NDR-Sinfonieorchester, Leitung: Peter Ruzicka. WER 6637 2, 9.

32 Cf. Ulm, »Chronik der *musica viva* I«, 100. We can conclude from Bachmann's letter to Luigi Nono of 8 April 1958, quoted above, that Bachmann's piece had been commissioned before this date.

33 Henze, *Reiselieder*, 182. Henze's unflinching aestheticism is confirmed by his letter to Heinrich Strobel of 15 June 1957 (SWR, Historisches Archiv Baden-Baden, P6258), where he argues that the political message would enhance the effect of his piece.

34 Cf. Bielefeldt, *Henze und Bachmann*, 155.

35 »Die Musik der fünfziger Jahre (1980). Gespräch mit Hubert Kolland«. Hans Werner Henze. *Schriften und Gespräche 1955–1979*. Berlin: Henschelverlag, 1981, 277–305 (284).

36 Cf. Henze, *Reiselieder*, 139–140.

37 Luigi Nono. »Text – Musik – Gesang«. Jürg Stenzl (ed.). *Luigi Nono. Texte. Stu-*

dien zu seiner Musik. Zurich: Atlantis, 1975, 41–60 (60).

38 Gianmario Borio. »Tempo e ritmo nelle composizioni seriali. 1952–1956«. Gianmario Borio, Giovanni Morelli, Veniero Rizzardi (eds.). *Le musiche degli anni Cinquanta*. Florence: Leo S. Olschki, 2004 (Archivio Luigi Nono. Studi. II. 2003), 61–115 (70):

> l'accostamento a García Lorca equivaleva [...] a un esplicito richiamo ai temi dell'impegno civile e della trasformazione democratica della società. (translation B.W.)

39 »Die fröhlich-harten Jahre. Nuria Nono und Giacomo Manzoni im Gespräch über Luigi Nono«. Rudolf Stephan (ed.). *Von Kranichstein zur Gegenwart. 50 Jahre Darmstädter Ferienkurse*. Darmstadt: DACO, 1996, 207–211 (210).

40 Cf. Hans Werner Henze. »Epitaph«. *Epitaph. Karl Amadeus Hartmann*. München: Richard P. Hartmann, 1966, 21. Quoted after: Hans Werner Henze. »›Egregio e carissimo Don Carlos‹. Briefe 1949–1961«. Wagner et al. (eds.). *Karl Amadeus Hartmann*, 186–203 (186).

41 Letter from Karl Amadeus Hartmann to Sandór Jemnitz, 7 May 1936. Quoted after Andrew McCredie. *Karl Amadeus Hartmann. Sein Leben und Werk*. Wilhelmshaven: Heinrichshofen, 1980, 45.

42 Cf. Hartmut Lück. »Politik als Hintergrund und Motiv. Wie dem Komponieren ein zusätzliches Programm zuwuchs«. Ulrich Dibelius (ed.). *Karl Amadeus Hartmann. Komponist im Widerstreit*. Kassel, Basle, London, New York, Prague: Bärenreiter, 2004, 40–54 (48–49).

43 Karl Amadeus Hartmann. »Kunst und Politik«. Id., *Kleine Schriften*. Ed. by Ernst Thomas. Mainz: Schott, 1965, 70–73 (73).

44 Cf. Mark Carroll. *Music and Ideology in Cold War Europe*. Cambridge: Cambridge UP, 2003.

45 Cf. Karl Heinrich Ruppel. »Musica viva 1945–1958«. Ruppel (ed.), *Musica viva*, 7–47 (10). Ruppel's borrowing from Bachmann is likely since he edited the *musica viva* volume, and refers to some of its content in his own contribution, which has the function of an editor's preface at times.

46 Ibid., 12–13.

47 Ibid., 27.

48 Cf. Richard Taruskin. *The Oxford History of Western Music*. Vol. 5. *The Late Twentieth Century*. Oxford: Oxford UP, 2005, 103.

49 Cf. Henze, *Reiselieder*, 133.

50 Cf. Wolfgang Hildesheimer. *Briefe*. Ed. by Silvia Hildesheimer, Dietmar Pleyer. Frankfurt/M.: Suhrkamp, 1999, 66–68. On Bachmann's and Henze's political dissatisfaction see also Astrid Froese. »Wenn die Musik das Wort erhellt. Auf den Spuren Ingeborg Bachmanns und Hans Werner Henzes«. *Neue Züricher Zeitung*, 9 March 2002, 79.

51 Cf. Karl Amadeus Hartmann. »Mein Ja zu Luigi Nono. Zur Aufführung von Nonos ›Canti di vita e d'amore‹«. Stenzl (ed.), *Luigi Nono*, 328.

52 Cf. Arturo Larcati. »Momentaufnahmen eines verschollenen Gesprächs. Ingeborg Bachmann und Luigi Nono«. *Neue Rundschau* 113 (2002), 2, 139–151 (150).

53 I would like to thank John Deathridge for his advice on this article, as well as Irene Auerbach, Guy Dammann, and Rebecca Lloyd for reading the finished manuscript.

Dirk Göttsche

Politische Sprachkritik in Ingeborg Bachmanns Kritischen Schriften

Critique of Political Language in Ingeborg Bachmann's Critical Writings

The recent critical edition of Ingeborg Bachmann's critical writings (2005) includes five previously unpublished drafts from the early 1960s which focus on a critique of the political language of the Cold War era and on the (ideological, moral, and gender) discourses underlying political thinking in the post-war period. Drawing on the tradition of essayistic and aphoristic short prose as represented by Adorno's »Minima Moralia«, these drafts are probably Bachmann's only attempt to cut across the divide between literature and politics reaffirmed by the rigorous aesthetics and the linguistic scepticism of her Frankfurt lectures. The essay studies the themes and poetics of theses pieces in detail and discusses them in the context of the author's other critical writings and her commitment to ›writing against war‹.

Ingeborg Bachmanns sprachkritisches Verständnis der »Literatur als Utopie« (KKA, 329), ihre Skepsis gegenüber den Diskursen der medialen Öffentlichkeit und ihre Distanz beispielsweise zu Jean-Paul Sartres Konzept einer »engagierten Literatur« (KKA, 257) scheinen wenig Raum zu lassen für eine Vermittlung von Literatur und politischem Diskurs. Eine Gruppe von unveröffentlichten »Entwürfen zur politischen Sprachkritik« (KKA, 368–377) aus den frühen 1960er Jahren, die in der Kritischen Ausgabe der Kritischen Schriften jetzt erstmals aus dem Nachlaß ediert worden sind,[1] gibt jedoch Anlaß, das Verhältnis von Literatur und Politik bei Ingeborg Bachmann noch einmal zu überdenken. In diesen Entwürfen, deren Mentalitäts- und Diskurskritik im Medium der Sprachkritik als eine Form des Schreibens gegen den Krieg gelesen werden kann, hat die Autorin tatsächlich versucht, ihr sprachkritisches Literaturverständnis in essayistischer Form mit politischer Kritik zu verbinden. Diese nachgelassenen Entwürfe, die wegen des hohen Maßes an Sofortvarianten, wegen ihrer internen Textabbrüche und wegen ihrer Fragmentarizität editorisch nicht unproblematisch sind und noch erhebliche Interpretationsfragen aufwerfen, sollen daher im folgenden im Mittelpunkt stehen. Zunächst jedoch gilt es, Bachmanns Ansätze zu einer politischen Sprachkritik werkgeschichtlich zu kontextualisieren und das Verhältnis des essayistischen Werks zu Bachmanns literarischer Kritik an der Kriegs- und Gewaltgeschichte des 20. Jahrhunderts zu skizzieren.

Politische Sprachkritik im Kontext von Bachmanns Literaturverständnis

Ingeborg Bachmann war sicher keine politische Essayistin wie unter ihren Zeitgenossen etwa Heinrich Böll, Alfred Andersch, Hans Magnus Enzensberger oder Martin Walser, die sich aus ihrer öffentlichkeitswirksamen Position als Schriftsteller heraus immer wieder in die politischen und kulturpolitischen Debatten der Nachkriegsjahrzehnte eingemischt haben. Ihr im engeren Sinne politisches Engagement beschränkt sich weithin auf die Unterzeichnung politischer Aufrufe gegen die nukleare Aufrüstung oder den Vietnamkrieg, mit denen die Autoren aus dem Kreis der Gruppe 47 seit den späteren 1950er Jahren an der politischen Meinungsbildung in der Bundesrepublik Deutschland partizipieren und den Politisierungsprozeß des literarischen Lebens in den 1960er Jahren vorantreiben. Ingeborg Bachmanns Skepsis gegenüber einer direkten Mitwirkung am politischen Diskurs der Öffentlichkeit läßt sich im Spiegel ihrer poetologischen Reflexionen in der aus ähnlichen Gründen ebenfalls vergleichsweise schmalen literaturkritischen Essayistik sowie in ihren übrigen Kritischen Schriften auf die Sprachskepsistradition der österreichischen Moderne zurückbeziehen, wie sie vor allem durch Hugo von Hofmannsthal, Karl Kraus und Robert Musil geprägt wurde und auch für Bachmanns literarisches und literaturtheoretisches Werk von großer Bedeutung ist.[2] Für die Autorin, die seit der Erfahrung des Zweiten Weltkriegs und des Nationalsozialismus in Österreich zweifellos eine ausgesprochen aufmerksame politische Zeitgenossin und eine genaue Beobachterin der politischen Entwicklungen sowohl im Nachkriegsösterreich und in Deutschland als auch im globalen System des Kalten Krieges war, konnte es in der Tradition dieser kritischen Sprachreflexion keine einfache »Versöhnung von Politik und Poesie«[3] geben, vielmehr wurde das Verhältnis von politischer Zeitgenossenschaft und Literatur für sie zu einer jener ›Problemkonstanten‹ (KKA, 264), die durch das gesamte kritische Werk hindurch im Zentrum ihrer poetologischen Überlegungen stehen.

Deutlicher als im Frühwerk der 1940er Jahre treten Bachmanns Überlegungen zum Verhältnis von politischer und literarischer Rede in ihren poetologischen und literaturtheoretischen Texten der späten 1950er Jahre hervor, in denen sie sich angesichts ihrer Zusammenarbeit mit dem Komponisten Hans Werner Henze einerseits mit dem Verhältnis von Musik und Dichtung befaßt und sich andererseits durch die völlig neue Aufgabe der Frankfurter Poetik-Vorlesungen zu einer historisch und theoretisch umfassenderen Ausformulierung ihres Literaturverständnisses genötigt sieht. Vor allem die programmatische Abschlußvorlesung »Literatur als Utopie« pointiert die immer wieder umkreiste Antithese zwischen der »schlechten Sprache, die wir vorfinden« – »denn das Leben hat nur eine schlechte Sprache« – und dem literarischen »Utopia der Sprache«, dem ästhetischen Vorschein der »Hoffnung auf die ganze Sprache«, »die noch nie regiert hat, die aber unsere Ahnung regiert und die wir nachahmen« (KKA, 344f., 348). Die utopische Kraft und »verändernde Wirkung« der Literatur, ihre Fähigkeit, »uns zu neuer Wahrnehmung, neuem Gefühl, neuem Bewußtsein« zu ›erziehen‹ (KKA, 266), beruhen für Bachmann in der Tradition der literarischen Sprachskepsis auf dem »Konflikt« des Schriftstellers »mit der Sprache« (KKA, 262). Sie schlagen sich in der literarhistorisch immer wieder neu zu erarbeitenden »neuen Sprache« der Dichtung als Ausdruck einer ›neuen Gangart‹ und eines ›neuen Geistes‹ nieder (KKA, 263).

Politische Dichtung, Literatur mit gleichermaßen ästhetischem wie politischem Anspruch, erscheint damit geradezu als ein Widerspruch in sich, und Bachmanns Literaturbegriff scheint ganz in dem poetologischen Selbstverständnis der Nachkriegsliteratur im Umkreis der Gruppe 47 als ›ästhetische Opposition gegen die Restaurationsgesellschaft‹[4] aufzugehen. Und doch enthalten Bachmanns Formulierungen über die betonte Distanz der Literatur zur Sprache des Lebens, zu den öffentlichen Diskursen und zum Jargon der Politik hinaus ein dialektisches Element, das im »Blick auf das ganze Unglück« der Menschen (KKA, 268) durch die literarische Spracharbeit an ›neuem Denken‹ und ›neuen sittlichen Möglichkeiten‹ (KKA, 262) auch den politischen Kontext der Literatur wieder einführt, oder mit den Worten ihrer berühmten Rede zur Verleihung des Hörspielpreises der Kriegsblinden, »Die Wahrheit ist dem Menschen zumutbar« (1959): Es geht um die ›Erweiterung‹ »unserer Möglichkeiten«, also auch der gesellschaftlichen Spielräume, in der literarischen Auseinandersetzung mit der »Erfahrung« von »Schmerz« und »Unglück« (KKA, 246–248). Nicht durch die bloße Distanz zum politischen Diskurs, sondern durch die gleichzeitige Aufdeckung und Dekonstruktion seiner ideologischen Implikationen und Herrschaftsstrukturen also gewinnt die Literatur in Bachmanns sprachkritischer Poetologie ihre gesellschaftliche Wirkung und Notwendigkeit. Die konkrete utopische Kraft der Literatur gründet in ihrer Sprachreflexion und in ihrer ästhetischen Arbeit an der gegebenen Sprache der Gesellschaft und ihrer Diskurse.

Der Schwerpunkt ihrer Einsprache gegen die politischen Entwicklungen ihrer Zeit liegt daher in ihrem literarischen Werk selbst, und doch zeigen sich hier im Rückblick in den einzelnen Phasen der Werkgeschichte deutlich unterschiedliche Lösungen für den Versuch, kritische politische Zeitgenossenschaft mit der sprachkritischen Poetologie einer »Literatur als Utopie« zu vermitteln. Da ist in der frühen Lyrik der späten 1940er Jahre die existentiale Chiffrierung zeitgeschichtlicher Erfahrung in Gedichten wie *Entfremdung* und *Menschenlos*, die sich in der weiteren Auseinandersetzung mit dem französischen Existentialismus in den 1950er Jahren gegen eine ›littérature engagée‹ Sartrescher Prägung jedoch gerade abgrenzt.[5] Da ist in der Lyrik der 1950er Jahre, insbesondere in dem Gedichtband *Die gestundete Zeit* (1953), mit dem die Autorin bekannt wurde, die Gegenbewegung zu einer appellativen moralischen Einsprache gegen die gesellschaftliche Restauration und gegen den sich etablierenden Kalten Krieg als Politik und Mentalität. Weitere literarische Formen politischer Zeitgenossenschaft entwickelt die Autorin beispielsweise in Erzählungen wie *Unter Mördern und Irren* und *Alles* aus dem ersten Erzählband *Das dreißigste Jahr* (1961) oder in den Texten des *Todesarten*-Projekts mit ihrer immer wieder neu gestellten Frage nach dem Bedingungsverhältnis von ›kleiner‹ und ›großer‹ Geschichte, privater Lebensgeschichte und politischer Zeitgeschichte im Zeichen von Gewalterfahrungen, die vom Holocaust bis zum patriarchalischen Verhältnis der Geschlechter reichen.[6] Da ist schließlich die groteske Verschränkung von politischer Zeitgeschichte und individueller psychophysischer Krise im Zeichen der Gewalt des Kalten Krieges in dem Berlin-Text *Ein Ort für Zufälle* (1964) oder die skeptische Reflexion der medialen Darstellbarkeit von Kriegserfahrung und Kriegsleiden am Beispiel des Algerienkrieges in der Erzählung *Drei Wege zum See* (1972) – um nur einige Stationen dieses Aspekts der Werkgeschichte ins Gedächtnis zu rufen.

Die Formen dieses Schreibens gegen den Krieg in Gestalt einer literarischen »Versöhnung von Politik und Poesie« verändern sich im Laufe des Werks also, und die Vermittlung der politischen Zeitkritik mit einer auf »Literatur als Utopie« ausgerichteten Poetik wird um so schwieriger, je problematischer jene utopischen Einschreibungen sich erweisen, die die Lyrik der 1950er Jahre und die Erzählungen des Bandes *Das dreißigste Jahr* charakterisieren. So ruft etwa das Gedicht *Holz und Späne* dem Leser noch zu: »Seht zu, daß ihr wachbleibt!« (W 1, 40), und die Erzählung *Das dreißigste Jahr* kann schließen: »Steh auf und geh! Es ist dir kein Knochen gebrochen.« (W 2, 137) Dagegen ist der Status der utopischen Fragmente in *Malina* – »Ein Tag wird kommen, an dem die Menschen rotgoldene Augen und siderische Stimmen haben, an dem ihre Hände begabt sein werden für die Liebe, und die Poesie ihres Geschlechts wird wiedererschaffen sein...« (TKA 3.1, 451) – angesichts der sich fortsetzenden Zerstörungsgeschichte des weiblichen Ich und des Untergangs des von ihr repräsentierten Glücksanspruchs durchaus zweifelhaft, ja fast schon selbst Ausdruck der Verzweiflung; und die musikalisch-poetische Utopie des späten Gedichts *Enigma* beispielsweise besteht einzig noch ex negativo in der auf Widerruf hoffenden Evokation des Verstummens (W 1, 171).

Vor diesem Hintergrund kann das angesichts des *Todesarten*-Projekts überraschend pointierte, ja fast zur Aporie getriebene Festhalten der Anton-Wildgans-Preisrede (1972) an der scharfen Antithetik zwischen der »Ohnmacht der Rede« und den »kristallinischen Worte[n]« der Dichtung (KKA, 490), die Bachmann zuerst im Umkreis der *Frankfurter Vorlesungen* programmatisch formuliert hatte, als neuerliche sprachspektische Bekräftigung der Diskursgrenze zwischen öffentlicher Rede und Literatur gelesen werden; auch wenn die Autorin hier problematischerweise – in einer nochmaligen Steigerung ihrer Skepsis – nahelegt, daß nicht die literarische Sprache als solche bereits utopischen Charakter habe, sondern – ›kryptokristallinisch‹, also traditioneller Topik gemäß in der ›dunklen Rede‹ der Poesie – nur herausragende Teile dieser Rede »hin und wieder auf einer Seite Prosa oder in einem Gedicht« (KKA, 490f.).

Das theoretische und kritische Werk Ingeborg Bachmanns umkreist diese Fragen der Vermittlung von politischer Zeitgenossenschaft und sprachkritisch begründeter Literatur mit kritisch-utopischem Anspruch zumeist in poetologischer Form, teils in programmatischen Texten wie der Rede zur Verleihung des Hörspielpreises der Kriegsblinden oder in den *Frankfurter Vorlesungen*, teils im Medium der literaturkritischen Auseinandersetzung mit dem Erbe der klassischen Moderne (Musil, Proust, Kafka) und mit Neuerscheinungen der Nachkriegsjahrzehnte. Dabei ist auffällig, daß die Autorin sich nach ihren ersten Wiener und italienischen Jahren, in denen die literaturkritischen Arbeiten für sie zweifellos auch eine ökonomische Dimension besaßen, zunehmend auf solche Autoren und Texte konzentriert, die für ihr eigenes Selbstverständnis als Schriftstellerin bedeutsam sind oder für deren breitere Rezeption im deutschsprachigen Raum sie sich einsetzen möchte. Gerade in den 1960er Jahren bleiben viele dieser literaturkritischen Essays und Entwürfe unveröffentlicht, finden offensichtlich nicht die richtige Form oder das geeignete Medium, das ihren Abschluß für die Autorin möglich und notwendig gemacht hätte, d.h. die Veröffentlichungspraxis spiegelt die wachsenden sprachkritischen Bedenken der Autorin gegen die Praxis der Literaturkritik und das literarische Leben der Zeit mit seinen spezifischen ökonomischen und medialen Zwängen, Empfindlichkeiten und Konkurrenzkämpfen.[7] Wie kritisch Bachmann in den 1960er Jahren die Literaturpolitik der einflußreichen Autoren, Institutionen und Medien in der

Bundesrepublik Deutschland und Österreich bewertet, führt nicht zuletzt auch der Goldmann/Rottwitz-Roman mit seiner satirischen Darstellung des literarischen Lebens im Umkreis der Frankfurter Buchmesse sowie im Zeichen deutsch-österreichischer Rivalitäten in aller Deutlichkeit vor Augen.

Ein ähnlicher Befund zeigt sich in dem viel schmaleren Korpus der eigentlichen politischen Essayistik, die erst in den letzten Jahren bekannt geworden ist. Zu nennen sind hier zunächst die sogenannten »Römischen Reportagen«, die die Autorin zwischen September 1954 und September 1955 unter dem Pseudonym Ruth Keller für Radio Bremen sowie für die *Westdeutsche Allgemeine Zeitung* schrieb, indem sie aus Rom über italienische Politik, römische Skandale und italienische Kultur berichtete.[8] Für diese zwischen politischem Kommentar und Feuilleton changierenden Texte konnte Bachmann auf ihre Erfahrungen bei dem amerikanischen Rundfunksender Rot-Weiß-Rot in Wien zurückgreifen; sie trugen dazu bei, ihr das Leben als freie Schriftstellerin in Rom zu finanzieren, markieren jedoch die Trennung von literarischer Arbeit und politischem Kommentar durch die Verwendung eines erst posthum aufgedeckten Pseudonyms. Von der sprachkritischen Poetologie des literarischen Werks ist in diesen Medienarbeiten nichts zu spüren; die Texte scheinen die Erwartungen ihrer Auftraggeber auf das Beste erfüllt zu haben[9] und erstaunen doch durch die kritiklose Art, in der sie den Antikommunismus des Kalten Krieges reproduzieren und bekräftigen. Die Wahl des Pseudonyms ist also keine Nebensächlichkeit, sondern signalisiert, daß diese Texte als Partizipation an Diskursen, die die *Frankfurter Vorlesungen* wenige Jahre später als »schlechte Sprache« brankmarken werden, eindeutig außerhalb des literarischen Werks stehen. Ganz anders verfährt der motivisch verwandte, unter eigenem Namen publizierte und gleichzeitig entstandene Essay *Was ich in Rom sah und hörte*, indem er sich diskurskritisch mit geläufigen Rombildern der touristischen und Reiseliteratur auseinandersetzt und die Darstellung römischen Alltagslebens mit der Erinnerung römischer Gewaltgeschichte verschränkt. Als ein Beispiel für Bachmanns Experimente im Feld der essayistischen und Kleinen Prosa[10] bekräftigt dieser Essay also in der Mitte der 1950er Jahre nochmals von der anderen Seite die Grenze zwischen politischer Essayistik und literarischem Werk.

Die Entwürfe zur politischen Sprachkritik

Diese Grenze scheinen die nachgelassenen fünf Entwürfe zur politischen Sprachkritik, die zu Beginn der 1960er Jahre entstanden sind, nun erstmals zu überschreiten. Sie greifen einerseits einige der politischen Themen der »Römischen Reportagen« – wie den (italienischen) Kommunismus, den Ost-West-Konflikt des Kalten Krieges und die Frage der europäischen Integration – wieder auf, partizipieren aber andererseits an Bachmanns sprachskeptischem Literaturverständnis, indem die Kritik der politischen Sprache in den Mittelpunkt rückt. An die Stelle der tagespolitischen Kommentierung und der Feuilletons zur italienischen Kultur in den »Römischen Reportagen« treten hier diskurskritische Beobachtungen und Reflexionen, die die politischen Themen der Essayfragmente mit den ›Problemkonstanten‹ des literarischen Werks in Verbindung setzen. Die Entwürfe zur politischen Sprachkritik stellen damit den vielleicht einzigen Versuch der Autorin dar, politische Zeitgenossenschaft und literarisches Schreiben tatsächlich in der Form einer politischen Essayistik und Aphoristik miteinander zu vermitteln, und der deutliche Entwurfscharakter der Texte könnte auch als Indiz dieser Suche nach einer eigenen Form politischer Kleiner Prosa interpretiert werden.

Eine andere mögliche Kontextualisierung im größeren Zusammenhang der Werkgeschichte ergibt sich aus dem im Briefwechsel der Autorin mit dem Piper-Verlag dokumentierten Plan eines ›Denkbuches‹ in der Tradition der französischen Aphoristik und Essayistik moralistischer Prägung. Nach Treffen mit Ingeborg Bachmann in »Zürich und Basel« am »5.-8. XII. 1960« notiert ihr Lektor Reinhart Baumgart: »Ihr nächster großer Buchplan wäre ein Werk, das sie bis jetzt ›Denkbuch‹ nennt, also eine Sammlung von halbaphoristischen, halbanekdotisch-moralischen Notizen, etwa ein modernes Pendant zu Montaignes Essais.« (zitiert nach KKA, 794) Auch wenn das anekdotische Moment in den edierten Entwürfen fehlt, erlauben die politisch-moralische und sprachkritische Thematik sowie der Gestus des aphoristischen oder essayistischen Notats bzw. der tagebuchartigen Aufzeichnung durchaus die Hypothese, daß die fraglichen Fragmente im Kontext dieser Buchidee entstanden. Andererseits überliefern die Verlagsbriefwechsel zahlreiche unausgeführte oder in völlig verwandelter Form weitergeführte Projekte, so daß der derzeitige Informationsstand keine Sicherheit bietet, daß die überlieferten Entwürfe tatsächlich in diesem Kontext zu verorten sind.

Was die fünf Entwürfe zur politischen Sprachkritik in gattungstheoretischer Sicht mit möglichen Teilen einer denkbuchartigen Aufzeichnungssammlung verbindet, sind nicht zuletzt die Bezüge zur übrigen literarischen Arbeit der Autorin, das Interesse an moralischen Fragen, der sprachkritische Blick auf die (fehlende) Ethik öffentlicher Diskurse und die Anknüpfung an Lektüren. So besteht der erste der Entwürfe (zu ›Milieu und Sprache‹, KKA, 368f.) aus fünf selbständigen Notaten, die gleichwohl durch ihre politisch-moralische Sprachkritik thematisch miteinander verbunden sind. Das erste Notat (KKA, 368) thematisiert das Verhältnis von »Individuum und Milieu« mit Bezug auf die Darstellungsmöglichkeiten des Romans, d.h. hier sicher des Gesellschaftsromans in Tradition von Balzac, Proust und Musil, der Ingeborg Bachmann spätestens seit den frühen 1950er Jahren fasziniert und wesentlich zur Entstehung des *Todesarten*-Projekts beigetragen hat. Die »Beschränkung« des Denkens auf den Diskurs einer einzelnen Ideologie (wie Sozialismus, Anarchismus, bürgerlichen Humanismus oder christliche Religion) erscheint der Autorin als willkürliche »Anschauungs- und Auffassungsbeschränkung« und damit als eine groteske »Selbstverstümmelung«, die noch weiter geht als die komische, weil klischeehaft typisierende Begrenztheit ›einfacher‹ Milieus wie jener der Bauern und Arbeiter. Dieser Vergleich von weltanschaulichen Systemen mit sozialen Milieus zielt auf die Aufdeckung von Freiheitsillusionen »innerhalb der Beschränkung« und damit auf die strukturelle Gewalt, die soziale Strukturen (Milieus) ebenso ausüben wie ideologische Diskurse. »[V]erständig« kann in dieser Sicht nur sein, wer sich von ideologischen Bindungen ebenso befreit wie von milieuspezifischen. Bachmanns Kritik ideologischen Denkens erinnert hier zwar an die für die 1950er Jahre charakteristische bürgerliche Ideologie der Ideologiefreiheit, zielt jedoch tiefer auf die Einsicht in die diskursiven Prägungen der sozialen Wahrnehmung, mit denen das Individuum sich einer Freiheit und Selbstbestimmung begibt, an der Bachmann (in der Tradition der Aufklärung und zugleich in gedanklicher Nähe zum französischen Existentialismus) festzuhalten versucht.

Das zweite Notat (KKA, 368) reflektiert theoretischer die Möglichkeit »beliebige[r] Moralsysteme« in einer Moderne, die die metaphysische Grundlage eines verbindlichen Naturrechts verloren hat. Wo im »Moralhaushalt der Menschheit« »Pietät und Anarchie« ›immer zugleich herrschen‹, ist die Behauptung absoluter Werte unhaltbar, wird die Durchsetzung moralischer Vorstellungen für den einzelnen wie für die jeweilige Gesellschaft und Zeit zu einer prinzipiell unabschließbaren Aufgabe immer neuer (Selbst-) Begründungen. Diese Überlegungen stehen zweifellos im Zusammenhang mit Bachmanns intensiver Auseinandersetzung mit dem Werk Robert Musils und seiner Frage nach der »›Moral‹ der Moral« (KKA, 97), nach den Möglichkeiten, Strukturen und Grenzen des Moralischen nach dem Geltungsverlust metaphysischer Ordnungen in der Moderne.

Die dritte Aufzeichnung (KKA, 368f.) wendet sich dem Verhältnis von Politik und literarischem Leben zu und notiert leicht ironisch die Verwischung der politischen Gegensätze in der Literaturkritik der 1950er Jahre, in der der Kampf zwischen Atheisten und christlichen Positionen auf Kosten einer eigentlichen Diskussion der in Frage stehenden Wertvorstellungen dem unverbindlichen »Verständnis für alles und jedes« Platz gemacht habe. Weder die politischen Ordnungskategorien ›rechts‹ und ›links‹ noch der für die Nachkriegsjahre etwa im Umkreis der Diskussion um Gottfried Benns Fortschreibung der Moderne charakteristische Gegensatz zwischen einer Literatur mit moralischem (beispielsweise christlichem) Auftrag und absoluter ›Kunst‹ können in einer solchen Konsenskultur bestehen. Die Literaturkritik bewegt sich der Aufzeichnung zufolge in Ritualen, deren Ordnung die politischen Gegensätze übersteigt und Anlaß zur Kulturkritik gibt – zur Klage über den Verlust der Fähigkeit zu wirklicher »Verständigung« (KKA, 369). Bachmann läßt sich nicht auf die literaturpolitischen Debatten selbst ein, sondern entwirft stattdessen (sprach- und diskurskritisch) eine literatursoziologische Außenperspektive auf das literarische Leben ihrer Zeit.

Die folgende vierte Aufzeichnung des ersten Entwurfs (KKA, 369) wendet die damit angesprochene Kritik absoluter Wertsetzungen und ideologischer Ordnungen im Sinne einer Glaubensthematik ins Persönliche, und zwar als Absage an den Begriff des Glaubens selbst und damit an jede Metaphysik bei gleichzeitiger Bekräftigung persönlicher Orientierungsbedürfnisse, die aber der »Natur« folgten statt einem »Gesetz«, also politisch gesprochen einer Ideologie. Es geht wiederum (wie in den *Frankfurter Vorlesungen*) um die Befreiung von der ›schlechten Sprache‹ der herrschenden Diskurse. Diese Ideologiekritik ist zugleich Kulturkritik, indem sie sich von koketten Selbststilisierungen, auch atheistischen und skeptizistischen, distanziert. Das letzte Notat schließlich hat geradezu tagebuchartigen Charakter und verlängert die Kritik ideologischer Rede in die Kritik nationaler Stereotypen. Bezeichnend für die Tagebuchartigkeit ist hier die Tatsache, daß die Autorin sich als reflektierendes Ich ausdrücklich in die Kritik mit einbezieht und bemerkt, wie sie selbst im Alltag in die Verwendung stereotyper Rede zurückfällt.

Alle fünf Notate des ersten Entwurfs benennen und kritisieren also (ideologische, politische, moralische, literarische und kulturelle) Aspekte der ›schlechten Sprache‹ gesellschaftlich herrschender Redepraxis; sie spüren den diskursiven Prägungen sozialer Wahnehmung und politischen Denkens nach, decken die kulturelle Konstruiertheit moralischer Ordnungen sowie politischer Gegensätze auf. In ihrer kulturkritischen Perspektive halten die Aufzeichnungen an bürgerlichen Utopien wie der Freiheit des Individuums, der Möglichkeit zu vorurteilsfreiem Denken, dem normativen Potential der Natur und dem dialogischen Ideal der ›Verständigung‹ fest, ohne doch schon sagen zu können, wie diese Utopien in der Nachkriegszeit gesellschaftlich durchzusetzen wären. Dieser essayistische Blick eines kritischen Denkens auf signifikante Phänomene der zeitgenössischen Kulturgeschichte auf der Folie ex negativo entworfener Utopien und in der Bewegung zwischen Selbstreflexion und allgemeiner politischer (Sprach-) Kritik erinnert wohl nicht zufällig an Theodor W. Adornos *Minima Moralia. Reflexionen aus dem beschädigten Leben* (1951),[11] mit denen Bachmanns Entwürfe zur politischen Sprachkritik formal wie thematisch verwandt sind. Man braucht nicht Bachmanns Bekanntschaft mit Adorno in der Zeit ihrer *Frankfurter Vorlesungen* zu bemühen, um die Nähe ihres Experiments mit einer politischen Kleinen Prosa zu Adornos wirkungsträchtigem Grenzgang zwischen Literatur, Philosophie und politischer Sachprosa zu bemerken. Wenn Bachmanns Entwürfe zur politischen Sprachkritik tatsächlich im Kontext des geplanten ›Denkbuchs‹ entstanden, so dürften Adornos Denkbilder, die ihrerseits in der Tradition der moralistischen Essayistik und Aphoristik stehen, als eines der Modelle für ihr Experiment einer »Versöhnung von Politik und Poesie« fungiert haben.

Der zweite der Entwürfe zur politischen Sprachkritik, der aufgrund seiner Gender-Thematik bereits im Kommentar zur Kritischen Ausgabe des *Malina*-Romans mitgeteilt wurde (zur ›Sprache von Mann und Frau‹, KKA, 370, vgl. TKA 3.2, 934f.), steht noch deutlicher in der Kontinuität von Bachmanns Sprachreflexion und zeigt in der Bezeichnung der Sprache als »Spielmöglichkeit« wohl Spuren ihrer Auseinandersetzung mit Ludwig Wittgenstein. Den Bezugspunkt bildet hier allerdings nicht mehr der *Tractatus logico-philosophicus*, der Bachmann in ihrer Dissertation und in ihrer philosophischen Essayistik der frühen 1950er Jahre fasziniert hatte, sondern die Sprachspieltheorie der späteren *Philosophischen Untersuchungen*, die in ihren letzten Essays zu Wittgenstein zwar noch genannt, aber nicht mehr eigens analysiert werden (siehe KKA, 74, 89).[12] In der Form, wie dieser Entwurf die an Wittgensteins Sprachspielbegriff erinnernde Sprachreflexion auf ein konkretes soziales Sujet anwendet, auf die Liebe und das Verhältnis der Geschlechter, steht er zugleich in der Tradition der französischen Essayistik moralistischer Prägung und verweist auf die wachsende Bedeutung des Gender-Diskurses in Bachmanns Werk seit der Wende zu den 1960er Jahren.

Der Entwurf beginnt mit einer starken These, die dann anhand von Beispielen weitergedacht und an einem schon fast literarischen Szenenentwurf illustriert wird:

> Mann und Frau sind die Knechte einer Sprache, es ist unwahr, daß sie sich, selbst in den spontansten Zusammentreffen etc., spontan äußern. Alle Begriffe sind ihnen vorgekäut von der Gesellschaft, sie finden nur innerhalb dieser Sprache statt, und es gibt nur wenige, die überhaupt eine Möglichkeit in sich fühlen, gegen diesen Kodex zu verstoßen und etwas zu äußern, das nicht bestimmt ist. (KKA, 370)

Diese aphoristisch formulierte Sprach- und Verhaltenstheorie ist mehr als eine Variation der von Hofmannsthal im Chandos-Brief gestalteten Einsicht, daß jede reale Sprache als System von Bezeichnungs- und Kommunikationsmöglichkeiten, aber auch als gesellschaftliche Konvention von Ausdrücksmöglichkeiten keinen ›authentischen‹ Ausdruck von subjektivem oder gar individuellem Empfinden ermögliche.[13] Im Grunde entwickelt Bachmann hier einen ähnlichen Gedanken wie einige Jahre später Michel Foucault mit seinem Diskursbegriff,[14] und die Metaphorisierung der gesellschaftlichen Prägungen als »Kodex« unterstreicht diese begriffliche Nähe *avant la lettre*. Noch das Fühlen, Sprechen und Handeln von Männern und Frauen in dem vermeintlich ›natürlichen‹ Spiel der Liebe folgt gesellschaftlichen Regeln und Vorprägungen, die Handlungs- und Systemcharakter haben, Konventionen gehorchen und insofern selbst eine Sprache bilden. Im Zeichen Foucaults und Luhmanns[15] würden wir heute von der Diskursivität erotischer Beziehungen, vom je historischen Liebesdiskurs oder von der diskursiven Konstruktion der Geschlechterverhältnisse sprechen. Deutlicher als im ersten Entwurf zweifelt die Autorin damit im zweiten an der Hintergehbarkeit der Sprache, an der Möglichkeit von Freiräumen jenseits der diskursiven Konstruktion der sozialen Welt.

Im Werkkontext entspricht das aphoristische Notat sehr genau jenem doppelten, linguistischen und diskursiven Sprachbegriff, den Ingeborg Bachmann in ihrer Erzählung *Alles* aus dem Band *Das dreißigste Jahr* literarisch durchspielt. Dort erkennt ein Vater, der in seinem Sohn (vor dem impliziten Hintergrund der geschichtlichen Katastrophe des Nationalsozialismus) den ›neuen Menschen‹ erziehen zu können glaubt:

> [...] alles ist eine Frage der Sprache und nicht nur dieser einen deutschen Sprache, die mit anderen geschaffen wurde in Babel, um die Welt zu verwirren. Denn darunter schwelt noch eine Sprache, die reicht bis in die Gesten und Blicke, das Abwickeln der Gedanken und den Gang der Gefühle, und in ihr ist schon all unser Unglück. (W 2, 143)

Glaubt der Vater anfangs, »das Kind bewahren [zu können] vor unserer Sprache, bis es eine neue begründet hatte und eine neue Zeit einleiten konnte« (ebd.), so muß er diese Utopie später als tragischen Irrtum zurücknehmen und, wie er meint, mit dem Tod seines Sohnes bezahlen, um in lebenspraktischer Hinsicht zu jener Einsicht zu gelangen, die die Autorin in ihren *Frankfurter Vorlesungen* poetologisch folgendermaßen formuliert: »Denn dies bleibt doch: sich anstrengen müssen mit der schlechten Sprache, die wir vorfinden, auf diese eine Sprache hin, die noch nie regiert hat, die aber unsere Ahnung regiert [...].« (KKA, 347f.) Die Erzählung führt die diskursiven Prägungen hinter jeder gesellschaftlichen Sprachpraxis, die auch das aphoristische Notat reflektiert, also modellhaft als unhintergehbar vor; sie nimmt den Entwurf absoluter Utopien in die ›praktische‹ Utopie der kritischen De- und Rekonstruktionsarbeit sowohl an der gegebenen Sprachpraxis als auch an den Machtstrukturen der herrschenden Diskurse zurück, die in ihr wirksam sind.

An seinem Ende suggeriert dieser zweite Entwurf jedoch noch eine andere Möglichkeit, zumindest punktuell die diskursiven Vorprägungen des Fühlens, Denkens und Handelns zu durchbrechen, nämlich den Augenblick der Liebe, in dem die Sprache eine entscheidende »Bedeutungsverschiebung« erlebe und so einen »ausgezeichnete[n] Zustand« ermögliche, »in dem halbwegs jedem die Sprache als Spielmöglichkeit bewußt wird« (KKA, 370). Die Beschreibung dieser ekstatischen Einsicht in die Regelhaftigkeit des Liebesdiskurses erinnert deutlich an Robert Musils Begriff des ›anderen Zustands‹ (vgl. KKA, 118ff.), wie ja solche ekstatischen Augenblickserfahrungen für Bachmanns Werk insbesondere in den 1940er und 1950er Jahren immer wieder die ›verändernde Wirkung‹ von Literatur motivisch beglaubigen. In der Verknüpfung des Sujets der Liebe mit der Metapher des Spiels, in der damit verbundenen Sprach- und Konventionskritik sowie in dem Blick auf Momente der Bewußtwerdung der thematisierten Abhängigkeiten klingen darüber hinaus Motive Arthur Schnitzlers an, etwa die bekannten Zeilen aus seinem *Paracelsus*-Drama: »Es fließen ineinander Traum und Wachen, / Wahrheit und Lüge. Sicherheit ist nirgends. / Wir wissen nichts von andern, nichts von uns; / Wir spielen immer, wer es weiß, ist klug.«[16] Wie bei Schnitzler besteht in Bachmanns Aufzeichnung eine nicht ganz aufgelöste Spannung zwischen der Spielmetapher des Schlusses, die auch die Freiheit und Freude des Spielens impliziert, und der an Hegel erinnernden Herrschafts- und Knechtschaftsmetaphorik des ersten Absatzes, die die Diskursivität der Liebe als eine Gefangenschaft in der Gesellschaft ins Bild setzt, gegen die nur die (z.B. existentialistische) Revolte der ›wenigen‹ denkbar ist.

Ist dieser Entwurf zur Sprache von Mann und Frau eher in einem weiteren Sinne politisch, so hat der dritte Entwurf (zu ›Europa und Marxismus‹, KKA, 371-373) eine ausdrücklich politische Thematik. Ausgehend von Lektürenotizen zu einem Buch des italienischen Diplomaten Pietro Quaroni, der zwischen Januar 1958 und Mai 1961 als italienischer Botschafter in Bonn tätig war, reflektiert Ingeborg Bachmann über Fragen der europäischen Einigung, des Ost-West-Konflikts und des Marxismus.

In den Broschüren und Büchern mit Reden aus seiner Botschafterzeit in Bonn umkreist Quaroni immer wieder dieselben politischen Themen: die ideologische Begründung der sowjetischen Außenpolitik, das militärische Gleichgewicht des Kalten Krieges, den Niedergang der einstigen europäischen Mächte und die politische Lage Europas im Zeitalter des Ost-West-Konflikts, den europäischen Einigungsprozeß, das Erbe der Kolonialzeit und die Dezentrierung Europas in dem Machtkampf zwischen den USA und der Sowjetunion mit ihrem politischen Ringen um Vorherrschaft in den neuen ›Entwicklungsländern‹ sowie die kulturelle und politische Bedeutung Italiens in Europa.[17] In wiederkehrenden Wendungen präsentiert er sich als ein überzeugter Kalter Krieger, Antikommunist und Machtpolitiker und damit als ein Repräsentant eben jenes die 1950er Jahre beherrschenden politischen Denkens, dem Bachmann schon in den Gedichten ihres Bandes *Die gestundete Zeit* entschieden entgegengetreten war.

Bachmanns Kritik an Quaronis Verständnis westeuropäischer Integration im ersten Absatz des Entwurfs (KKA, 371) nimmt deutlich Bezug auf seinen Sammelband *Die Stunde Europas* (1959) und hier insbesondere auf den zweiten Vortrag, »Betrachtungen über die Entstehung des Vereinten Europas« (gehalten im Februar 1959).[18] Ausgangspunkt von Quaronis Europa-Konzept ist der drastisch dargestellte »Absturz Europas« in der Konsequenz der beiden Weltkriege, der aus den einstigen (Kolonial-) Mächten bloße »Satelliten« gemacht und Europa, das einstige Zentrum der Weltpolitik, in einen »kleine[n] Winkel der Welt« verwandelt habe, der »in der Weltpolitik, wie sie heute ist, keine entscheidende Rolle mehr spielen kann«: »Wir europäischen Staaten, ehemalige Großmächte, wir alle sind Satelliten und nicht mehr als Satelliten.«[19] Gegen die traditionelle »Kleinstaaterei Europas«[20] einerseits und gegen die sowjetische Bedrohung andererseits stellt Quaroni seine Vision eines nicht nur wirtschaftlich, sondern auch politisch geeinten kontinentalen Westeuropas, das als »zweitrangige Großmacht«[21] an der Seite der Vereinigten Staaten das »Gleichgewicht des Schreckens« in ein »wirkliches Gleichgewicht der Macht« verwandeln soll.[22] Ziel der europäischen Einigung müsse es daher sein, »diesem vereinigten Europa eine würdige Machtstellung in der Welt zu geben«.[23] Es ist dies jenes machtpolitische Konzept, das Bachmann in ihrem Kommentar ausdrücklich ablehnt. Allerdings ist der von ihr hierfür verwendete Begriff der ›dritten Macht‹ (KKA, 371) bei Quaroni anders besetzt, nämlich als Inbegriff einer Neutralitätspolitik zwischen den Blöcken, die er radikal ablehnt. Stattdessen will er Europa durch Bündelung seiner wirtschaftlichen, finanziellen und Rüstungsmöglichkeiten zu eigenständiger Verteidigung gegen die Sowjetunion (aber an der Seite der USA) befähigen. Zugleich setzt er auf eine ideologische Stärkung des Westens gegen die sowjetische Propaganda-Politik und deren geschichtsphilosophischen Glauben an die Unausweichlichkeit einer kommunistischen Weltrevolution. Seinen machtpolitischen Ansatz kulturpolitisch vertiefend will Quaroni daher »der Integration Europas eine politische Idee zugrunde« legen, die »die Jugend wirklich begeistern kann«[24] und die am Ende der 1950er Jahre noch fehle. Diese Idee, die die »Jugend Europas« nach Bachmanns Einschätzung »nicht sehr lohnend finden« wird (KKA, 371), ist ausdrücklich die Vision einer Wiederherstellung Europas als Großmacht: »Europa als Machtidee, ein Europa, das seine Stellung in der Welt wiedererlangen will, ein Europa, das auf seine Fahnen schreibt: Verbündete ja! Satellit nein [...].«[25] Im Grunde zielt Quaroni auf einen europäischen Nationalismus in militärischer Absicht. Wo der Europagedanke derart zum bloßen Instrument in der Machtpolitik des Kalten Krieges umfunktioniert wird, ist Bachmanns Ablehnung wenig überraschend. Ihre Kritik an Quaronis Europa-Konzept richtet sich also entschieden gegen eine Politik der Gewalt – nach außen (in der Rückorientierung am imperialen, stets kriegsgefährdeten System des Mächtegleichgewichts und in der Befürwortung weiterer Aufrüstung im Kalten Krieg) und nach innen (als erzwungene europäische Integration mit dem ideologischen Programm einer machtpolitischen Funktionalisierung jugendlicher Begeisterungsfähigkeit und europäischer Kulturgeschichte).

Ausgehend von ihrer Kritik an der »Idee« einer »›moralischen Aufrüstung‹« (KKA, 371) gegen den erstarkten Kommunismus Osteuropas hinterfragt Bachmann im zweiten Teil des Entwurfs dann grundsätzlicher die Ideologie und Sprache des westlichen Antikommunismus und blickt von hier aus auf ihre eigene – interessierte, aber auch distanzierte – Auseinandersetzung mit dem Marxismus zurück. Auch wenn Quaronis Machtpolitik des Kalten Krieges die ideologische Stärkung jener »Werte« einschließt, »die wir verteidigen wollen: Freiheit, Demokratie, menschliche Persönlichkeit, menschliche Würde«,[26] findet sich die Formel der »moralischen Aufrüstung« (mit ihren kulturkritischen Implikationen) in seinen Schriften (so weit ich sehe) nicht, so daß die Autorin hier vermutlich eine andere, noch nicht identifizierte Quelle assoziiert. Auch die weiteren Stichworte zur Kritik des Kalten Krieges – wie der Begriff des Westens und das Verhältnis von Irrationalität und Vernunft in der Weltpolitik (KKA, 372) – spielen bei Quaroni nur eine untergeordnete Rolle, so daß andere politische Lektüren mitzuschwingen scheinen. Die von der Lektürekritik ausgehenden Notizen nehmen dann in ihrem letzten Teil wiederum eine tagebuchartige Wendung, indem die Autorin ihre eigene politische Untätigkeit beklagt. In theoretischer Hinsicht verfolgt sie einerseits einen historischen Ansatz, indem sie dem Marxismus als einer »Theorie« des 19. Jahrhunderts den Anspruch auf ungebrochene Gültigkeit im 20. Jahrhundert abspricht. Andererseits interessiert sie die Utopie des »neuen Menschen« im »Kommunismus«, dessen Bedeutung als kritische Kraft (nicht aber als ideologisches Leitbild) im politischen System der Nachkriegszeit sie damit anerkennt. Am Schluß dieser ambivalenten Diskussion des Marxismus und seiner politischen Geschichte steht die deutliche Absage an die Hysterie des westlichen Antikommunismus in den 1950er Jahren: »Kein Grund zur Aufregung, könnte man sagen.« (KKA, 373)

Der vierte Entwurf aus der Gruppe zur politischen Sprachkritik führt die Überschrift »Politik und Physis« (KKA, 373f.) und ist in der Forschung schon verschiedentlich diskutiert worden.[27] Die Frage eines Interviewers »Wie halten Sie es mit der Politik« ist hier der Anknüpfungspunkt für den sprachkritischen Entwurf eines Politikverständnisses, das sich von dem geläufigen Jargon der Zeitungen absetzt und seinen Ausgang bei der Körpererfahrung des einzelnen nimmt. Gegen die ideologische Welt der »Theorien« setzt Bachmann die »Physis« und deren eigene »Geschichte« als »ein im Prozeß befindliches Körperwerk«, das sich als ein »Tentakel des gesellschaftlichen Körpers« versteht und mit dessen anderen Elementen in ständiger Wechselwirkung lebe. Die biologische Metaphorik und antithetische Argumentation dieser Kritik politischer Sprache ist durchaus problematisch, indem sie den Körper gegen den Geist auszuspielen scheint, um ideologischen Vereinnahmungen des Individuums zu entgehen und dabei (im Interesse von Authentizitätserwartungen) diskursive Prägungen (wie die im zweiten Entwurf oder in der Erzählung *Alles* thematisierten) wieder aus den Augen zu verlieren droht. In der Sache geht es Bachmann aber zweifellos wiederum um den Entwurf eines anderen Politikverständnisses, das die existentialen und sozialen Leiderfahrungen des einzelnen ernst nimmt und ein Denken jenseits ideologischer Zwänge ermöglicht. Und doch wird der einzelne zugleich in dem traditionellen Bild des politischen (Staats-) Körpers als ein integraler Teil der Gesellschaft gedacht, d.h. Subjektivität und gesellschaftliche Zugehörigkeit sind untrennbar ineinander verflochten. All dies rückt am Schluß des Entwurfs allerdings in ein satirisches Licht. Indem der Topos des Staatskörpers in der grotesken Form einer vielarmigen Krake erscheint, relativiert der Text das anfangs noch utopische Telos seiner Kritik, und auch die ironische Bewertung der ›Demokraten‹ als »die harmloseste und schwierigste Absonderlichkeit« des politischen Lebens indiziert eine Tonverschiebung, die – wenn solche werkgeschichtlichen Linien denn statthaft sind – auf das satirische Mühlbauer-Interview in *Malina* vorausweist (TKA 3.1, 381–400).

Der letzte und längste der hier vorgestellten Entwürfe setzt sich theoretisch und sprachkritisch-praktisch mit der Sprache der Politik und der Medien auseinander und expliziert zugleich an vielen Punkten den Bezug solcher essayistischer Sprachkritik zu einer »Literatur als Utopie«, die als Schreiben gegen den Krieg zu lesen ist (KKA, 374-377). Der Großteil des Entwurfs befaßt sich kritisch mit der »Sprache [...] des politischen Journalismus« »vom Neuen Deutschland bis zur Frankfurter Allgemeinen«, also in Ost und West, und entdeckt hier eine »Metasprache wildwestlicher und wildöstlicher Unverschämtheiten« (KKA, 376), deren metaphorischen und stilistischen Ausdrucksformen die Autorin nachgeht. Kritisiert und durch Beispiele und Wortlisten illustriert werden insbesondere die verharmlosende sportliche Metaphorik der Politik und der gefährliche »Jargon des Kriegerischen« und der »Aggressivität«, in dem die Sprachpolitik des Kalten Krieges zur Anschauung gelangt. Dieser Entwurf steht damit deutlich in der Hauptlinie der Kritik Ingeborg Bachmanns an den kulturellen Dimensionen des Kalten Krieges, wie sie ihr Schreiben von den appellativen Gedichten des Bandes *Die gestundete Zeit* bis zu der »Prosagroteske«[28] *Ein Ort für Zufälle* immer wieder durchzieht.

Ein anderer Schwerpunkt dieser Sprachkritik ist die Diskrepanz zwischen politischer und privater Rede, politischem Gestus und privatem Verhalten. Der Widerspruch zwischen den ›Schreien, Drohungen‹, Forderungen und Verallgemeinerungen der »kalte[n] und heiße[n] Krieger« einerseits und den ganz anderen, bescheideneren Realitäten, »Nöte[n] und Ängste[n] und Hoffnungen« des täglichen Lebens im Nachkriegsdeutschland (KKA, 376) weist die Sprache des politischen Journalismus als entfremdete ideologische Rede und darüber hinaus als gefährliche rhetorische Inszenierung einer Kriegsmentalität aus, die von niemandem gewollt wird. Zwar spricht die Autorin im Kontext eines solchen Schreibens gegen den Krieg mit (ironischem) Verständnis und in der wir-Form von jenen Normalbürgern, die »niemals fähig waren, auch nur unsrem Hausmeister ›die Pistole auf die Brust zu setzen‹ oder eine Meinung in unserer Familie ›durchzudrücken‹« (ebd.). Zugleich aber kritisiert sie in der Faszination der Presse an akademischen Titeln und politischen Statusbezeichnungen die fortdauernde Autoritätshörigkeit der Deutschen. In diesen Kontext, der noch einmal an die Thematik des wohl zehn Jahre früher entstandenen Gedichts *Alle Tage* erinnert, gehört auch das leicht ironische Projekt einer weiteren Wortliste zur politischen Sprachkritik, mit der dieser Hauptteil des Entwurfs schließt: »Vorstellung einiger deutscher Passiva: (für Ausländer und solche, die es werden wollen)« (KKA, 376).

Im letzten Absatz verschiebt sich der Schwerpunkt dann deutlich von der Sprachkritik zur Kritik des politischen Denkens bzw. der Mentalität im Westdeutschland der Nachkriegsära. Der Österreicherin, die inzwischen ein europäisches Leben führt, fällt im Vergleich auf, daß der Algerienkrieg und die »Revolution in Kuba« in der deutschen Öffentlichkeit »wenig Widerhall gefunden« hätten (KKA, 376f.), und sie führt dies – nicht ganz frei von stereotyper Zuschreibung und doch sicher im Hinblick auf die kleinbürgerliche Mentalität der 1950er und frühen 1960er Jahre mit einigem Recht – auf das deutsche Rechts- und Ordnungsdenken zurück: »[...] Fremder, kommst Du nach Deutschland, wundre Dich niemals, daß man revolutionäre Legitimität mit Illegitimität schlechthin gleichsetzen wird, reaktionäre Illegitimität jedoch immer mit beinahe Legitimität.« (KKA, 377) Revolutionäre oder antikoloniale Gewalt seien im Kontext der westdeutschen Restaurationsgesellschaft mit ihrem nun demokratischen Politikverständnis bei gleichzeitiger »Angst und Nichteinsicht in revolutionäre Vorgänge« nicht legitimierbar, »Impulsivität, Spontaneität« im Wirtschaftswunderland verpönt (ebd.). Bachmanns politische Kritik an deutscher Nachkriegsmentalität zielt hier offenbar in eine ähnliche Richtung wie die Arbeiten der Frankfurter Schule oder andere Varianten einer avancierten marxistischen Gesellschaftstheorie in den späteren 1950er und 1960er Jahren.

Ob die hier vorgestellten fünf Entwürfe zur politischen Sprachkritik tatsächlich eine Gruppe bilden, wird sich erst wirklich entscheiden lassen, wenn weiteres Quellenmaterial zur Verfügung steht. Für mehr als zufällige Verbindungen spricht neben den thematischen Gemeinsamkeiten und neben der Idee eines aphoristischen oder essayistischen ›Denkbuchs‹ ihre relative zeitliche Nachbarschaft, obwohl auch hier viele Fragen offen bleiben. Anders als für die größeren kritischen Schriften, wo die

Briefwechsel der Autorin mit den jeweiligen Verlegern, Rundfunkanstalten oder Zeitschriften eine genaue Datierung oft sogar einzelner Manuskripte ermöglichen, ist eine solche Datierung für kleine Nachlaßfragmente kaum je möglich. Im vorliegenden Fall liefert – wie bei Typoskripten durchgängig – das Schriftbild erste Anhaltspunkte. Die Texte sind auf einer Schreibmaschine entstanden (AM2), die die Autorin nach Ausweis aller verfügbaren Briefwechsel und Nachlaßtyposkripte zwischen Frühjahr 1961 und Herbst 1966 verwendet hat.[29] Darüber hinaus finden sich textinterne Hinweise, die auf eine frühe Entstehung innerhalb dieses Zeitraums, also zu Beginn der 1960er Jahre hindeuten. Im dritten Entwurf setzt Bachmann voraus, daß der von ihr kritisierte Autor Pietro Quaroni italienischer Botschafter in Bonn ist; der Text dürfte also angesichts des kommentierten Buches (1959) und in Anbetracht seiner Amtszeit (Januar 1958 bis Mai 1961) zwischen 1959 und 1961 entstanden sein. Die beiden letzten Entwürfe sind offensichtlich vor der Ermordung John F. Kennedys am 22. November 1963 entstanden, der letzte scheint andererseits aber mit der Revolution in Kuba bereits die Proklamation der Sozialistischen Republik im Dezember 1961 vorauszusetzen. Es ist zu hoffen, daß weitere Forschung auch für die ersten beiden Entwürfe eine Entstehung im fraglichen Zeitraum zwischen 1961 und 1963 belegen kann.

Darüber hinaus gibt es allgemeinere werkgeschichtliche Argumente für eine solche Datierung, denn mit der politischen Wendung von Ingeborg Bachmanns Sprachkritik stehen diese Texte am Anfang der 1960er Jahre nicht allein. Im lyrischen Werk beispielsweise tritt die Sprachreflexion in den späten, seit ca. 1960 entstandenen Gedichten gegenüber jenen in dem zweiten Gedichtband *Anrufung des Großen Bären* (1956) deutlich in den Vordergrund. Zu erinnern ist hier an das Widmungsgedicht für Nelly Sachs (1961) mit seinen programmatischen, in der Anton-Wildgans-Preisrede nochmals zitierten Schlußzeilen »Kein Sterbenswort, / Ihr Worte!« (W 1, 162f.), oder auch an das Widmungsgedicht für Anna Achmatova (1964) mit seiner Reflexion auf die Verstrickung der Literatur in den Diskurs der politischen Sprache, selbst wo die Dichtung sich als Sprachutopie von dieser abzusetzen versucht: »Einen einzigen Satz haltbar zu machen, / auszuhalten in dem Bimbam von Worten. // Es schreibt diesen Satz keiner, / der nicht unterschreibt.« (W 1, 166) In denselben Kontext einer intensivierten Auseinandersetzung mit der Möglichkeit oder Unmöglichkeit der »Versöhnung von Politik und Poesie«[30] gehört auch der von Hans Höller vor drei Jahren aus dem Nachlaß edierte Gedichtentwurf »Die ital<ienischen> Kommunisten«, den der Herausgeber überzeugend auf »den Anfang der sechziger Jahre« datiert.[31] Auffällig ist hier auch die thematische Berührung in der Frage nach der kritischen Funktion des Kommunismus als Utopie in der Nachkriegszeit, wobei das Gedicht (ähnlich den vorgestellten Prosa-Entwürfen) »die Politik von den Individuen her denkt, dialogische Vernunft favorisiert, Gewalt ablehnt und politisch rhetorische Zweckrationalität zurückstuft«.[32] Es scheint, daß Bachmann sich nach der umfassenden Reflexion der poetologischen Voraussetzungen ihres Schreibens (vor allem in der Rede »Die Wahrheit ist dem Menschen zumutbar« und in den *Frankfurter Vorlesungen*) und nach ihrem ersten Erzählband *Das dreißigste Jahr* intensiver der Frage nach ihrer eigenen Auffassung des Verhältnisses von Literatur und Politik und einer eigenen Möglichkeit der Partizipation am politisch-literarischen Diskurs zugewandt hat. Dafür spricht möglicherweise auch eine Interviewäußerung wie jene aus dem Januar 1963: »Was ich lese? Viele Sachbücher, Dokumentationen, die den letzten Krieg und die neuere Geschichte betreffen; überhaupt tendiert alles auf Fassen von Geschichte hin, auf Geschichtsphilosophie und Geschichtsschreibung.« (GuI, 42) Entstanden ist aus diesem politisch-historischen Interesse dann aber kein moralistisches ›Denkbuch‹, sondern das *Todesarten*-Projekt, an dem sie 1962/63 zu arbeiten begann. Damit wurde die kritische Energie der politischen Sprachkritik wieder ins Literarische zurückgelenkt, und dies ausgerechnet im kulturgeschichtlichen Kontext jener nachhaltigen Politisierung des literarischen Lebens, die die späteren 1960er Jahre kennzeichnet. Die sich daraus ergebenen Mißverständnisse in der Rezeption von Ingeborg Bachmanns Werken lassen sich in der literaturkritischen Reaktion auf ihren Roman *Malina* (1971) exemplarisch ablesen.[33]

Anmerkungen

1 Ingeborg Bachmann. *Kritische Schriften*. Hg. von Monika Albrecht, Dirk Göttsche. München: Piper, 2005. Die Gruppenbezeichnung »Entwürfe zur politischen Sprachkritik« wird von den Herausgebern zur leichteren Identifizierung verwendet.

2 Vgl. Dirk Göttsche. *Die Produktivität der Sprachkrise in der modernen Prosa*. Frankfurt/M.: Athenäum, 1987.

3 Hans Höller. »Ingeborg Bachmann. ›Die ital. Kommunisten‹. Ein Kommentar anläßlich der Erstveröffentlichung des Gedichts«. *Kolik. Zeitschrift für Literatur* 18 (2002), 3–8, hier 8.

4 Ronald Schneider. »Ästhetische Opposition gegen die ›Restaurationsgesellschaft‹. Günter Grass' *Die Blechtrommel* und Martin Walsers *Halbzeit* als Paradigma westdeutscher Nachkriegsliteratur«. *Deutschunterricht* 33 (1981), 3, 82–95.

5 Vgl. Dirk Göttsche. »Deutscher und Französischer Existentialismus im Werk Ingeborg Bachmanns«. Cornelia Blasberg, Franz-Josef Deiters (Hgg.). *Denken / Schreiben (in) der Krise. Existentialismus und Literatur*. St. Ingbert: Röhrig, 2004, 369–398.

6 Vgl. Dirk Göttsche. »Ein ›Bild der letzten zwanzig Jahre‹. Die Nachkriegszeit als Gegenstand einer kritischen Geschichtsschreibung des gesellschaftlichen Alltags in Ingeborg Bachmanns *Todesarten*-Projekt«. Monika Albrecht, Dirk Göttsche (Hgg.). *»Über die Zeit schreiben«. Literatur- und kulturwissenschaftliche Essays zu Ingeborg Bachmanns »Todesarten«-Projekt*. Würzburg: Königshausen & Neumann, 1998, 161–202.

7 Vgl. Dirk Göttsche. »Liebeserklärungen und Verletzungen – Zur Literaturkritik von Martin Walser und Ingeborg Bachmann«. Wilfried Barner (Hg.). *Literaturkritik – Anspruch und Wirklichkeit. DFG-Symposion 1989*. Stuttgart: Metzler, 1990 (Germanistische Symposien, Bd. XII), 197–212.

8 Ingeborg Bachmann. *Römische Reportagen. Eine Wiederentdeckung*. Hg. und mit einem Nachwort von Jörg-Dieter Kogel. München: Piper, 1998.

9 Vgl. Jörg-Dieter Kogel. »Nachwort. Die Geschichte einer Wiederentdeckung«. Ebd., 79–86.

10 Vgl. Bettina Bannasch. »Künstlerische und journalistische Prosa«. Monika Albrecht, Dirk Göttsche (Hgg.). *Bachmann-Handbuch. Leben – Werk – Wirkung*. Stuttgart: Metzler, 2002, 172–183.

11 Theodor W. Adorno. *Gesammelte Schriften*. 20 Bde. Hg. von Rolf Tiedemann unter Mitwirkung von Gretel Adorno, Susan Buck-Morss, Klaus Schultz. Darmstadt: Wiss. Buchgesellschaft, 1998, Bd. 4.

12 Ludwig Wittgenstein. *Tractatus logico-philosophicus. Logisch-philosophische Abhandlung* [1921]. Frankfurt/M.: Suhrkamp, 1980 u.ö.; ders.: *Philosophische Untersuchungen* [1952]. Frankfurt/M.: Suhrkamp, 1980 u.ö.

13 Vgl. Dirk Göttsche. »Aufbruch der Moderne – Hugo von Hofmannsthals Chandos-Brief im Kontext der Jahrhundertwende«. Thomas Althaus, Stefan Matuschek (Hgg.). *Interpretationen zur neueren deutschen Literaturgeschichte*. Münster: LIT, 1994 (Münsteraner Einführungen Germanistik, 3), 179–206.

14 Vgl. Michel Foucault. *Die Ordnung der Dinge. Eine Archäologie der Humanwissenschaften* [1966]. Aus dem Französischen von Ulrich Köppen. Frankfurt/M.: Suhrkamp, 1974.

15 Vgl. Niklas Luhmann. *Liebe als Passion. Zur Codierung von Intimität*. Frankfurt/M.: Suhrkamp, 1998 [1982].

16 Arthur Schnitzler. *Reigen und andere Dramen*. Frankfurt/M.: Fischer, 1981 (Gesammelte Werke in Einzelausgaben. Das dramatische Werk, 2), 240.

17 Nachdem Pietro Quaroni zuvor bereits zwei Memoirenbände auf deutsch publiziert hatte – *Diplomaten unter sich. Erinnerungen eines Botschafters*. Aus dem Italienischen von Cajetan Freund. Frankfurt/M.: Scheffler, 1954; *Diplomatengespräch. Aufzeichnungen eines Botschafters*. Aus dem Italienischen von Cajetan Freund. Frankfurt/M.: Scheffler, 1956 –, veröffentlichte er im fraglichen Zeitraum folgende Vortragsbroschüren und Bücher: *Ost und West und die Gipfelkonferenz*. Berlin-Dahlem: Colloquium Verlag, 1958; *Die sowjetische Außenpolitik und die Entwicklungsländer*. Köln: Deutsche Industrieverlags-Gesellschaft, 1959; *Die Situation im Nahen Osten und Aussichten für die Betätigung der westeuropäischen Länder in diesem Raum*. Düsseldorf: Industrie-Club, 1959; *Die Stunde Europas*. Frankfurt/M.: Scheffler, 1959; *Die kulturelle Sendung Italiens*. Köln, Opladen: Westdeutscher Verlag, 1960 (Arbeitsgemeinschaft für Forschung des Landes Nordrhein-Westfalen, H. 90); *Politische Probleme der Gegenwart*. Vier Reden. Bonn 1960 (Schriftenreihe der Bundeszentrale für Heimatdienst, H. 40); *Koexistenz zwischen Freiheit und Diktatur*. Frankfurt/M., Bonn: Athenäum, 1961. Erst Jahre nach Bachmanns Entwurf, der auf Quaronis Botschaftertätigkeit in Bonn Bezug nimmt, entstand: *West und Ost und Europa*. Frankfurt/M.: Scheffler, 1965.

18 Quaroni, *Die Stunde Europas*, 38–66. Diese Quelle war bei Redaktionsschluß der Kritischen Ausgabe noch nicht identifiziert (siehe KKA, 747f.).

19 Ebd., 49, 47, 51.

20 Ebd., 44.

21 Ebd., 57.

22 Ebd., 55.

23 Ebd., 60.

24 Ebd., 62f.

25 Ebd., 63.

26 Ebd., 89.

27 Vgl. zuletzt Arturo Larcati. »›Den eigenen Körper in den Kampf werfen‹. Zu Ingeborg Bachmanns Politik-Auffassung«. *Germanisch-Romanische Monatsschrift*, Neue Folge 54 (2004), 215–234.

28 Kurt Bartsch. »Ein Ort für Zufälle. Bachmanns Büchnerpreisrede, als poetischer Text gelesen«. *Modern Austrian Literature* 18 (1985), 3/4, 135–145, hier 135.

29 Vgl. *Ingeborg Bachmanns »Todesarten«-Projekt. Neue Teilregistratur des literarischen Nachlasses in der Österreichischen Nationalbibliothek*. Unter Leitung von Robert Pichl hg. und erarbeitet von Monika Albrecht und Dirk Göttsche. Mit einem Anhang: Konkordanz zu der von Christine Koschel und Inge von Weidenbaum erarbeiteten »Registratur des literarischen Nachlasses von Ingeborg Bachmann«. Wien: Edition Praesens, 1995, 199.

30 Höller, »Die ital. Kommunisten«, 8.

31 Ebd., 7; vgl. Larcati, »Den eigenen Körper in den Kampf werfen«, 217f.

32 Höller, »Die ital. Kommunisten«, 8.

33 Vgl. *Über Ingeborg Bachmann. Rezensionen – Porträts – Würdigungen (1952–1992). Rezeptionsdokumente aus vier Jahrzehnten*. In Zusammenarbeit mit Heike Kretschmer hg. von Michael Matthias Schardt. Paderborn: Igel, 1994, 105–162.

Elisabeth Wagner

›So wurde das Fremde das einzig Mögliche‹ Schrift, Bild und Gewalt in Ingeborg Bachmanns *Das Buch Franza* und Peter Weiss' *Die Ästhetik des Widerstands*

›Thus the Foreign Became the Only Thing Possible‹ Script, Image, and Violence in Ingeborg Bachmann's »The Book of Franza« and Peter Weiss' »The Aesthetics of Resistance«

Alles Leben ist abgewandert in Baukästen
Ingeborg Bachmann, Große Landschaft bei Wien

für Michael (†) und Martina

For all of their dissimilarity, a comparable constellation connects Ingeborg Bachmann's »The Book of Franza« and Peter Weiss' novel »The Aesthetics of Resistance«. Both novels create mobility: the departure out of the narrowness of the realm of conceptual and figurative determinations into the foreign, projections which break up violent codifications of language. Bachmann's female protagonist Franza is impelled into the desert by the desire to withdraw herself from those images which pin her down as a victim. In Weiss' novel it is the KPD-functionary Stahlmann whose instilled mechanism of (self-)discipline collapses in the face of the strangeness of statued godheads in Angkor Wat. The »metallic system« in the language of politics is violent: the father's speech only drives the mother into an even greater darkness. Both Bachmann and Weiss felt the strangeness of language: they shared the longing for an other, plainly foreign existence beyond the speakable codified in language. The dilemma of speaking about the unspeakable of strangeness appears in its transformation into the discourse of visual arts. Peter Weiss was fascinated with Donald Judd's metallic cubes. Ingeborg Bachmann's despair can be retrieved in Jenny Holzer's running textworks which sensualize the excluding character of script.

Dem Fremden zu begegnen setzt Mobilität voraus, eine Reise in eine geographisch und kulturell unvertraute Umgebung, die Aufnahme einer Beziehung zu etwas bisher Unbekanntem, oft Unheimlichem. Ingeborg Bachmanns *Das Buch Franza* und Peter Weiss' Roman *Die Ästhetik des Widerstands* ist diese Beweglichkeit in jeder Hinsicht zueigen. Beide Texte gestalten Mobilität, – den Aufbruch aus der Enge des Raums der begrifflichen und bildlichen Festlegungen, der »Wißbarkeiten«, wie Bachmann sagt, in eine wie auch immer vorstellbare Fremde. Soll diese fremd bleiben, so müßte als Akt der Anerkennung ihre Unzugänglichkeit gestaltet werden. Grenzüberschreitungen sind stets auch Grenzverletzungen. Der Eingriff in die fremde Kultur, in welcher Absicht auch immer, ist stets ein Akt der Gewalt: schöpferisch und zerstörerisch zugleich.[1]

Gewalt

In Bachmanns *Buch Franza*, im Kapitel »Die ägyptische Finsternis«, sind verschiedene Modi von Gewalt virulent. Zum einen die Gewalt der Kolonisatoren, der »Weißen«, so eine immer wiederkehrende Bezeichnung Franzas, die das fremde Terrain in Besitz genommen haben und beherrschen, gefolgt von den Archäologen, die die Grabkammern geplündert, die Toten geschändet hätten, indem sie diese ans Licht zerrten und in Museen präsentierten: gierig begafft und auf Bildplatten gezwungen von Weißen/Touristen, die ins Land kommen, die »Leicas im Anschlag [...] Breughelfiguren aus Holland, aus Deutschland, aus Dänemark« (TKA 2, 289). Fremdes wird angeeignet und damit enteignet.

Eine Form der Gewalt ist bereits die der sprachlichen und medialen Codierung, verstanden als Übertragung der Erfahrungswirklichkeit in ein symbolisches Zeichen- und Repräsentationssystem. Erfahrung und Wissen unterliegen zwingenden Regeln.[2] Dieses Zeichenregime selber, das allen mimetischen ›Darstellungen‹ oder gar ›Widerspiegelungen‹ von Wirklichkeit zugrunde liegt, produziert die ›Fremde‹, das, was wir als uns fremd fasziniert betrachten oder ablehnen. ›Fremdheit‹ ist eine allzu umfassende Vorstellung, um die Differenz von vergangenem und gegenwärtigem Leben, von eigener und fremder Lebenswelt kenntlich zu machen. Die sprachlichen und bildlichen Codierungen demonstrieren die Machtdifferenz zwischen dem so genannten Eigenen und Fremden oder führen diese herbei.

In Bachmanns Erzählliteratur begegnet alles dies unglaublich intensiviert für den je eigenen ›Fall‹ des Erlebens. Franzas »Krankheit zum Tode«[3] beruht auf der Behandlung durch ihren Mann, den Psychiater Jordan, der mit ihrer Hilfe ein Buch über die Täter und Opfer medizinischer Versuche in den Konzentrationslagern geschrieben hat. Er hat sie nicht nur als Mitautorin verleugnet, sondern auch im weiteren Zusammenleben zum Fall, zum Objekt gemacht in »den Kürzeln [seiner] Mappen« (TKA 2, 271). Seine Aufzeichnungen sind ein Unterwerfungssystem, dem sie nur ihre zaghaften, immer wieder abgebrochenen Versuche, an den Bruder zu schreiben, entgegenzusetzen hat. Im Code Jordans sind die Bilder vorgefertigt. Nur in deren Zeichensystem kann sie sich hineinprojizieren: in Bilder der leidenden Kreatur, die an den Haaren geknebelte Frau, den getretenen Kretin, das geschlachtete Kamel. Es sind dies aufgezwungene Bilder des Opfers, männlich codiert.

Der Wunsch, die Wunschphantasie, sich diesen Bildern, der Fixierung als Opfer zu entziehen, treibt sie in die Wüste: »die Reinheit vor Augen und [...] auf der Flucht, gehetzt jeden Tag in die Wüste, um dort noch mehr Wüste mit den Augen zu trinken« (TKA 2, 277). Wüste und noch mehr Wüste: der verzweifelte Versuch, den Festlegungen, der Okkupation zu entgehen. Schließlich das Ausschalten des

Bewußtseins, das Verschwinden im Bild, das sich fortschreibt in wüster Einsamkeit: der Mord durch den Stellvertreter, auch dieser noch unterstützt durch das aufgezwungene Selbstbild Franzas als Opfer.

Peter Weiss' *Die Ästhetik des Widerstands* trägt ihr Programm im Titel. Es ist eine Schrift, in der die allumfassende Gewalt aufgerufen wird: Faschismus, Klassenkampf, die Partei des Stalinismus, der Krieg; die männliche Domäne der Gewalt, die in Kunst und Literatur manifesten Gewaltdarstellungen, Gewalt in den Geschlechterbeziehungen, die Gewalt der Kolonisatoren fremder Kulturen und die Gewalt in den eigenen Reihen. Den Code der Gewalt der Übertragung von Wissen und Erfahrung in ein Zeichensystem mit zwingenden Regeln nennt Weiss »metallisch«. Das »metallisch[e] System«[4] der Sprache, die auch den Widerstand prägt, kenntlich immer dann, wenn Strategien und kollektives Handeln zum hauptsächlichen Thema werden. Im Widerstandskampf der spanischen Republik, der mit den Moskauer Prozessen in eins fällt, führen die Genossen die Anarchistin Marcauer ab, die eine andere, ihnen fremde Vision des Sozialismus verkörpert (vgl. ÄdW 1, 305-314). Das Gewaltprinzip ist allumfassend, es bringt selber das Fremde in verschiedener Gestalt hervor, vor allem dann, wenn es um den Ausschluß geht, um das, was in die eigene Vorstellungswelt nicht integrierbar ist: »das Fremde das einzig Mögliche, unmittelbar geladen mit allen Forderungen und Gefahren« (ÄdW 1, 94).

Rein äußerlich schon, vom Volumen her sind Bachmanns *Todesarten*-Projekt – mit seinen verschiedenen Entwürfen, Textstufen und Vorreden – und Peter Weiss' *Die Ästhetik des Widerstands*, über ein Jahrzehnt geschrieben, begleitet durch die Notizbücher, vergleichbar.[5] In beiden Werken wirkt dieser unglaubliche Wille zum Gesamtwerk, das alle bisherigen Schreibversuche zusammenfassen soll: eine summa theologica, hätte man früher gesagt. Aber die »Totalität des Romans« gelingt nicht: die erfahrbare Wirklichkeit bleibt fragmentiert, auch bei Weiss, der das große Widerstandsprojekt immer wieder in Zweifel zieht, während er an seiner Verschriftlichung arbeitet. Beiden Texten gemeinsam ist das historische Wissen vom deutschen und österreichischen Faschismus, das als eigene Erfahrung imaginiert wird. Ingeborg Bachmanns *Buch Franza*, das *Todesarten*-Projekt insgesamt, spürt die Auswirkungen des Nationalsozialismus in der Nachkriegsgesellschaft auf, die Mordenergien, die nach 1945 nicht einfach verschwunden sein können, wie sie sagt. Beide Romane, um nur eine wichtige Form des Erzählens anzusprechen, folgen einer Struktur, die in Dantes *Divina Commedia* angelegt ist: die der Wanderung durch schlechthin fremde Regionen, die Menschen normalerweise nicht zugänglich sind.[6] Den Protagonisten ist dabei ein Begleiter zur Seite gestellt – Dantes Vergilfigur –, der den unmittelbar Erlebenden als Führer, als Beschützer, als Kommentator und Vermittler zur Seite steht. Im *Buch Franza* kommt dem Bruder diese Funktion zu, in der *Ästhetik des Widerstands* ist diese Rolle wechselnd besetzt: durch Freunde, Genossen, Mentoren. Verloren allerdings ist bei Peter Weiss die Zuverlässigkeit der Wegweisung aus Dantes Welttheater.

Und dennoch – beide Autoren könnten unterschiedlicher nicht sein.[7] Peter Weiss' Roman ist konzipiert als Suche nach dem Ausdrucksvermögen, mit dem die Erfahrungen im Widerstand gegen den Hitler-Faschismus zur Sprache kommen sollen. Konsequent blendet der Autor eine subjektive, psychologisierende Charakterisierung seiner Figuren aus. Bachmanns *Franza*-Buch hingegen ist aus einer radikal-subjektiven Sicht geschrieben – eine Reise durch die Verwüstungen der Krankheit und die Rekonstruktion eines Verbrechens: die Auslöschung des weiblichen Subjekts.

Aufbruch aus der Enge

Peter Weiss' *Ästhetik des Widerstands* ist eine Reise durch die verschiedenen Stationen des Exils und eine Hadeswanderung durch die Dantesche Hölle der ›weltweiten Verwüstungen‹. Die eigene vertraute Welt wird fremd. Die verschiedenen Stationen der Reise des Ich-Erzählers ebenso wie die Auftritte von Werken der Literatur und Kunst aus unterschiedlichen kulturellen Konstellationen und Epochen (Dante, Dürer, Breughel d. Ä., Menzel, Kafka, Géricault, Picasso u.a.) sind Versuche, über fremdes Wissen und Gestalten zu eigenen Erfahrungen zu gelangen. Im ersten Band ist es die Suche nach dem »Bild, das uns enthält« – das Aufsuchen eines Kunstwerks, um aus dem Eingeschlossensein heraus Ausdrucksmöglichkeiten zu finden, die die Fähigkeit zum Widerstand stärken. Der Pergamon-Altar, die darauf dargestellte Schlacht der Götter gegen die aufbegehrenden Giganten, als Paradigma für den Widerstandskampf und der mit ihm angeschlagene Grundton werden durch alle drei Bände der *Ästhetik des Widerstands* getragen. Fluchtpunkt ist die Gestalt eines Befreiers, der die Depression und die bevorstehende Niederlage hätte verhindern sollen. Doch Herakles ist kein Führer durch das Inferno von Krieg und Faschismus. Am Ende verweist nur noch die Löwenpranke seines Umhangs auf dem Fries auf ihn – ein in der Leere bedeutungsvolles Zeichen.

Eben diese Konstellation begegnet dem Leser wieder im dritten Band des Romans, wo die Handlung in den Dschungel Kambodschas führt, die Tempelburgen von Angkor Wat. Der allein schon durch seinen Namen Stahlmann fixierte, heroische Spanien-Kämpfer, militärisch ausgebildet in Moskau, berichtet bei einem Gang durch Stockholm – einer teils realen, teils imaginären Flanerie – von seiner faszinierenden und überwältigenden Begegnung mit den kolossalen Statuen der Gottkönige aus der Kultur der Kmer (Abb. 1). Stahlmanns Schilderung der

Abb. 1: Häupter am Bayon-Tempel in Angkor

Reise nach Angkor ist eine »Vision, von Begegnungen, Reisen, Entdeckungen« (ÄdW 3, 109). Der Parteigenosse nähert sich der »labyrinthischen Üppigkeit des Dschungels«: eine feuchte schwere Hitze, »als habe er den Himmel auf seinen Schultern zu tragen« (ÄdW 3, 98) – Stahlmann als Herakles wird versetzt in diese von »Zikaden durchschrillte Landschaft« (ÄdW 3, 97), aus der ihm (zu seinem Schrecken) die starre Ordnung, die furchtbare Symmetrie dieser ersten totalitären Stadt erwächst. Der französische Kolonialbeamte, ein Archäologe, der ihn führt, macht ihn aufmerksam auf die Ähnlichkeit seines Gesichts mit dem heiligen, dem hundertfältigen Antlitz, »mit leeren geschwungnen in die vier Himmelsrichtungen starrenden Augen«, doppelt so groß wie die Gestalt der Betrachter »mit einem Anflug von Wollust, aus dem Leben ins Dasein der Götter enthoben« (ÄdW 3, 100). Mit dieser in der Fremde aufgebrochenen Vision erkennt Stahlmann die Hybris der Macht: die Gewalt der Herrschenden, aber auch die Hybris in der eigenen Ordnung des Denkens und Handelns im Widerstand. Er realisiert im Medium des Fremden sein eigenes potentielles Anderssein: sein Selbstbild bricht zusammen. Die offenkundige Unentscheidbarkeit der Frage »Gehörte er beiden an, den Obern und den Untern?« veranlaßt Stahlmann zu dem Bekenntnis: »in dieser Nacht sei er verrückt geworden, in einem solchen Grad, daß er den Tod nie mehr scheue« (ÄdW 3, 103). Ein Verrücktsein im Zeichen des Fremden, das ihn unangreifbar macht für seine Verfolger; zugleich aber auch ein Exzeß der Gewalt, der die Ordnung und die Disziplin durchbricht. Peter Weiss beschreibt anläßlich der Moskauer Prozesse und des Spanischen Bürgerkriegs auch den Wahnsinn der Gewalt im eigenen Lager. In der Tempelvision von Angkor Wat versagt der gelernte Mechanismus der Ausgrenzung der Gewalt als etwas Fremdem.

Abb. 2: Pergamon-Altar: *Gigantomachiefries*, Ostseite. Athena und der Gigant Alkyoneus. Rechts die Erdmutter Ge

Noch weniger integrierbar sind in Peter Weiss' Roman die traumatischen Erfahrungen der Mutter-Figur im schwedischen Exil. Sie wird assoziiert mit der anderen Schlüsselfigur des Pergamon-Altars: Ge, die Dämonin der Erde (Abb. 2), »das Gesicht groß, grau, abgenutzt von den Bildern, die sich darüber hergemacht hatten, eine steinerne Maske, die Augen blind in der Bruchfläche« (ÄdW 3, 20). Die Einbrüche des Fremden nehmen immer neue Gestalten an, auch wenn diese Fremdheit als das Andere der Vernunft letztlich nicht zu erfassen ist. Der dritte Band der *Ästhetik des Widerstands* wird eröffnet mit einem visionären Bild der Muttergestalt: »Sie kniete im Schnee, aber es war ihr nicht kalt. Vielleicht war es auch weißer Sand. Immer tiefer griffen die Hände hinein, blendend war das Licht, obgleich der Himmel verhängt war.« (ÄdW 3, 7) Anders als bei den Bildbeschreibungen zuvor mit ihrem eindeutig codierten Transport von Wissen und Erfahrung bleibt diese eingeblendete Gewaltvision ohne Kontur. Sie fügt sich nicht zur sinnhaften Komposition: das Fremde und Unheimliche, das begrifflich nicht zu fassen ist, ist eingefaßt in das leere stumpfe Antlitz der Mutter. Sie befindet sich im Zustand der Sprachlosigkeit, der Versunkenheit, als sie nach einem Jahr »dunkelster Wanderung« (auch hier wieder die Anspielung auf die Dantesche Hölle und den Dschungel) gemeinsam mit dem Vater das Exil in Schweden erreicht (ÄdW 3, 7). Konträr zu der in den Regionen der Sprachlosigkeit verharrenden Mutter sucht der Vater mit seinem politischen Rationalismus den Ausweg darin, den Einbruch von Gewalt – Faschismus und Exil – durch seine logischen Berechnungen übersichtlich zu machen, im Zeichensystem seiner Rede zu bewältigen. Gegen die Willkür der »jeder Vernunft widersprechende[n] Gewalt« der Faschisten steht die Gewalt der aufklärerischen Vernunft. Jedoch: mit seinem rationalen System, dem » Anspruch auf Eindeutigkeit, auf Unwiderlegbarkeit« (ÄdW 3, 125) treibt er die Erfahrungen der Mutter[8] in ein noch größeres Dunkel:

> Er beschwor die Gewalt herauf, die, wenn auch immer vor uns versteckt, unser Leben bestimmte. Im Gegensatz zu der für uns ungreifbaren innern Welt meiner Mutter war dies das vollkommen Rationale. Es war ein riesiges metallisches System, vor dem die organische Substanz porös wurde, sich zerreiben und wegblasen ließ. (ÄdW 3, 125)

Ohne Hoffnung, daß die Mutter noch zur Rückkehr aus ihrer Versunkenheit bewegt werden könnte, schreit der Vater die Namen der Verantwortlichen heraus, die Namen der Kapitalisten Krupp, Thyssen, Stinnes, Mannesmann, Hoesch, Bosch, Blohm, Siemens, Duisberg, den Namen des Chefs der IG Farben. Die Namensschreie klingen »so schrill und falsch wie sie klingen sollten« (ÄdW 3, 126). Sein Schreien, so heißt es, hob »sich ab vom sanften Klirren, das aus der Küchennische kam« (ÄdW 3, 126), aus dem Schatten, in dem die Mutter nur noch undeutlich zu erkennen war. Die logische Argumentation und objektive Analyse des Vaters lösen sich auf im Schrei. Im Schrei wird auch die Vernunft zur Gewalt. Es ist sein letzter verzweifelter Versuch, in das Schweigen der Mutter einzudringen.

Ob in der Dschungelvision oder im Exil: die Fremde wird zum Zeichen des Anderen schlechthin: Sprachlosigkeit, Gewalt, Tod. Deshalb nannte Peter Weiss den 3. Band der *Ästhetik des Widerstands* eine »Hadeswanderung«.[9]

Eine, die der Versunkenheit der Mutter eine Stimme zu verleihen vermag, ist die Schriftstellerin Karin Boye, Autorin des Romans »Kollocain«, einer Schilderung des totalitären Grauens in einer Science-fiction-Welt. Als »Fremde« wird sie in den Romankontext eingeführt. Boye, die sich als entwurzelte Außenseiterin zu der Mutter in ihrem Zustand der Entrückung hingezogen fühlt. Beider Zustand sei vergleichbar, ein Verhalten, »in dem es das Gefühl für Richtungen nicht mehr gebe« (ÄdW 3, 25). Zugleich ist Boye ein »zarter Mitsoldat«, ein weiblicher Vergil, der »in gänzlich fremde, gesetzlose Regionen« führt (ÄdW 3, 39), in die andere Welt außerhalb des »rationalen Systems«, jenseits der »Grenzen unsres Vorstellungsvermögens« (ÄdW 3, 25). Die Welt der Verzweiflung, wie sie die Mutter erschaut habe, ist sprachlich nicht mehr einholbar. Nicht krank sei sie, so Boye, sondern das, »was bei Naturvölkern als erleuchtet bezeichnet werde« (ÄdW 3, 24). In diesem Zustand der Fremdheit befände sie sich jenseits der Sprache. Jeder Versuch, die Mutter aus ihrer Versenkung zu locken, müsse ihr wie eine Verführung zum Betrug erscheinen (ÄdW 3, 25). Hier wird inmitten des Romans von Peter Weiss, wie bei Bachmann, ein Ort der Reinheit jenseits des sinnlichen Vorstellungsvermögens, außerhalb oder vor der Sprache imaginiert, eine ganz »unabhängige Welt« (ÄdW 3, 29). Es ist dies das Verlangen nach einer anderen, schlechthin fremden Existenz außerhalb des im Code der Sprache Sagbaren. Was Bachmanns Franza-Figur immer tiefer in die Wüste treibt, ist für Boye der fortgesetzte Versuch, durch die Genauigkeit der Sprache noch einmal Halt zu gewinnen:

> Einzelne Träume, sagte sie, ließen sich bändigen mit den Mitteln des Stils, der Stil, an dem sie unaufhörlich schleife, könne ihr die Illusion vermitteln, etwas gefunden und hinterlassen zu haben. (ÄdW 3, 29)

Abb. 3: Albrecht Dürer. *Melencholia I*, Kupferstich von 1514

Ein geheimer Code des Stils wäre zu entdecken, eine eigene und genaue Sprache im Fremden. Vergeblich. Die Beschwörung einer imaginären, fast mystischen Region außerhalb der fest gefügten Vorstellungen ist gleichbedeutend mit dem Weg in den Tod.

Der Erzähler in Peter Weiss' Roman begegnet der Sprachlosigkeit der »fremden Regionen« mit der Evokation surrealer Bilder wie in der Szene der Mutter im Schnee: Bildfragmente, die in ihrer Ambivalenz und Verstörtheit keine semantische Gewißheit schaffen sollen, aber einen Wahrnehmungsraum öffnen, für den es keine verbindliche Lektüre gibt. Nicht zufällig greift Peter Weiss in diesem Zusammenhang noch einmal auf die Ausdruckskraft eines bildkünstlerischen Werkes zurück: Dürers »Melencolia« (Abb. 3), ein Sinnbild des

Sinnverlusts, der Grenzen der Berechenbarkeit.[10] Die Erfahrungen außerhalb des sprachlich codierten Raums sind nicht einholbar. Nur eine Spur solcher Erfahrungen wird in Bildfragmenten des Fremden evoziert: die Mutter – eine Erleuchtete bei den Naturvölkern, Franzas »ich bin eine Papua« (TKA 2, 232).[11] Die Nähe dieser Figuren zu den KZ-Opfern haben beide, Weiss und Bachmann, durch derartige Zeichen, eine Zeichensprache für das Ausgeschlossensein, vorgestellt.

Der verzweifelte Versuch, den Festlegungen, dem Regulierten, zu entkommen, treibt in Ingeborg Bachmanns Romanfragment die todkranke Franza dazu, mit ihrem Bruder die Reise nach Ägypten anzutreten, eine Reise in die Fremde, die zum Ausdrucksmittel wird für die Verwüstungen der Krankheit. Der Bruder mit seinem Geologenverstand, der sie begleitet und kommentiert und am Ende einiges von dieser Reise verstehen wird, ist Franzas ›Vergil‹. Am Anfang steht der Versuch des Bruders in der österreichischen Eisenbahn kurz vor der Einfahrt in den Semmeringtunnel, »das Wortgeröll« von Franzas Telegramm zu entziffern, dessen Inhalt er doch gleich im ersten Satz zusammenfassen kann: »Der Professor, das Fossil, hatte ihm die Schwester zugrunde gerichtet« (TKA 2, 131). Damit ist auch der Grundton des Erzählens angeschlagen. Die Finsternis des Tunnels nimmt die ägyptische Finsternis vorweg. Die Reise des Geologen-Bruders in ein fremdes Terrain beginnt: die Verwüstungen im Innern Franzas. Sie wird verschiedene geographische Stationen haben: Galicien zunächst, der Herkunftsort, eingeblendet Wien, der Tatort, dann die Wüste Ägyptens, die (Heil)Anstalt, das Purgatorium – der andere Ort, an dem sich die sprachlichen Codierungen in den Kürzeln Jordans, auch in den schnell verfertigten Bildern des Bruders verlieren. Die weibliche Opferrolle wird im Text immer wieder hergestellt. Die Symbolisierungen greifen. Aber wie lange noch im fortlaufenden Text, der allein darin vorankommt, daß er diese Vergewisserungen immer wieder ausstreicht?

»Sie sind in die Wüste gegangen«, so heißt es zum Auftakt des Kapitels »Die ägyptische Finsternis«, und es folgt sogleich die Abwehr von bildhaften Deutungen: die Wüste ist die Wüste, nur mit sich selbst zu begreifen: »Sie entzieht sich der Bestimmung« (TKA 2, 248). Es folgt die metonymische Kette der Bedeutungsassoziation von »Wüste«, mit der sich das symbolträchtige Bild, das Bild d e r Wüste, verflüchtigt. Was bleibt, das ist die ›reine‹ Fremde. Die so genannte Beschaffenheit, Franzas So-Sein taugt nur zur Heilanstalt – ein Purgatorium, das leiden läßt ohne Ende: »eine große Gummizelle aus Himmel, Licht und Sand« (TKA 2, 249). Im Unterschied zum Bruder ist Franza keine Fremde in der Wüste. Während er sich sorgt, in Büchern nach Erklärungen sucht, ihre Erinnerungsbilder (von der Abtreibung) halluziniert, ihre Zeichen zu deuten und sie zu trösten versucht, ist sie längst seinen Interpretationen entgangen, hat sich als quasi Einheimische (mit dem Schlachtruf ihrer Kindheit »Sire, ich werde ankommen«, TKA 2, 249) auf die Wüste als Wüste eingelassen, trinkt aus dem Becher, aus dem die Einheimischen trinken (vgl. TKA 2, 258). Sie vergeht in ihrer Konzentration aufs Elementare, mit regressiven Anklängen an die Kindheit im Galizien der Nachkriegszeit (TKA 2, 259). Während der Bruder der Umgebung Informationen abzugewinnen sucht, fassungslos reagiert, wenn Unerwartetes eintritt, darüber krank wird, wirkt Franza gelassen, wird ihr Fleisch, wie es heißt, »braun und fest« (TKA 2, 265). Aus Franzas Perspektive wird das Geschehen also nicht in die Fremde verlegt, sondern andersherum: hierher kommen Fremde, die in der Fremde zu sich selber kommen. Der Bruder bemerkt es:

> Zum erstenmal meinte er, daß es richtig gewesen war, sie mitzunehmen, weiß der Himmel, was sie hierher passen und so rasch begreifen ließ. Sie ging nicht mehr gebückt [...] und dieser Stolz, mit dem sie sagte: ich werde hier zu meinem Recht kommen. (TKA 2, 264)

Welches Begehren verbindet sich mit der »Wüste«, die als das schlechthin Fremde Franza vertraut ist? Es ist ein Ort, der gegen Wien, den Tatort, steht, der den Code der sprachlichen Aufzeichnungen nicht gelten läßt:

> Der Wind erhob sich zum erstenmal, griff in den Sand, der flüchtige Boden löste sich bedrohlich in Luft auf. Er zeigte seine wahre Beschaffenheit. Die Augen und die Wüste fanden zueinander, die Wüste legte sich über die Netzhaut, lief davon, wellte sich heran, lag wieder im Aug, stundenlang, tagelang. Und immer leerer werden die Augen, immer aufmerksamer, größer, in der einzigen Landschaft, für die Augen gemacht sind.
>
> Wie sanft ist die Überredung der Wüste, die ihre feinen Zeichnungen ausspielt. (TKA 2, 259f.)

Der Preis für die imaginierte Existenz, außerhalb der Regeln des Zeichenregimes der Sprache, ist die unbedingte Verlassenheit, Teilnahmslosigkeit. Die Stimme, die fragt, »Was suchst Du in dieser Wüste« (TKA 2, 260), ist die eigene Stimme, denn in der Wüste ist nichts zu hören, ist es still, die Frage nach den Haien, den grausamen Tieren im Roten Meer, diktiert die eigene Angst (vgl. ebd.). Außerhalb des Codes gibt es keine Stimme, keine Kontur: Franza läßt sich vom Bruder im Nilschlamm eingraben. Der Wunsch, sich in der Fremde zu spüren, wiedergeboren zu werden, bewirkt das Gegenteil, führt fast zum Ersticken: »Ich habe gewußt, wie tot ich sein werde […]. Im Schlamm habe ich es gewußt.« (TKA 2, 269)

Die Verlebendigung durch Sprache, durch Metaphern, hält dieser Wirklichkeit nicht stand. Es versagt die rettende Fiktion der Erzählung. Außerhalb der Wüste, angesichts der Kulturdenkmäler von Luxor oder Gizeh, im Kontakt mit den Einheimischen, deren Körpern und Ritualen, wird Franza zu der Fremden, die sie immer schon war. Es kehren die Krankheitssymptome zurück, die Bilder, die sie schon immer in die Opferrolle einkerkert hatten, neue drängen sich auf: der getretene Kretin, der in sie fahren wird, das getötete Kamel: »Ich weiß, wie ich aussehe. Ich sehe aus, wie das [geschlachtete] Kamel, das mich ansieht« (TKA 2, 280). Die aufgezwungene Deutung, das Opfer-Ich, gewinnt im Kampf gegen das andere, nur regressiv zugängliche Ich aus der Jugendzeit – das Wüsten-Ich, wenn man so will.

Eine Ablösung von den starr gefügten Bildern gelingt erst wieder im Haschischrausch, der sie in zwei Körper zerteilt. Bildlich: das Zeichenband mit den unentzifferbaren Hieroglyphen kommt zum Ende, der Schraubstock löst sich: sie fliegt, lächelt: »nicht mehr denken und so zerstäuben« (TKA 2, 283f.): Das Ich jenseits der sprachlichen Zeichen zerfällt. Nicht mehr Ich. Und dann doch noch eine »Verkündigung«, sie ist von »andrer Art« (TKA 1, 283), aber dennoch nichts weniger als eine Verkündigung: Am einsamsten Strand der Welt am Roten Meer, vollgepfropft mit Quallen, Spinnen, Krabben, die Sonne genau über sich, sieht Franza vor sich das Bild (vgl. TKA 2, 285ff.), läuft ihm nach, dem Bild, das ihr vorgaukelt, der Bruder Martin zu sein, entdeckt dann Jordan darin, ihren Mann mit dem weißen Mantel, dem schrecklichen Mantel, abgelöst durch den Vater; schließlich sieht sie Gott, auf den sie zuläuft und der auf sie zukommt. Keine dieser Gestalten ist haltbar. Bei ihrer Annäherung lösen sie sich auf, ein schwarzer Strunk bleibt übrig, den sie erbarmungsvoll ins Wasser schiebt. Lachend sinkt sie zusammen, die männlichen Autoritäten sind der Dekomposition zum Opfer gefallen und mit ihnen wird auch das Opfer-Ich niedergetreten. Die Botschaft der Verkündigung ist nichts anderes als ihre Dekomposition: die Ablösung vom Fossil, von den festgefügten Bildern. Die Metamorphose ist eingeleitet.

Das Verfahren der Dekomposition hinterläßt eine Spur. Das ist Franzas Entdekkung in der Fremde: Die Zerstörung macht das Zerstörte gerade durch seine Abwesenheit gegenwärtig, ermöglicht ein Lesen, ein Zusammenlesen der Fragmente aus der vorausgegangenen Zerstörung. Eine Wunschkonstellation, die uns auch in der *Ästhetik des Widerstands* begegnet, wenn die drei Protagonisten Coppi, Heilmann und der Erzähler auf dem Fries des Pergamon-Altars Herakles suchen und es ein Omen nennen, »daß grade er, der unsresgleichen war, fehlte, und daß wir uns nun selbst ein Bild [...] von ihm zu machen hatten« (ÄdW 1, 11). Ein Selbstbild ohne Vorbild? Es ist kein Verlaß auf die bildhafte Repräsentation! Bachmanns Text ist hier radikaler als der von Peter Weiss.

Bild und Schrift

Beiden Texten liegt, so habe ich zu zeigen versucht, – bei aller Unterschiedlichkeit – eine vergleichbare Grundkonstellation zugrunde: sie gestalten Bewegungen, Mobilität – Aufbrüche aus der Enge des Raums, der sprachlichen und bildlichen Festlegungen, Ausreisen aus den »Wißbarkeiten« in die Fremde, Projektionen, die die gewaltsamen Codierungen der Sprache aufsprengen. Bachmann und Weiss sind sich des Scheiterns bewußt, der Unmöglichkeit, eine Grenze zu überschreiten, ohne sie zu verletzen, sich zu verletzen. Beide versuchen mit diesem Paradox umzugehen, indem sie Dante, Rimbaud, den Surrealismus aufrufen, Sprachexperimente in den Visionen, Träumen: Rauschzustände, Transformationen in einen anderen Zustand. Aber es kann sich immer nur um einen Vorgang der Übersetzung handeln, eine Transformation des Codes, um dem Code zu entkommen. Es bleibt der »Kompromiß«, wie Bachmann sagt: »Ich werde den Kompromiß suchen, wenn ich nichts mehr suchen kann« (TKA 2, 11).[12]

Oder doch nicht nur?

Bachmann und Weiss haben in Notizbüchern, Fragment gebliebenen Texten den Ort ihrer Sehnsucht vorgestellt. Weiss zeichnet in einer Notiz vom 7. Oktober 1978 einen Traum auf, der ihm das »Reich des vollkommenen Glücks« zugänglich macht, »eine Insel vielleicht«; er erinnert eine »ärmliche dörfliche Gegend, arabisch vielleicht oder südseeähnlich«.[13] Arabisch auch Wadi Halfa, die im *Buch Franza* fehlende Station auf der Reise Franzas und ihres Bruders Martin durch die »ägyptische Finsternis«, erhalten jedoch in einem in der Werkausgabe nachgestellten Fragment zum dritten Kapitel im unvollendeten *Franza*-Roman (W3, 475–482) und auch im Wüstenbuch C des *Todesarten*-Projekts (TKA 1, 278–283). Im *Buch Franza* bleibt die Leerstelle stehen, umrissen nur in den abschließenden Reflexionen des Bruders:

> Wadi Halfa würde bald untergehen, dort sollte sie liegen, weil sie dort am glücklichsten gewesen war und der Nil bald über die Ufer durfte, um die Wüste fruchtbar zu machen und den Sandboden wegzunehmen, auf dem sie gestanden war. (TKA 2, 328f.)

In diesen Textpassagen haben Weiss und Bachmann ihrem Ort der Reinheit ein Gesicht gegeben: ein utopisch anmutender Ort des Glücks als Gegenprojektion zur allgegenwärtigen Gewalt. Gemeinsam ist beiden Orten ihr Ausgelagertsein in dreifacher Hinsicht: sprachlich, zeitlich (»wo kein Zeitplan besteht«, heißt es bei Weiss, NB 2, 745f.), räumlich: Peter Weiss' Insel ist ein unerreichbares Traumgebilde, Bachmanns Wadi Halfa ein realer, auf den (damaligen) Landkarten verzeichneter Ort, den es in Kürze nicht mehr geben wird, er wird untergehen, überflutet vom Nil. Die Erzählerin wie die Autorin fasziniert angesichts der Stillegungen, etwa des Postamts, »dieses Amt, das in keiner Zeit abläuft« (TKA 1, 279). Der geregelte Informationsfluß kommt hier zum Erliegen, das Amt als Relais, als Schaltstelle des Informationsflusses ist geschlossen: »hier braucht niemand Telegramme« (TKA 1, 279): »Das Theater hat ein Ende« (TKA 1, 280). Zeit verdichtet, aufgehoben im Flirren von hunderttausend Mücken »als natürliche[r] Zutat« (TKA 1, 280) in jedem Atemzug, jedem Schluck Wasser, der mit ihnen zu teilen ist. Elementare Bedürfnisse wie Atmen, Trinken, Essen dominieren das Geschehen, dafür reichen »fünf englisch[e] Wort[e], die bald ausgesprochen sind«, die Sprache sonst unbekannt, es herrscht ein Verständnis anderer Art: »die Welt ist Geste, Gong, Licht, Dunkel, Warten, redelos« (TKA 1, 281). Vollkommenheit ist in dem Augenblick der Zusammenkunft der vier schwarzen Hände, der einen weißen Hand bei der Mahlzeit aus einem Teller: »man müßte das Bild versteinen lassen« (TKA 1, 281f.) –, einmal der Wunsch, ein Bild zu fixieren.

Peter Weiss verfolgt die Sorge um die Sprache (»Sprache etwas Absolutes«, NB 2, 744) auch noch dort, wo die Sprache, die man spricht, keine Rolle mehr spielt: am Sehnsuchtsort, »arabisch vielleicht oder südseeähnlich« (NB 2, 743). Das Traumgeschehen »spielte sich zwischen völlig unbekannten Begriffen ab« (NB 2, 745), und »ich hatte sprechen können« (NB 2, 743), dort, »wo niemand versteht, was sich sage« (NB 2, 745).

Beiden Autoren muß bewußt gewesen sein, daß der Versuch, den ›anderen‹ Ort festzuhalten und dabei innerhalb bekannter Codes zu bleiben, Gefahr läuft, in exotistische Klischees abzugleiten. Haltbar ist der Ort nur als Stillegung im Bild, als Mortifikation oder im Wahnsinn: das Bild der schwarzen und weißen Hände in einem Teller oder um den Preis des Wahnsinns: »ich hätte für immer dort bleiben können, wenn ich wahnsinnig geworden wäre«, beschließt Weiss seine Traumschilderung (NB 2, 746).

Die Unterschiede zwischen Weiss und Bachmann werden deutlich, wenn man ihre Texte versuchsweise in den bildkünstlerischen Diskurs transformiert: Peter Weiss war fasziniert von den Objekten Donald Judds, vor allem der Serie der im gleichmäßigen Abstand übereinander angeordneten Blöcke. Diese wurden ihm zum

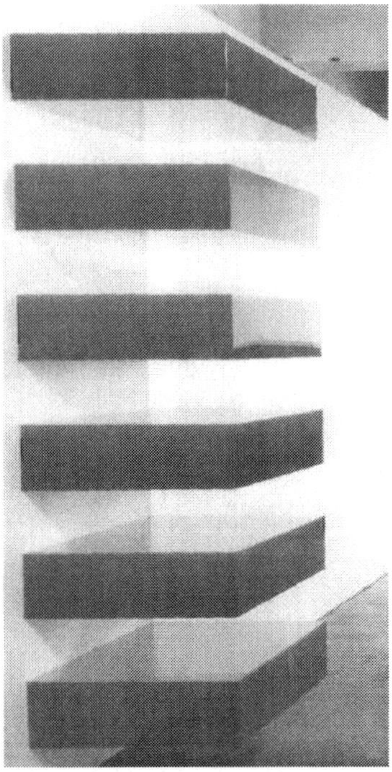

Abb. 4: Donald Judd. *ohne Titel.* Eine Arbeit aus dieser Serie hat Weiss zur äußeren Gestaltung seiner Bände angeregt.

Vorbild für die äußere Form der drei grauen Bände:[14] Graue Blöcke, höchste Konzentration und höchste Präsenz zugleich (Abb. 4). Blockartige Geschlossenheit einerseits, gleichzeitig spiegeln die metallenen Flächen ihre Umgebung wider, beziehen sie ein, zeigen also Offenheit.[15] Beide Künstler – Judd und Weiss – sind zudem auf eine Entpsychologisierung aus zugunsten der Idee einer objektiven Wirklichkeit, die die Funktion einer idealisierten Struktur übernimmt. Judd, dessen politisches Engagement meist unbeachtet blieb, war wie Weiss davon überzeugt, daß eine ›moralisch richtige Kunst‹ auch sinnliche Eigenständigkeit aufweisen müsse. Diese gewinnt sie vor allem durch ihre materialen und formalen Qualitäten. Für Peter Weiss muß die Faszination darin gelegen haben, daß in der bildenden Kunst die Materialität der Kunst selber zum Zeichen der Fremde werden kann. Das materielle Objekt wird, wie Judd sagt, eine »gefühlsbesetztere Form«, ein Kunstwerk, das »biopsychologische« Energie vom Künstler zum Betrachter überträgt.[16] Eine ähnliche Konstellation liegt Peter Weiss' »Engagement« für die bildhafte Form und Farbe, der Materialität seiner Romanbände, zugrunde.[17] Das einheitliche Grau der drei großformatigen Bände, das blockartig geschlossene Schriftbild ohne Absätze ist bereits das Fremde, bevor man mit der Lektüre beginnt.

Bachmanns Schreiben am *Todesarten*-Projekt mit dem Netz von Versuchen, Entwürfen, Verwerfungen und Neuansätzen könnte in Beziehung zu Jenny Holzers Installationen gelesen werden, insbesondere der Installation »OH« (Abb. 5), die sie 2001 für die Neue Nationalgalerie in Berlin entworfen und realisiert hat. Schriftlaufbänder, die über die 13 Deckenstreben des Mies-van-der-Rohe-Baus laufen. Die vertikal gesetzte bernsteinfarbene Schrift, zur Aufführung gebracht mit ausgefeiltester Technologie, läuft als schmales Band über dem Kopf des Betrachters, macht den Codecharakter, den ausgrenzenden Charakter des Codes sinnlich erfahrbar. Buchstabe für Buchstabe werden die Worte zusammengesetzt, wird die Schrift vorgeführt, entzifferbar: Texte, die psychische und physische Gewalt, die Frauen in Form von Erniedrigungen, sozialer Isolation bis hin zu körperlichen und sexuellen Gewalttaten erfahren, zum Ausdruck bringen. Die Korrespondenz mit den *Todesarten*-Texten ist semantisch und formal gegeben. Die Schrift kann unverständlich bleiben oder partiell aufgenommen werden, in Bruchstücken. Die Zeichen sind ein schmaler Grat, sie bleiben vorläufig, vielstimmig, verschwinden wieder. So führen sie zum einen die Beschränktheit der Schrift vor Augen: ein schmales Fließband mit vorbeihuschenden Zeichen, die sich formieren und sofort wieder verlieren. Zum anderen entspricht die Beweglichkeit, das Auftauchen und

Abb. 5: Jenny Holzer. Installation *OH* in der Neuen Nationalgalerie Berlin, 2001

Verschwinden der Zeichen der von Bachmann genannten »Erfahrung der Variabilität« (TKA 1, 282). Franzas imaginiertes »Zeichenband« läßt sich wie Holzers Installation lesen: Franza, im Haschischrausch, auf dem Rücken liegend, sich als zwei Körper wahrnehmend, sieht:

> Unter den geschlossenen Lidern lief ein Zeichenband, mit schwarzweißen Ornamenten bedeckt, es lief und lief, und die Hieroglyphen walzten über ihre Augen, unter ihren Augendeckeln. Die Augen wieder offen, blitzschnell geöffnet trotz des Drucks, damit diese unentzifferbare Schrift ins Stocken kam. [...] Ein Ende mit der Schrift. Ein andrer Anfang. (TKA 2, 283f.)

Die unterbrochene Schrift ruft auch noch einmal Martin Ranners Telegramm-Lektüre zu Beginn des *Franza*-Buches in Erinnerung: den Bruder, der sich ärgert über die

> stop und stop und stop, meinte sie denn, er könne nicht lesen ohne Verkehrszeichen, und er riet und rätselte und bildete sich wieder eine andre Gewißheit ein, die wievielte schon? durch diese stops aufgehalten. (TKA 2, 135)

Bachmann benutzt die medientechnische Einschränkung des Telegrammstils, um auf die systematische Beschränkung von Schrift und Sprache aufmerksam zu machen.

Abb. 6: Francisco de Goya. *El perro (Der Hund)* 1820–1823

Die Stops als Unterbrechungen bringen diese Beschränkung buchstäblich auf den Punkt. Der kreative und mobilisierende Impuls dieser Einschränkung (vergleichbar mit den abgeschlagenen Gesichtern der Königin Hatschseput, vgl. TKA 2, 274) wird benannt. Dem Bruder gelingt es nicht, sich ein fixes Bild von Franza zu machen: »er riet und rätselte und bildete sich wieder eine andre Gewißheit ein« (TKA 2, 135). Bachmanns Bildskepsis, wenn nicht gar ihre Bildverweigerung,[18] gilt einer Bildlichkeit, die die Erfahrung der Variabilität verhindert. Sie wehrt sich gegen den Repräsentationsanspruch der Bilder. Am Ende des *Malina*-Romans steht ein Dialog, der sich im Mißverstehen auflöst: »Ich brauche weiße Wände, schadlose Wände«, sagt die Ich-Erzählerin, »ich sehe mich sonst gleich wohnen in Goyas letztem Raum. Denk an den Hundekopf aus der Tiefe, all die finsteren Umtriebe auf der Wand« (TKA 3, 686, Abb. 6). Bilder legen sich auf das Denken, Wahnsinnsbilder, in denen die Selbstwahrnehmung nicht mehr gelingen kann. Und dennoch: allein das Bilderlesen und Bilderschreiben kann das starre, in der Sprache eingefrorene Sinn-Bild auflösen. Die Fremdheit der Sprache selbst ist zu entdecken. Die beschränkte Schrift auf dem Papier wird zum Ausgangspunkt für eine variable Lektüre mit »Einbildungen und [...] Nachbildungen, die herausrollen aus einem Kopf, aus einem Mund, der von ihnen spricht, die Wahnbildungen und Wahrbildungen, und der behauptet ohne Unterlaß, aber ohne Verläßlichkeit« (TKA 2, 89). Das Fremde ist nicht semantisch fixierbar, und auch nicht theoretisch.

Anmerkungen

1 Vgl. Alexander Honold, Klaus R. Scherpe. »Einleitung: Für eine Kulturgeschichte des Fremden«. Diess. (Hgg.). *Mit Deutschland um die Welt. Eine Kulturgeschichte des Fremden in der Kolonialzeit*. Stuttgart, Weimar: Metzler, 2004, 1–25, hier 6ff.

2 Vgl. dazu »Prospekt« zum Band von Klaus R. Scherpe, Thomas Weitin (Hgg.) *Eskalationen. Die Gewalt von Kultur, Recht und Politik*. Tübingen, Basel: Francke, 2003, VII–X, zudem: Forschungsprogramm des Graduiertenkollegs »Codierung von Gewalt im medialen Wandel«, aufzurufen unter: www2.hu-berlin.de/gewalt

3 Nach Kierkegaards Schrift, die alle gelesen haben: Kafka, Canetti, Celan und Bachmann.

4 Peter Weiss. *Die Ästhetik des Widerstands*. 3 Bände. Frankfurt/M.: Suhrkamp, 1. Band erschienen 1975, 3. Band erschienen 1981, hier Bd. 3, 125. Nachfolgend im Text angegeben als ÄdW 1 oder 3.

5 Peter Weiss. *Notizbücher 1971–1980*. 2 Bände. Frankfurt/M.: Suhrkamp, 1981.

6 Siehe dazu den Beitrag von Tabea Kretschmann in diesem Band.

7 Ingeborg Bachmann und Peter Weiss kannten sich von Treffen der Gruppe 47. Ein Brief vom 7. November 1962 (aus Uetikon am See/Schweiz) von Bachmann an Weiss nach einem Zusammentreffen in Berlin gibt Hinweis auf einen näheren persönlichen Austausch:

> Froh bin ich nur, daß ich durch Sie und vor Ihnen so durcheinandergekommen bin und daß ich das Zutrauen zu Ihnen, das ich so rasch gefaßt habe, behalten habe und behalten will.

Peter-Weiss-Archiv, Akademie der Künste Berlin, 4.1. Korrespondenz Nr. 60; zitiert mit freundlicher Genehmigung der Erben Ingeborg Bachmanns und des Peter-Weiss-Archivs.

8 Die Gewalt, von der die Mutter in einem Ausmaß erfaßt worden ist, »daß es keine Rückkehr mehr gab« (ÄdW 3, 124), bleibt gestaltlos bis kurz vor ihrem Tod, aber auch da ist es nicht sicher,

> ob meine Mutter es ihm [dem Vater] so erzählt hatte, er konnte nicht mehr entscheiden, ob es ihre oder seine Gedanken waren. (ÄdW 3, 130).

»[S]ie war Zeuge gewesen, obwohl sie nur Laute gehört hatte« (ebd.), wie Mann, Frau und Kind auf grausamste Weise von drei Soldaten gefoltert und ermordet wurden.

9 Peter Weiss im Gespräch mit Burkhardt Lindner. »Zwischen Pergamon und Plötzensee oder Die andere Darstellung der Verläufe«. Rainer Gerlach, Matthias Richter (Hgg.). *Peter Weiss im Gespräch*. Frankfurt/M.: Suhrkamp, 1986, 263–289, hier 278.

10 Die Auslegungsgeschichte der *Melencolia*, darin wäre Hartmut Böhme zu folgen, ist zu sehen als

> Kette von Sinnentwürfen, die in ihrer scheiternden Anstrengung, ein Sinnganzes zu erfassen, selbst Züge des melancholischen Syndroms trägt, das Dürer hier ins Bild setzt. Man muß – wie die geflügelte Frau selbst – diesen Prozeß der rastlosen Sinnproduktion unterbrechen: das ist der Moment der Selbstreflexion, die nicht auf den nächsten neuen Sinn aus ist, sondern fragt, was eigentlich in dieser Kette der Sinnzuweisungen geschah und geschieht.

Hartmut Böhme. *Albrecht Dürer. Melencolia I. Im Labyrinth der Deutung*. Frankfurt/M.: Fischer, 1989, 9.

11 Siehe auch die Diskussion, die Sara Lennox eingeleitet hat: »›White Ladies‹ und ›Dark Continents‹. Ingeborg Bachmanns *Todesarten*-Projekt aus postkolonialer Sicht«. Monika Albrecht, Dirk Göttsche (Hgg.). *»Über die Zeit schreiben«. Literatur- und kulturwissenschaftliche Essays zu Ingeborg Bachmanns »Todesarten«-Projekt*. Würzburg: Königshausen & Neumann, 1998, 13–31.

12 Die von der Figur Karin Boye in der *Ästhetik des Widerstands* vorgestellten Äußerungen zur

> Schändlichkeit [...], die das Zusammenleben mit dem Mann ausmache [...] und der unsägliche Dünkel, mit dem das Bild der Frau [in Thomas Manns

> *Zauberberg*, E.W.] geschaffen worden war, ein Bild, das zu übernehmen viele Frauen sich genötigt sahen (ÄdW 3, 33),

trägt Züge der leidenschaftlichen Suche Bachmanns, »diese ganze Literatur abzutragen«, zu sprechen »wie ein Wahnsinniger, der die Fakultäten vermischt, aber zu wach ist, um noch an Kompetenzen zu glauben« (TKA 2, 12).

13 Peter Weiss. *Notizbücher 1971–1980*. Bd. 2. Frankfurt/M.: Suhrkamp, 1981, 743. Nachfolgend im Text angegeben als NB 2.

14 Den Vorbildcharakter von Donald Judds Arbeit im Moderna Museet bestätigte Gunilla Palmstierna Weiss nochmals in einem Schreiben vom 7. Oktober 2005 an die Autorin. Donald Judd sollte auch den Gedenkstein für Peter Weiss entwerfen – sein Tod kam allerdings einer Ausführung zuvor. Im Nachlaß finden sich Materialien, die auf das Interesse Peter Weiss' an der Minimal Art, insbesondere den Arbeiten Donald Judds, hinweisen.

15 Vgl. Schreiben von Gunilla Palmstierna-Weiss an die Autorin vom 7. Oktober 2005 (mit freundlicher Genehmigung der Verfasserin).

16 Vgl. David Raskin. »Judds moralische Kunst«. Nicholas Serota (Hg.). *Donald Judd. Das Werk*. Übers. v. Jürgen Blasius, Barbara Hess, Petra Trinkhaus. Köln: DuMont, 2004, 79–97, hier 92. Die Untersuchungen zum Zusammenhang zwischen Donald Judds und Peter Weiss' Kunst können hier nicht ausführlich dargelegt werden. Sie werden Gegenstand einer weiteren Publikation sein.

17 Wie enorm wichtig für Weiss die äußere Form des Romans war, läßt sich dem Schriftverkehr mit dem Suhrkamp Verlag entnehmen. Noch bevor Weiss das Manuskript vorgelegt hat, macht er in Briefen an Siegfried Unseld die formale Gestaltung geltend. Ebenso wie über den Romantext selbst zeigt sich Unseld irritiert angesichts dieses Begehrens. Beim Erscheinen des ersten Bandes schreibt er an Weiss:

> Du siehst, wir haben Deinen Wunsch erfüllt. Ich glaube, es ist eine Buchform, die ganz nach Deinem Geschmack ist. Irgendwie wirken Buchform und Typographie monumental. Aber auch das wolltest Du, es ist ja ein Monument Deines Lebens.

Brief v. 15. September 1975, Peter-Weiss-Archiv, Akademie der Künste Berlin, 4.2. Korrespondenz Nr. 1141. Die Sensibilisierung, die Weiss für die äußere Gestaltung seines Romanwerks im Suhrkamp Verlag erzeugt hat, geht auch hervor aus einem Schreiben von Elisabeth Borchers an Peter Weiss nach Erscheinen des 2. Bands:

> als die ersten Exemplare der ersten Bindequote eintrafen, war die Bestürzung groß: die Farbe des Leinen stimmt nicht mit jener der ersten Bindequote von Band I überein. Das Leinen der ersten Bindequote hat ein helleres Grau. Doch da dieses Leinen nicht mehr gefertigt wurde, mußten wir bereits bei den beiden Nachauflagen auf ein anderes Grau ausweichen. Und dieses Leinen nun wurde auch für Band II verwendet. Sollte es Käufer geben, die diese Nichtübereinstimmung reklamieren (und mit der Erklärung, daß das Leinen nicht mehr lieferbar ist, nicht zufrieden sind), bietet der Verlag den Umtausch an. Seien Sie also bitte nicht entsetzt, so verdrießlich es ist, [...].

Brief v. 20. September 1978, Peter-Weiss-Archiv, Akademie der Künste Berlin, 4.2. Korrespondenz Nr. 1144; Zitate mit freundlicher Genehmigung des Peter-Weiss-Archivs.

19 Vgl. dazu Sigrid Weigel. *Ingeborg Bachmann. Hinterlassenschaften unter Wahrung des Briefgeheimnisses*. Wien: Zsolnay, 1999, 35f.

Tabea C. Kretschmann

»Ein Buch über die Hölle« – Auschwitz-Diskurs und Dante-Rezeption in Ingeborg Bachmanns Roman *Malina*

»A book about Hell« Auschwitz Discourse and Dante Reception in Ingeborg Bachmann's Novel »Malina«

Ingeborg Bachmann's move from Vienna to Italy in 1953 marked the beginning of her persistent and intensive study of Italian literature. Dante Alighieri's (1265–1321) magnum opus »Divina Commedia«, in particular, was to have a major impact on her writing. Evidence of Bachmann's dialogue with Dante can be traced from her early prose of 1956 until her last novel, »Malina« (1971). There is, however, a paradigmatic shift in her references to Dante in the wake of the Auschwitz trials that took place in Frankfurt in 1963–1965. Using »hell« as a general metaphor, Bachmann, like many other German authors of that time, began to integrate allusions to Dante into a broader context of the Holocaust. Following a short synopsis of Bachmann's earlier allusions to Dante, this article analyses references to Dante in »Malina« in the context of discourses of the Holocaust.

1 Auschwitz-Diskurs und Dante-Rezeption im Umfeld der Frankfurter Prozesse (1963–1965)

> Auschwitz mit Dantes Inferno zu vergleichen ist fast eine Frechheit, falls nicht Unwissenheit mildernd ins Feld geführt werden kann. Im Inferno werden schließlich die »Sünden« von »Schuldigen« gesühnt. Dem Inferno folgen immerhin noch Purgatorio und Paradiso. Die Menschen in Auschwitz wären grauenhaft überfragt gewesen, wenn sie einem durchwandernden Dante hätten die Sünden aufsagen sollen, um deretwillen sie da gequält wurden. Und ihrer Qual folgte lediglich die Vernichtung.[1]

In seinem Artikel »Unser Auschwitz« aus dem Jahr 1965 wandte sich Martin Walser vehement gegen den Gebrauch der dantesken Höllen-Metaphorik, auf die im Kontext der sogenannten Lagerliteratur nach 1945 und insbesondere bei der Berichterstattung über die Frankfurter Auschwitz-Prozesse von 1963 bis 1965 auffällig häufig zurückgegriffen wurde.[2] Walser kritisierte damit einen Sprachgebrauch, bei dem Überlebende des NS-Terrors und Journalisten in ihren Texten immer wieder den Titel, einzelne Motive oder Szenen des ersten Teils der *Divina Commedia* Dante Alighieris (1265–1321) zitierten. In seinem *opus magnum* hatte der mittelalterliche Dichter in 100 Gesängen (*canti*) und mehr als 14.000 gereimten Versen die visionäre Jenseitsreise des fiktiven Wanderers Dante durch die Hölle (*Inferno*), den Läuterungsberg (*Purgatorio*) und das Paradies (*Paradiso*) beschrieben. Das danteske Inferno, in dem die Verdammten auf ewig ihre Sünden büßen, entwickelte sich in der Tradition der Weltliteratur zu einem Paradigma für die Darstellung von höchster Qual. Insbesondere in der Literatur nach Auschwitz wurde dann im Gestus des Vergleichs oder des Überbietens der Fiktion durch die Realität immer wieder auf das *Inferno* zurückgegriffen, um das, was in seiner Gesamtheit als unbeschreiblich und zugleich als Maximum an vorstellbarem Grauen galt, versprachlichen zu können. Der Standpunkt Martin Walsers hinsichtlich dieser Darstellungsweise des Holocaust war unmißverständlich, wie das Eingangszitat veranschaulicht: Der Rekurs auf die danteske Hölle müsse – so Walser weiter – grundsätzlich abgelehnt werden, da dieser erstens ein falsches Verständnis von Dante voraussetze. So verweise die an Dante angelehnte Metaphorik zwar auf die Grausamkeit der zu erleidenden Seelenqualen in Dantes *Inferno*; das unfaßbare Leid und die zu ertragende Tortur der KZ-Häftlinge in einem Zustand scheinbarer Zeitlosigkeit werde dabei mit dem Schicksal der Verdammten in der Unterwelt der *Divina Commedia* parallel gesetzt. Gleichzeitig lasse ein solcher Vergleich jedoch die prinzipielle Schuldigkeit der in der Hölle bestraften Sünder – die auf die Situation der NS-Opfer in Auschwitz gerade nicht übertragbar sei – außer acht. Zweitens werde durch eine solche Metaphorisierung die Judenvernichtung entrückt; sie verschwinde hinter einer bequemen, sehr offenen Formel und stehe einer intensiven – und sicherlich schwierigen – Auseinandersetzung mit der Vergangenheit im Wege. Und schließlich werde mit einem solchen Vergleich ein genuin christlich konnotierter Wortschatz nutzbar gemacht, der der Rede über das an Juden verübte Grauen unangemessen sei.

Gleichzeitig mit Martin Walsers Artikel erschienen in derselben Ausgabe des von Hans Magnus Enzensberger herausgegebenen *Kursbuchs* auch Peter Weiss' »Frankfurter Auszüge«, die als Gegenpol zur Walsers Kritik lesbar sind.[3] Die »Frankfurter Auszüge«, in denen Peter Weiss seine Beobachtungen bei den Frankfurter Prozessen verarbeitet, präfigurieren elementare Motive und literarische Verfahren seines großangelegten und langjährigen ›DC-Projekts‹. In diesem Projekt bemühte sich Weiss um die Reintegration und Neudeutung von Dantes *Divina Commedia* in seinem ›Schreiben nach Auschwitz‹; das in diesem Kontext entstandene Drama *Die Ermittlung* kam noch im selben Jahr, 1965, dem 700. Geburtsjahr Dantes, an sechzehn deutschsprachigen Bühnen zur Aufführung.[4] Durch die breite Rezeption von Weiss' Drama gewann die Debatte über die Legitimität der damals fast inflationär verwendeten Höllen-Metaphorik zusätzlich an Intensität. Der Hintergrund dieses literarhistorischen Diskurses, der sich zwischen den polaren Grundpositionen von Walser und Weiss aufspannte, ist die Folie, vor der im folgenden die Beschäftigung Ingeborg Bachmanns mit der *Divina Commedia* seit Mitte der 1960er Jahre genauer betrachtet wird.

2 Zur Dante-Rezeption im Werk Ingeborg Bachmanns vor *Malina* – ein Überblick

Auch Ingeborg Bachmann hat seit ihrer Übersiedelung nach Italien im Jahr 1953 in ihrem Schreiben in vielfältiger Weise auf das Hauptwerk Dante Alighieris Bezug genommen.[5] Dabei ist die Auseinandersetzung mit dem ›absoluten Text‹ des italienischen Bildungskanons, die in der Bachmann-Forschung bisher noch nicht eingehender untersucht wurde, meines Erachtens wesentlich tiefgreifender und umfangreicher, als bislang vermutet. Ohne in diesem Kontext eine detaillierte Analyse der Dante-Bezüge im Gesamtwerk Bachmanns bieten zu können, sei an dieser Stelle zumindest auf einige wichtige Zusammenhänge der Dante-Rezeption verwiesen, die dem Roman *Malina* vorausgehen.

Zunächst läßt sich die Auseinandersetzung mit der *Divina Commedia* anhand mehrerer poetologischer und biographischer Aussagen der Autorin belegen. In einem Brief an den Schriftsteller Hermann Kesten vom 8. September 1956, der im Archiv der Bayerischen Staatsbibliothek Monacensia in München verwahrt wird, konstatiert Bachmann beispielsweise: »Sonst bin ich sehr eifrig beim Lesen von Tasso und Ariost und Dante natürlich und vielem Schönen, und das auf den römischen Straßen aufgelesene Italienisch verwandelt sich in ein erleseneres.«[6] In einem Interview aus dem Jahr 1955 hebt sie die exemplarische Qualität der *Divina Commedia* hervor, wenn sie sagt: »Wenn ich etwa überlege, warum bei Ihrem größten Dichter – Dante – die zeitgenössischen Themata eine überzeitliche Bedeutung gewonnen haben, fällt mir auch nichts Besseres ein, als das Wunderbare festzustellen und hinzunehmen, daß dem Besonderen das Exemplarische mitgegeben ist.« (GuI, 11) Und schließlich nennt Bachmann in ihrer fünften Frankfurter Poetikvorlesung die *Divina Commedia* als ein Beispiel dafür, wie durch eine erneuernde Re-Lektüre kanonisierter Texte ein ›utopischer‹ Umgang mit Literatur geübt werden könne:

> An jedem großen Werk, sei es nun der ›*Don Quijote*‹ oder die ›*Divina Commedia*‹, ist für uns etwas verblüht, verwittert, es gibt einen Mangel, den wir selbst beheben dadurch, daß wir ihm heute eine Chance geben, es lesen und morgen lesen wollen – einen Mangel, der so groß ist, daß er uns antreibt, mit der Literatur als einer Utopie zu verfahren. (W4, 258f.)

Im Nachlaß der privaten Bibliothek Ingeborg Bachmanns fanden sich zudem drei verschiedene Exemplare der *Divina Commedia*, deren Existenz die Annahme von Bachmanns Dante-Lektüre zusätzlich stützen:[7] Zum einen besaß Bachmann eine zweisprachige, deutsch-italienische Ausgabe des *Inferno*, in der Übersetzung von Konrad zu Putlitz;[8] zum anderen eine italienische Gesamtausgabe mit Illustrationen von Sandro Botticelli;[9] und schließlich fand sich auch eine Gesamtübertragung von Karl Vossler, die im deutschsprachigen Raum lange eine der verbreitetsten Übersetzungen war.[10] Da der Bestand von Bachmanns Bibliothek der Forschung noch nicht zugänglich ist, kann die Intensität von Bachmanns Dante-Lektüre auf der Grundlage von Anstreichungen oder Randnotizen vorerst nicht nachvollzogen werden. Alle Indizien, die Rückschlüsse auf die Auseinandersetzung mit der *Divina Commedia* erlauben, werden sich daher allein aus einer gründlichen Analyse der literarischen Texte ergeben müssen.

Abgesehen von den genannten Selbstaussagen und Zeugnissen, die Bachmanns Dante-Kenntnis belegen, werden in ihren literarischen Texten – und dies insbesondere in jenen seit 1956–1957 entstandenen – Spuren der Dante-Rezeption deutlich. So finden sich vor allem im Hörspiel *Der gute Gott von Manhattan* und im Erzählband *Das dreißigste Jahr* vielfältige Hinweise auf Dante. Deren ›Qualität‹ reicht dabei von offensichtlichen und fast wörtlichen Zitaten (wie Passagen des Höllentores in *Der gute Gott von Manhattan)* über eher indirekte Anspielungen und Umschreibungen (z.B. auf die berühmte Paolo-und-Francesca-Episode, Inf. V, im selben Hörspiel) bis hin zu Motiven und nur indirekt erkennbaren Strukturprinzipien, die in Anlehnung an Dantes Werk gestaltet sind. In inhaltlicher Hinsicht werden die intertextuellen Bezugnahmen auf Dante – die sich stellenweise mit denen auf andere Werke und Autoren wie Robert Musils *Der Mann ohne Eigenschaften*, verschiedene Gedichte Paul Celans und Arthur Rimbauds *Une saison en enfer* überkreuzen – nutzbar gemacht, um Themen wie das Scheitern einer großen Liebe, Religions- und Kapitalismuskritik oder persönliche Krisensituationen im Sinne einer Midlife-Crisis (z.B. in der Erzählung *Das dreißigste Jahr*) auszugestalten und semantisch zu verdichten.

Als ein erstes Fazit dieses knappen und kursorischen Überblicks über die Dante-Rezeption in den Werken Bachmanns aus den 1950er Jahren läßt sich zunächst festhalten, daß ein Bezug der Dante-Reminiszenzen zur Thematik von Auschwitz für diese früheren Texte noch nicht feststellbar ist. Seit Mitte der 1960er Jahre, und damit vermutlich auch unter dem Eindruck der Frankfurter Prozesse und der in der Öffentlichkeit ausgetragenen Auschwitz-Debatte, zeichnet sich jedoch nicht nur für die inhaltliche und formale Seite in Bachmanns Werk, sondern auch in Bezug auf die Dante-Rezeption ein paradigmatischer Wechsel ab.[11] Innerhalb des *Todesarten*-Projekts wird dann, so meine These, auch bei Ingeborg Bachmann die Dante-Rezeption – und zwar insbesondere der polyvalente Begriff ›Hölle‹ – im Kontext des Auschwitz-Diskurses eingesetzt. Erste Züge dessen werden bereits im fragmentarisch erhaltenen *Buch Franza* erkennbar; deutlich sichtbar wird dieser Wandel besonders im 1971 publizierten Roman *Malina*, der im Mittelpunkt meiner weiteren Ausführungen stehen soll.

3 Die Dante-Bezüge im Roman *Malina*

Zweites Kapitel: »Der dritte Mann«

Der deutlichste Hinweis auf Spuren der *Divina Commedia* in *Malina* findet sich zunächst nicht in dem von der Autorin publizierten Roman selbst, sondern in einer textlichen Vorstufe zum *Todesarten*-Projekt. Dort heißt es: »Malina möchte schreiben, wie Musik ge<x...x> wird, (ist es Malina) Malina findet Dantes Inferno ein <<Mädchenpensionat>>, weil es der Vorstellung von Gut und Bös gehorcht.« (TKA 3.1, 13) Der Dichter Dante und sein *Inferno* werden hier explizit genannt: Malina lehnt Dantes *Inferno* ab, da ihm das System der Hölle als zu ›wohlgeordnet‹ erscheint. Ausgehend von dieser direkten Nennung des ersten Teils der *Divina Commedia* lassen sich auch in der Endfassung des Romans weitere Hinweise entdecken, die auf eine kritische Reflexion Bachmanns über Dantes *Divina Commedia* schließen lassen. Anders als in der Vorstufe sind diese jedoch nur mehr implizit erkennbar, da weder Dante selbst noch sein Werk oder gar einzelne Sequenzen wörtlich zitiert werden.

Als Ausgangspunkt einer Analyse der Dante-Rezeption in *Malina* eignet sich das zweite der insgesamt drei Roman-Kapitel, das mit »Der dritte Mann« überschrieben ist. Das namenlose weibliche Ich, das als Erzählerfigur den Roman bestimmt, befindet sich im zweiten Kapitel in einer existenziellen Krisensituation; die im ersten Kapitel dargestellte und als ›glücklich‹ bezeichnete Zeit mit ihrem Geliebten Ivan hat sich durch die Folgen einer gravierenden Traumatisierung des Ich, deren Ursachen unbekannt sind, als bedroht und nur scheinbar paradiesisch erwiesen. Im zentralen zweiten Kapitel des Romans geht es um den Versuch des weiblichen Erzähler-Ich, sich an die eigene Vergangenheit zu erinnern. Im Medium von Träumen und durch analytische Gespräche mit dem männlichen Gegenpart des Ich, Malina, der dennoch als mit dem Ich zusammengehörig erscheint, macht sich das Ich auf die Suche nach den Ursachen der eigenen Traumatisierung und Identitätszerstörung. Im Sinne einer Reise ins eigene Innere, wofür die Traumdramaturgie und der als innerer Monolog einer Person lesbare Dialog von Ich und Malina stehen, soll eine Befreiung vom Trauma erreicht und so ein Heilungsprozeß in Gang gesetzt werden. Die ca. 35 Träume des Ich drehen sich dabei um eine Vaterfigur, die auf unterschiedlichste Weise das Ich foltert und tötet; die Vaterfigur als ›dritter Mann‹ neben dem Geliebten Ivan und der männlichen Hälfte des Ich, Malina, wird als ›Schlächter‹ und ›Mörder‹ präsentiert (TKA 3.1, 563f.). Er kann als gesellschaftliche Macht, als das Zerstörerische in der Historie oder auch mit Kurt Bartsch als »Tor zur Geschichte, die im Ich [...] ihre Wirkung getan hat«,[12] gelesen werden. Letztlich sind es die fatalen Folgen von Faschismus, Kapitalismus und patriarchalen Gesellschaftsstrukturen, die Bachmann in einer sehr speziellen Sichtweise insgesamt und – jenseits einer rein ideologischen Faschismus-Definition im engeren Sinn – als eine Fortführung und Verwurzelung des Faschismus im Alltag der Nachkriegsgesellschaft begreift, die im Vater und in den Todesarten des Ich repräsentiert werden. Die Facetten und Konsequenzen dieses Bachmannschen Faschismus-Konzepts werden in den Träumen umkreist. Dabei werden im Text etliche Bilder, die symbolhaft für die NS-Greuel stehen, integriert; sie reichen von der Gaskammer über Assoziationen zu medizinischen Versuchen, elektrischen Stacheldraht, Verladerampen und Wachtürme bis zur SS-Uniform, die der Vater in der Schlußsequenz der Träume trägt. Mit diesen Zeichen, die durch intertextuelle Anspielungen insbesondere auf Paul Celan zusätzlich gestützt werden, dessen Freitod im Roman als Spätfolge von Auschwitz interpretiert wird, wird ein symbolhaftes Netz im Text ausgelegt, über das der Holocaust als ein Subtext (neben anderen) erinnert wird. Gerade in diesem zweiten Kapitel werden nun an markanten Stellen Bezüge auf das Werk Dantes sichtbar, die wie etliche der in der Nachkriegszeit entstandenen Texte und wie in der eingangs angesprochenen Auschwitz-Debatte der 1960er Jahre unter der Generalmetapher der ›Hölle‹ firmieren.

Einen ersten Ansatzpunkt zur Aufschlüsselung der Dante-Bezüge bietet folgende Passage aus dem dritten Traum des Kapitels »Der dritte Mann«, der direkt auf den Gaskammer-Traum folgt:

> Das Blau greift tiefer in mich hinein, in meinen Hals, und mein Vater hilft jetzt nach und reißt mir mein Herz und meine Gedärme aus dem Leib, aber ich kann

> noch gehen, ich komme ins erste matschige Eis, bevor ich ins ewige Eis komme, und in mir hallt es: Ist denn kein Mensch mehr, ist hier kein Mensch mehr, auf dieser ganzen Welt, ist da kein Mensch und unter Brüdern, ist denn einer nichts wert, und unter Brüdern! Was von mir da ist, erstarrt im Eis, ist ein Klumpen, und ich sehe hinauf, wo sie, die anderen, in der warmen Welt wohnen, und der Große Siegfried ruft mich, erst leise, und dann doch laut, ungeduldig hör ich seine Stimme: Was suchst du, was für ein Buch suchst du? Und ich bin ohne Stimme. Was will der Große Siegfried? Er ruft von oben immer deutlicher: Was für ein Buch wird das sein, was wird denn dein Buch sein?
>
> Plötzlich kann ich, auf der Spitze des Poles, von der es keine Wiederkehr gibt, schreien: Ein Buch über die Hölle. Ein Buch über die Hölle!
>
> Das Eis bricht, ich sinke unter dem Pol weg, ins Erdinnere. Ich bin in der Hölle. Die feinen gelben Flammen ringeln sich, die Locken hängen mir feurig bis zu den Füßen, ich spucke die Feuer aus, schlucke die Feuer hinunter. (TKA 3.1, 505f.)

Das »Buch über die Hölle« ist der zunächst deutlichste Hinweis auf Dante, und zwar auf den ersten der drei Teile der *Divina Commedia*, das *Inferno*.[13] Auch wenn dieser Satz in der Forschung als Reminiszenz an Jules Amédée Barbeys d'Aurevillys *Les Diaboliques* und Arthur Rimbauds *Une saison en enfer* interpretiert wurde,[14] hat bereits Jens Brachmann – so wie ich das auch tun möchte – diese Stelle als Dante-Allusion verstanden.[15] Eine Mehrfachkonnotierung der Textstelle ist jedoch gemäß der Bachmannschen Kompositionsmethode plausibel.

Das hier genannte »Buch über die Hölle« korrespondiert mit dem gegenüber Ivan im ersten Kapitel geäußerten Plan des erzählenden Ich, ein ›schönes Buch‹, ein Buch der Freude und des ›Exsultate Jubilate‹ schreiben zu wollen (TKA 3.1, 335). Bedingt durch die Traumatisierung des Ich, die im Verlauf des ersten Kapitels immer deutlicher wird und die sich schließlich in den Träumen des zweiten Kapitels manifestiert, ist es dem Ich nicht mehr möglich, dieses schöne Buch zu schreiben; es bleibt nur noch das Buch mit der Überschrift »Todesarten«, das sich unter anderem in Form des zweiten Romankapitels als Höllen-Buch konkretisiert. Diese Gegenüberstellung eines nicht mehr realisierbaren ›schönen‹ Buchs mit dem posttraumatischen »Buch über die Hölle« kann dabei – neben einer Anlehnung an Franz Kafkas Brief an Oskar Pollak vom 27. Januar 1904[16] – auch als eine auf die Prosa übertragene Auseinandersetzung mit Theodor W. Adornos kritischer Stellungnahme zu einer Lyrik nach Auschwitz in seiner Schrift »Kulturkritik und Gesellschaft« (1951) verstanden werden.[17]

Der Begriff ›Hölle‹ wird in diesem Kontext mehrfach deutbar: Mit der Metapher der ›Hölle‹ ist zum einen die Vergangenheit des Ich gemeint, die zu seiner Traumatisierung führte und über die es schreiben will; zugleich weist die Metapher auch auf den gegenwärtigen krisenhaften Zustand des Ich. ›Hölle‹ meint somit als Generalmetapher den Zustand des Leids, das das Ich erfahren hat und gegenwärtig empfindet und das in den Träumen zur Tortur stilisiert wird. Gleichzeitig unterstreicht der Bezug auf die von Dante beschriebene Jenseitswelt die Verlagerung des traumhaften Geschehens an einen ›anderen Ort‹ und in eine ›andere Zeit‹ abseits einer punktuell datierbaren Realität, worauf die Einleitung des Traumkapitels in Kontrast zum ersten und letzten Kapitel verweist, die in Wien und im Heute angesiedelt sind:

> Der Ort ist diesmal nicht Wien. Es ist ein Ort, der heißt Überall und Nirgends. Die Zeit ist nicht heute. Die Zeit ist überhaupt nicht mehr, denn es könnte gestern gewesen sein, lange her gewesen sein, es kann wieder sein, immerzu sein, es wird einiges nie gewesen sein. (TKA 3.1, 501)

Folgt man der Spur weiter, die von diesem leitmotivischen Ausruf »Ein Buch über die Hölle!« zu Dante führt, so lassen sich im Umfeld der genannten Textstelle noch weitere Dante-Anspielungen auflösen. Noch bevor das Ich ins ›erste Eis kommt‹, heißt es: »[...] mein Vater hilft jetzt nach und reißt mir mein Herz und meine Gedärme aus dem Leib, aber ich kann noch gehen [...].« (TKA 3.1, 505) Auch bei dieser Bildlichkeit kann das mittelalterliche Versepos als Prätext angenommen werden: Dantes Inferno ist als trichterförmiger Hohlraum unter der Erdoberfläche gedacht, der sich in neun konzentrischen Kreisen bis zum Erdmittelpunkt erstreckt. Luzifer, der gefallene Erzengel, hatte – so die Vorstellung Dantes – bei seinem Sturz in die Tiefe wie ein Meteorit einen riesigen Krater in die Erde gerissen (die spätere Hölle), wobei die dabei verdrängten Erdmassen auf der gegenüberliegenden Seite der Erdkugel als Insel aus dem Ozean herausragen und den Läuterungsberg bilden. Im neunten von zehn Gräben im achten Höllenkreis begegnet Dante nun den Zwietrachtstiftern, die in der deutschen Übersetzung Hermann Gmelins folgendermaßen beschrieben werden:[18]

> Und wer zerrissen zeigte seine Glieder
> Und wer verstümmelt, wäre gar nichts gegen
> Die Art der Leute in dem neunten Graben.
> Ein Faß, das Spund und Dauben hat verloren,
> Ist nicht so aufgerissen wie dort einer,
> Der war zerschlitzt vom Kinn bis an die Lenden.
> Zwischen den Beinen hing das Eingeweide,
> Das Herz lag offen, nebst dem traurigen Sacke,
> Der das, was man verzehrt, in Kot verwandelt.
>
> E qual forato suo membro e qual mozzo
> Mostrasse, ad agguagliar sarebbe nulla
> Il modo della nona bolgia sozzo.
> Già veggia, per mezzul perdere o lulla,
> Com 'io vidi un, così non si pertugia,
> Rotto dal mento infin dove si trulla:
> Tra le gambe pendevan le minugia;
> La corata pareva e il tristo sacco
> Che merda fa di quel che si trangugia.
>
> (Inf. XXVIII, 19–27)

Gemäß der dantesken, an das mittelalterliche Rechtssystem angelehnten *legge del contrappasso*, wonach die Sünder im Inferno entweder in Analogie oder in Umkehrung ihrer Schuld bestraft werden, erscheinen die Zwietrachtstifter als ewig gespaltene Wesen, deren Wunden stets von neuem aufgerissen werden. Trotz der schwersten Verletzungen, die den verdammten Seelen immer wieder zugefügt werden, können sich die Schattengestalten in Dantes Inferno bewegen.[19] In sehr ähnlicher Bildlichkeit wie bei Dante wird auch das Ich in der zitierten Sequenz beschrieben. Dem Ich, das im Roman neben Malina als die weibliche Hälfte einer gespaltenen Person auftritt, werden wie den Zwietrachtstiftern Herz und Gedärme herausgerissen; dennoch bleibt es bewegungsfähig.

In der genannten Passage aus dem dritten Traum des Ich ist weiterhin immer wieder vom Eis die Rede: »ich komme ins erste matschige Eis, bevor ich ins ewige Eis komme [...]«; »Was von mir da ist, erstarrt im Eis, ist ein Klumpen, und ich sehe hinauf, wo sie, die anderen, in der warmen Welt wohnen [...]«; »Das Eis bricht, ich sinke unter dem Pol weg, ins Erdinnere. Ich bin in der Hölle. Die feinen gelben Flammen ringeln sich, die Locken hängen mir feurig bis zu den Füßen, ich spucke die Feuer aus, schlucke die Feuer hinunter.« (TKA 3.1, 505f.) Das Eis spielt auch in Dantes Höllen-Topographie eine prominente Rolle: Im neunten und letzten Kreis der Hölle, dem tiefsten Punkt im Erdinneren und zugleich dem Gott fernsten Ort, den der Dichter Dante in den Gesängen XXXII-XXXIV der ersten *cantica* beschreibt, büßen die Verdammten der schwersten Sünde, des Verrats, ihre Höllenstrafe. Wie Luzifer selbst sind die Seelen im Eissee des Cocytus in alle Ewigkeit eingefroren (Gmelin I, 378f.):

> So steckten bis zur Scham, ganz blaugefroren,
> Die schmerzenvollen Schatten in dem Eise,
> Die Zähne klappernd nach der Art der Störche.
> Ein jeder senkte sein Gesicht nach unten,
> Der Mund bezeugt' die Kälte, und des Herzens
> Betrübnis gab das Auge zu erkennen. [...]
>
> Der Herrscher über jenes Reich der Schmerzen
> Hob mit halber Brust sich dort aus dem Eise. [...]
>
> Livide, insin là dove appar vergogna
> Eran l'ombre dolenti nella ghiaccia,
> Mettendo i denti in nota di cicogna,
> Ognuna in giù tenea volta la faccia:
> Da bocca il freddo, e dagli occhi il cor tristo
> Tra lor testimonianza si procaccia. [...]
>
> Lo imperador del doloroso regno
> Da mezzo il petto uscìa fuor della ghiacca; [...]
>
> (Inf. XXXII, 34–39; XXXIV, 28–29)

Das Eis, das wie alle topographischen Elemente in Dantes Jenseitswelt symbolisch aufgeladen ist, steht hier bildlich für die absolute Gefühlskälte durch die größte Entfernung zur Liebe Gottes, die im *Paradiso* durch Licht- und Feuermetaphorik unterstrichen wird, und für höchste Trauer, da das Eis des Cocytus aus Tränenwasser gespeist wird.[20] In den zitierten Textausschnitten finden sich nun parallel zu Dante neben der Eismetaphorik der Hinweis auf die ewige Dauer (»ins ewige

Eis«) und die menschliche Erstarrung im Eis (»Was von mir da ist, erstarrt im Eis«).[21]

An späterer Stelle des Romans *Malina* wird in einem weiteren Traum die Eismetapher noch einmal – und, wie zu vermuten steht, ebenfalls mit Dante-Bezug – aufgegriffen:

> Mein Vater erklärt der Zariza, daß auch mein Mitschuldiger sich ausziehen müsse und so lange mit den Wassern aus der Donau und aus der Newa begossen werde, bis wir beide Eisstatuen werden. [...] jeder denkt, daß Bardos, der unschuldig ist, mitschuldig ist, weil man anfängt, die Ströme eisigen Wassers über uns zu gießen. [...] Ich kann nicht mehr um das Leben von Bardos bitten. Ich werde zu Eis. (TKA 3.1, 539f.)

Neben der dantesken Strafe der Erstarrung im Eis – die an dieser Stelle des Romans sogar mit dem Begriff der (Mit-)Schuldigkeit enggeführt wird – ist insbesondere der Hinweis auf die Donau und den russischen Fluß Newa interessant, denn Dante erwähnt bei der Beschreibung des Cocytus ebenfalls explizit die Donau sowie den russischen Fluß Don (Gmelin I, 378f.):

> Da wandt ich mich und sah vor meinen Augen
> Und mir zu Füßen einen See, der hatte
> Vom Frost die Form des Glases, nicht des Wassers.
> In ihrem Lauf ist nicht so dick bezogen
> Zur Winterszeit in Österreich die Donau
> Und nicht der Don dort unterm kalten Himmel,
> Wie hier der See, [...].
>
> Per ch'io mi volsi, e vidimi davante
> E sotto i piedi un lago che per gelo
> Avea di vetro e non d'acqua sembiante.
> Non fece al corso suo sì grosso velo
> Di verno la Danoia in Osterric,
> Nè Tanaì là sotto il freddo cielo,
> Com'era quivi; [...].
>
> (Inf. XXXII, 22–28)

Daß die österreichische Autorin sich von diesem einzigen Verweis auf Österreich und die Donau in der *Divina Commedia* angesprochen fühlte und ihn in dieser Form re-integrierte, ist gut denkbar.

Mit Blick auf das vorhergehende *Malina*-Zitat ist schließlich auch das Erdinnere, in das das Ich in traumhafter Verschiebung von der Spitze des Pols rutscht und das mit der Hölle als unter der Erde liegender Raum verbunden wird, als ein Hinweis auf Dante zu verstehen (»Das Eis bricht, ich sinke unter dem Pol weg, ins Erdinnere. Ich bin in der Hölle.«). Auch bei Dante ist die Hölle, wie gezeigt, als Ort unter der Erdoberfläche gedacht. Das Bild des ›im Erdinnern, in der Tiefe Seins‹ wie auch des ›anderen‹ Ortes, an dem sich das Ich befindet, wird bereits durch den Hinweis »und ich sehe hinauf, wo sie, die andern, in der warmen Welt wohnen«, angedeutet. Auch

Dante wendet, als er den neunten Höllenkreis erreicht, zunächst den Blick zurück nach oben, bevor er sich der Eislandschaft zuwendet und diese betrachtet.[22]

Auch wenn für die nach dem Eis genannten Flammen kein bestimmter Gesang im *Inferno* als Vorlage benannt werden kann, gehört das Feuer zum Grundbestand von Unterweltsvorstellungen und findet sich auch bei Dante.[23] Das Feuer steht in der *Divina Commedia* nicht nur sinnbildlich für die Liebe Gottes, sondern es wird gemäß dem Gesetz des *contrappasso* zu einem Instrument der Strafe bei direkt gegen Gott und die katholische Kirche gerichteten Vergehen, wenn die Gotteslästerer im Feuerregen gemartert werden (Inf. XIV) oder die Simonisten kopfüber in Felsenlöchern stecken, aus denen ihre brennenden Füße herausragen (Inf. XIX). Feuer und Eis sind also bei Dante und Bachmann mit ihren ins Extrem gesteigerten Temperaturen Mittel der Folter.

Insgesamt läßt sich für die bisher zitierten und besprochenen Abschnitte festhalten, daß in Verbindung mit der großen Metapher der Hölle, die dem Traum-Kapitel im Sinne eines ›Buches über die Hölle‹ leitmotivisch eingeschrieben ist, weitere Bezüge zu Dante feststellbar sind. Dies sind vor allem die Topographie des unter der Erdoberfläche liegenden Höllenraumes sowie die Motive der körperlichen Gespaltenheit und der Bestrafung durch Vereisen. Mit den Anspielungen auf den achten und neunten Höllenkreis, die auch in *Malina* in vergleichbarer Weise wie in der *Divina Commedia* chronologisch aufeinander folgen (zuerst werden die körperlichen Verletzungen genannt, dann die polare Eislandschaft), wird zunächst ein Weg in die absolute Tiefe suggeriert; dem entspricht auch die Steigerung vom »ersten matschigen Eis« hin zum »ewigen Eis«, in das das Ich vordringt. So wird für das Ich im Roman über die Bezugnahme auf den untersten Höllenkreis angedeutet, daß es sich in der ›tiefsten Tiefe‹ als maximaler Steigerung der persönlichen Krise wie der Traumatisierung befindet.

Nachdem im Anschluß an die oben zitierte Sequenz ein kurzer Dialog zwischen Malina und Ich zwischengeschaltet ist, in dem die Ebene der Träume verlassen und die Frage verhandelt wird, wer denn der ›Vater‹ sei, wird der Text mit einer weiteren Traumpassage fortgesetzt:

> Mitten in der Nacht wimmert das Telefon leise, es weckt mich mit Möwenschreien, dann fauchen die Düsen der Boeingmaschinen darin. Der Anruf kommt aus Amerika, und ich sage, erleichtert: Hallo. Es ist finster, es knistert um mich herum, ich bin auf einem See, in dem das Eis zu tauen anfängt, es war der tief-tiefgefrorene See, und ich hänge jetzt mit der Telefonschnur im Wasser, nur an diesem Kabel noch, das mich verbindet. Hallo! Ich weiß schon, daß es mein Vater ist, der mich anruft. Der See ist vielleicht bald ganz offen, doch ich bin auf einer Insel hier, die weit draußen im Wasser liegt, sie ist abgeschnitten, es gibt auch kein Schiff mehr. [...] Und während ich auf Antwort warte, sehe ich, wie verdüstert die Sonneninsel ist, die Oleanderbüsche sind umgesunken, der Vulkan hat Eiskristalle angesetzt, auch er ist erfroren, es ist das alte Klima nicht mehr. [...] Die Insel geht unter, man kann es von jedem Kontinent aus sehen, während weitergelacht wird. Mein Vater ist zum Theater gegangen. Gott ist eine Vorstellung. (TKA 3.1, 508f.)

Während in der vorher besprochenen Passage zunächst nur von einer Eislandschaft und einem Pol die Rede war, wird in dieser Sequenz die Topographie als See nun explizit gemacht; sie verdichtet den motivischen Bezug zum dantesken Eissee Cocytus durch das Adjektivattribut »tief-tiefgefrorene«, welches zum einen die absolute Kälte, zum anderen die räumlich absolut tiefe Lage impliziert, die auch den See am Grunde des Höllentrichters kennzeichnet. Das Ich befindet sich nun auf einer Insel, die als »Sonneninsel« beschrieben wird, was mehrere Deutungsmöglichkeiten eröffnet. Zunächst fällt der Gegensatz im Gebrauch der Lichtmetaphorik auf: Die Sonneninsel ist mit Helle konnotiert, wohingegen sich das restliche Szenario in der Nacht – als Zeit der Träume – abspielt. Sowohl die Nacht als auch die Dunkelheit sind bei Dante topische Metaphern zur Beschreibung der Hölle;[24] die Dunkelheit entspricht der ewigen Verdammnis ohne Erlösung und ohne Hoffnung auf einen Aufstieg in die von Licht und Sonne geprägten Jenseitsbereiche des Purgatoriums und Paradieses.[25] Die Sonneninsel im Roman kann über diese Lichtmetaphorik und in Opposition zur Dunkelheit also als eigentlich positiv konnotierter anderer Ort verstanden werden, der zugleich Erlösung verspricht, wie das auch beim dantesken Läuterungsberg der Fall ist – einem Berg, der sich ähnlich der Sonneninsel als Insel aus dem Meer erhebt, und zu dem die Seelen mit einem von Engeln geführten Schiff gebracht werden. Allen im Purgatorium befindlichen Seelen steht nach einer gewissen Zeit an diesem Ort der inneren Reinigung die sichere Aufnahme ins Paradies bevor. Die Sonneninsel des Romans, die zugleich Platons wie Morus' Inselstaaten und vielleicht auch Campanellas *Città del sole* als Orte utopischer Glückseligkeit anklingen läßt und, vermittelt über die Oleanderbüsche, Züge einer mediterranen Insel trägt (vgl. ähnlich unter anderem im Hörspiel *Die Zikaden*), wird im Text jedoch in einem Zustand der Bedrohung geschildert: Die Insel wird »verdüstert«, sie ist »abgeschnitten«, »es gibt auch kein Schiff mehr« und »der Vulkan hat Eiskristalle angesetzt«. Die Insel, die eine mögliche Rettung des Ich symbolisiert, geht schließlich in den Wassern des aufgetauten infernalischen Eissees unter. Damit wird auch die Erreichung einer künftigen paradiesischen Existenz des Ich, die es ja durch die Aufarbeitung der Vergangenheit in den Träumen zu erlangen versucht, negiert. Während das Paradies, und damit das Vertrauen auf einen gerechten und liebenden Gott für Dante noch ein selbstverständlicher Bestandteil seines wohlgeordneten mittelalterlichen und in der christlichen Religion tief verwurzelten Glaubens ist, stellt sich die Situation des Ich in Bachmanns Roman nur mehr als eine von jeder Erlösungshoffnung abgeschnittene Existenz dar. Im Gegensatz zum Wanderer Dante, der unter Gottes Führung den Weg von der Hölle und aus der eigenen Sündhaftigkeit zum Paradies vollziehen kann, ist das Ich in *Malina* auf sich selbst zurückgeworfen; im Kontrast zu der christlich geprägten Weltsicht Dantes resümiert das Ich daher: »Gott ist eine Vorstellung.«

Betrachtet man die genannten Dante-Hinweise im zweiten Kapitel im Zusammenhang des Romanganzen, ergibt sich folgendes Bild: Der fiktiven Person Dante der *Divina Commedia* gelingt es, seine Jenseitsreise als Weg von der Hölle über den Läuterungsberg ins Paradies zu vollenden. Während der Wanderer dabei als Beobachter auftritt, der in Gesprächen mit verschiedenen Führerfiguren und Jenseitsgestalten des Gesehene befragt und kommentiert, wird er selbst fast unmerklich einer inneren Läuterung unterzogen. So ist ihm am Ende seiner Reise der Zutritt ins Paradies möglich. Dantes visionärer Weg, der mit den berühmten Anfangsversen beginnt: »Grad in der Mitte unsrer Lebensreise / Befand ich mich in einem dunklen Walde, / Weil ich den rechten Weg verloren hatte«,[26] kann in einer allegorischen Lesart als Weg ins Innere und als ein psychischer Reinigungsprozeß gedeutet werden, der ihn aus einer persönlichen Krise in der Lebensmitte befreit. Die Geschichte des Ich in *Malina* verhält sich dazu umgekehrt; in einem dialogischen Bezug zu dem Werk Dantes sehe ich das Ich auf einem Weg von einer scheinbar paradiesischen Zeit der Liebe zu Ivan, die sich durch die Traumatisierung des Ich als ein gefährdeter Zustand erweist, hin zu den Träumen der Vergangenheit, die als Hölle dargestellt sind. Obwohl auch Dantes metaphysische Reise oft als visionärer Traum interpretiert wurde, ist Dantes Traumwelt ein Kosmos absoluter göttlicher Ordnung. Demgegenüber sind die Übergänge zwischen den Orten und Zuständen in den Träumen des Ich abrupt und irrational. Dantes Ordnung wird nur fragmentarisch übernommen, die paradoxen Verschiebungen sind vielmehr Ausdruck der inneren Verstörung ohne äußeren Halt. Bei der Wendung ins Innere, das als psychische Hölle erfahren wird, ist das Ich nicht nur beschreibender Beobachter wie Dante, sondern selbst Opfer vielfältiger Gewalt. Das repetierende Nacherleben der vergangenen Zustände und die Gespräche mit der ›Führerfigur‹ Malina sollen dem Ich eine Läuterung vergleichbar dem Purgatorium und damit eine Rückkehr ins ›Paradies‹ ermöglichen. Diese scheitert letztlich jedoch; das Paradies findet daher im Roman keine Darstellung. Die Gründe für dieses Scheitern sind in der Geschichte des Ich zu suchen, die mit den mehr als 30 Träumen umschrieben wird. Ob die Anzahl der Träume dabei ebenfalls als Bezugnahme auf die 34 Gesänge in Dantes *Inferno* zu sehen ist, könnte überdacht werden.

Prolog und erstes Kapitel: »Glücklich mit Ivan«

Vor dem Hintergrund der Befunde zum zweiten Kapitel des *Malina*-Romans lassen sich nun auch einzelne Textstellen aus dem Prolog, dem ersten und dem letzten Kapitel als intertextuelle Bezugnahmen auf die *Divina Commedia* interpretieren. Im Prolog leitet der Satz »Ich fuhr nur durch diese Nacht, [...] der untersten Nacht entgegen« (TKA 3.1, 296) zum Prozeß des Erinnerns an die eigene, die »dunkle Geschichte« (TKA 3.1, 292) über, an die sich das Ich im Laufe des Romans dann anzunähern versucht. Während Jens Brachmann diese Formulierung auf ein von Bachmann übersetztes Gedicht Giuseppe Ungarettis zurückführt,[27] glaube ich, daß diese Wendung zusätzlich einen Hinweis auf die im zweiten Kapitel integrierten Dante-Bezüge enthält. Wie gezeigt, ist die Nacht ein Topos der Höllenbeschreibung und kehrt auch in *Malina* insbesondere im Traum-Kapitel immer wieder.[28] Mit dem Motiv der Nacht wird einerseits auf die Zeit der Träume und auf die Verdunkelung der Psyche angespielt; andererseits kann der räumliche Superlativ »untersten« im Zusammenhang der Eisszene und damit des untersten Höllenkreises, des tiefsten Punkts im Inneren der Erde und – in einer allegorischen Lesart – des tiefsten Punkts des Ich gesehen werden. Der Satz weist damit implizit bereits auf die Anlage des zweiten Kapitels hin, worauf auch die Wiederaufnahme des Motivs am Ende der Traumszenen im zweiten Kapitel deutet. Die Vaterfigur tritt dort in verschiedenen Rollen auf, zuletzt als SS-Scherge, und schließlich heißt es: »[...] die Kostüme werden in der untersten Nacht getragen, blutbefleckt und zum Grauen.« (TKA 3.1, 564)

Insofern kann die erste Nennung des Motivs im Prolog des Romans deiktisch auf das Traum-Kapitel bezogen werden, in dem diese Bildlichkeit unter Berücksichtigung des Dante-Bezugs erst in ihrer vollen Bedeutung ausgebreitet wird.

Neben dieser kurzen Textstelle ist im ersten Kapitel auch eine Antwort des Ich im Mühlbauer-Interview explizit dantesk markiert:

> 4. Frage: ....?
>
> Antwort: Meine Lieblings-was? Lieblingsbeschäftigung, ganz richtig, sagten Sie. Ich bin nie beschäftigt. Eine Beschäftigung, die würde mich abhalten, ich verlöre auch noch den kleinsten Überblick, jeden Hinblick, ich kann mich absolut nicht beschäftigen in dieser Geschäftigkeit rundherum, Sie sehen sicher auch diese wahnwitzige Geschäftigkeit in der Welt und diese infernalischen Geräusche hören Sie doch, die von ihr ausgehen. Ich würde ja Beschäftigungen verbieten lassen, wenn ich es könnte, aber ich kann sie nur mir selber verbieten [...]. (TKA 3.1, 386)

Das Adjektiv ›infernalisch‹, das dem lateinischen *infernalis*, ›unterirdisch‹, entlehnt ist und dessen semantischer Gehalt im Deutschen vom kirchenlateinischen *infernus* bzw. dem italienischen *inferno*, ›Hölle‹, bestimmt ist, erscheint vor dem Hintergrund der bisherigen Lektüre ebenfalls als auf die *Divina Commedia* bezogen.[29] Da in Bachmanns Modell die Anfänge des Faschismus bis in den Alltag der modernen Welt hineinreichen und in deren kapitalistischen Strukturen mitbegründet sind, verweisen die hier genannten ›infernalischen Geräusche‹ auf die fast beiläufige Alltäglichkeit, in der dann die Traumatisierung des Ich ihren Ursprung hat, die später im Medium der Träume unter der Metapher der Hölle dargestellt wird. Daher erscheint nicht nur das innere Erleben des Ich, das in den Traum-Szenen dargestellt wird, als höllisch; auch auf der Ebene des realen, äußeren Lebens werden Elemente des Grauenhaften spürbar, die zugleich als mitverantwortlich für die Zerstörung des Ich gesehen werden können.

Beide zitierten Textstellen aus dem Prolog und dem ersten Kapitel des Romans, »Glücklich mit Ivan«, haben letztlich eine deiktische Funktion und verweisen auf das zweite Kapitel. Diese Textstellen sind im Sinne einer hermeneutischen Lektüre erst vor dem Hintergrund der Interpretation der Dante-Rezeption im Kapitel »Der dritte Mann« verstehbar und in ihrer ganzen Bedeutung erfaßbar.

Drittes Kapitel: »Von letzten Dingen«

Auch im Schlußkapitel des Romans, in dem die Ebene der Träume wieder verlassen wird, lassen sich schließlich zwei Textstellen als Rekurs auf Dante beziehen. So lautet die erste Passage:

> Jeder ältere Mann entsetzt mich, auch wenn er nur einen Tag älter ist, und ich würde es nie über mich bringen, ich würde mir lieber den Tod geben, als mich ihm anzuvertrauen. Das Gesicht allein, das sagt noch nichts. Ich muß die Daten wissen, ich muß wissen, daß er fünf Tage jünger ist, sonst werde ich heimgesucht von diesen Zweifeln, es könnten Angehörigkeiten bestehen, ich komme

> unter den größten Fluch, denn so könnte mir noch einmal etwas geschehen, und ich muß mich mehr und mehr fernhalten von der Hölle, in der ich schon einmal gewesen sein muß. Aber ich erinnere mich nicht. (TKA 3.1, 577f.)

Die Figur des Vaters, der als Folterer und Mörder in den Träumen das weibliche Ich quält, wird in dieser Passage erinnert, wenn von einem älteren Mann die Rede ist, mit dem das Ich in irgendeiner Weise verwandt sein könnte und dem sie daher nicht trauen kann. Gleichzeitig wird das Leitmotiv der Höllenerfahrung wieder aufgegriffen; diese Höllenerfahrung ist rückbezüglich als Erleben des Ich in der Vergangenheit, aber auch als die dieser Textstelle vorangehende Traumschilderung interpretierbar. Der Begriff ›Hölle‹ wird an dieser Stelle als Generalmetapher für die in den Träumen umkreiste, jedoch nie festgelegte Ursache für die seelische Krankheit des Ich verwendet; die Metapher dient so als Platzhalter für eine nicht *expressis verbis* faßbare Leerstelle, die dem Ich in der Erinnerung nicht bewußt zugänglich ist und die im zweiten Kapitel in einem zirkulären Prozeß umschrieben wird.

Die letzte Textstelle, die meines Erachtens im Kontext einer Untersuchung der Dante-Rezeption im Roman *Malina* berücksichtigt werden muß, steht wenige Seiten vor dem Ende des Romans. Das Ich kommt in der mit Malina geteilten Wohnung aus dem Bad und bemerkt, daß ihre Kleider verschwunden sind; nur zwei fast identische schwarze Kleider sind ihr geblieben. Das ältere Kleid trug das Ich, als es Ivan zum ersten Mal getroffen hat; wie eine Reliquie, das an die glückliche vergangene Zeit erinnert, wird es, in Folie gewickelt, aufbewahrt. Das andere, neue und von Malina geschenkte Kleid zieht sie an; nachdem es dem Ich unbekleidet zu kühl war, scheint sie im neuen Kleid nun zu zerschmelzen.[30] Im weiteren Verlauf heißt es:

> Es ist dieses Kleid, es kann nur an diesem Kleid liegen, ich weiß plötzlich, warum ich es nie anziehen konnte. Siehst du denn nicht, mir ist zu heiß in dem Kleid, man zerschmilzt darin, es muß eine zu warme Wolle sein, ist denn kein anderes Kleid mehr hier! [...] Ich gehe zurück ins Bad und schaue in den Spiegel, das Kleid knistert und rötet mir die Haut bis zu den Handgelenken, es ist furchtbar, es ist zu furchtbar, es muß ein höllischer Faden gewebt sein in dieses Kleid. Es ist mein Nessusgewand, ich weiß nicht, was in dieses Kleid gefahren ist. Ich wollte es nie anziehen, ich muß gewußt haben, warum.
>
> Und wie lange lebe ich schon mit diesem toten Telefon. [...] Wenn der Apparat schrillt, ruft, stehe ich manchmal noch auf mit einer unsinnigen Hoffnung, aber dann sage ich: Hallo? mit einer verstellten, tieferen Stimme, weil am anderen Ende immer jemand ist, den ich gerade nicht sprechen will oder kann. Danach lege ich mich hin und möchte gestorben sein. Aber das Telefon läutet heute, das Kleid scheuert meine Haut auf, ich gehe beklommen zum Telefon, verstelle meine Stimme nicht, aber wie gut, daß ich sie nicht verstellt habe, denn das Telefon lebt. Es ist Ivan. Es konnte ja nicht anders kommen, es mußte ja endlich Ivan sein. Nach einem Satz schon hat Ivan mich wieder erhöht, mich aufgehoben, meine Haut besänftigt, ich sage dankbar zu, ich sage ja. Ja, ja habe ich gesagt. (TKA 3.1, 674–676)

Textlich wie bildlich sind mit der Nennung des »Nessusgewandes«, in das »ein höllischer Faden gewebt« ist, zwei Bezüge miteinander verwoben. Zum einen verweist das Nessusgewand auf den antiken Mythos des Hercules, wie er unter anderem in Ovids *Metamorphosen* dargestellt ist: Als der Kentaur Nessus dessen Gattin Dëianira zu entführen versucht, verwundet ihn Hercules mit einem Pfeil tödlich; bevor Nessus stirbt, überreicht er Dëianira ein mit seinem Blut getränktes Gewand, das den künftigen Träger in Liebe entflammen soll. Als Dëianira einige Zeit darauf ihren Gatten der Untreue verdächtigt, läßt sie Hercules das Nessusgewand zukommen. Dieses erweist sich jedoch als vergiftet:[31]

> [...] da ward die Gewalt des Giftes geweckt; gelöst durch die Wärme,
> dringt, weithin sich verteilend, es ein in des Hercules Glieder.
> Tapfer wie stets unterdrückt er das Seufzen, solang er vermag, doch
> als die Geduld von den Schmerzen besiegt, da stößt den Altar er
> von sich und füllt mit dem Hall seiner Stimme die Wälder des Oeta,
> sucht das tödliche Kleid sogleich sich vom Leibe zu reißen:
> Doch, wo er reißt, reißt Haut es mit, und – gräßlich zu sagen –
> haftet entweder fest trotz allem vergeblichen Zerren
> oder zerfleischt seinen Leib, legt bloß die mächtigen Knochen.
> Wie wenn, glühend weiß, das Eisen getaucht wird in kaltes
> Wasser, so zischt und kocht im Brande des Giftes das Blut. Da
> gibt es kein Maß: sein Geweide verzehren die gierigen Flammen;
> dunkel fließt vom ganzen Leib ihm hernieder der Schweiß. Es
> zischen die Muskeln versengt. [...]
>
> incaluit vis illa mali resolutaque flammis
> Herculeos abiit late diffusa per artus.
> dum potuit, solita gemitum virtute repressit;
> victa malis postquam est patientia, reppulit aras
> inplevitque suis nemorosum vocibus Oeten.
> nec mora, letiferam conatur scindere vestem:
> qua trahitur, trahit illa cutem, foedumque relatu,
> aut haeret membris temptata revelli,
> aut laceros artus et grandia detegit ossa.
> ipse cruor, gelido ceu quondam lamina candens
> tincta lacu, stridit coquiturque ardente veneno.
> Nec modus est, sorbent avidae praecordia flammae,
> caeruleusque fluit toto de corpore sudor,
> ambustisque sonant nervi, [...]
>
> (Met. IX, 161–174)

Rasend vor Schmerz errichtet Hercules einen Scheiterhaufen und verbrennt sich schließlich selbst. Neben der Nennung des Nessusgewands – der Begriff meint im bildungssprachlichen Gebrauch allgemein eine verderbenbringende Gabe – sind es im Roman *Malina* vor allem der Hintergrund einer Liebesgeschichte und die Motive der zu großen Hitze, die das Ich in ihrem Kleid verspürt, das Verätzen der Haut und der eigene Todeswunsch, die mit dem antiken Mythos korrespondieren.

Zum anderen wird der Faden, aus dem der Stoff des Kleides gewebt ist, durch das Adjektivattribut ›höllisch‹ näher bestimmt, so daß hier antiker Mythos und Dante-Rezeption verschmelzen.[32] Deutet man die zitierte Roman-Passage vor dem Hintergrund beider intertextuellen Rezeptionsstränge, so ergibt sich folgendes Bild: Das schwarze Kleid, das über die Farbmetaphorik mit der Dunkelheit des Traum-Kapitels verbunden ist und das zugleich die Farbe des Todes trägt, stammt von einem Mann; es quält das Ich körperlich. Die bislang innerlich erlebten Torturen der Träume werden so am Ende des Romans ins Äußere gewendet, wofür die Nennung des ›höllischen Fadens‹ einerseits und das ›Nessusgewand‹ andererseits im Sinne einer impliziten Andeutung von Ursache und Wirkung stehen. Die psychische Hölle, die vor allem in den Träumen des zweiten Kapitels ausgestaltet ist, martert das Ich jetzt physisch und leitet den Prozeß seiner Auflösung ein. Die endgültige Zerstörung, die als (Selbst-)Vernichtung in Folge der vorherigen, von außen zugefügten Verwundungen geschieht, ist über die Anspielung auf den Mythos des Hercules bereits vorgezeichnet: Ohne daß das Ich von Ivan noch eine Rettung erwarten könnte, nehmen die Feindseligkeiten mit Malina zu. Das Ich verschwindet schließlich in einem Riß in der Wand und verstummt, während Malina die letzten Gegenstände und schriftlichen Hinterlassenschaften entsorgt. Am Ende des Romans wird mit dem Namen die Identität und Existenz des Ich vollständig ausgelöscht.

4 Fazit: Die Dante-Bezüge in *Malina* vor dem Hintergrund der Auschwitz-Debatte

Abschließend lassen sich die Befunde im Kontext der Dante-Rezeption im Auschwitz-Diskurs so deuten:

Erstens: Zunächst bleibt festzuhalten, daß auch Ingeborg Bachmann, wie so viele ihrer Zeitgenossen, im Roman *Malina* und damit in ihrem ›Schreiben nach Auschwitz‹ auf Dante Alighieris *Divina Commedia* als Prätext rekurriert. Der Name des mittelalterlichen Autors bleibt dabei ebenso unerwähnt wie der Titel seines Hauptwerkes; beide zitiert die Schriftstellerin jedoch noch in einer Vorstufe des Textes. Die Allusionen in der Druckversion des Romans werden dagegen nicht in Form von wörtlichen oder auch nur annähernd wörtlichen Zitaten vorgenommen; vielmehr werden topographische Elemente, einzelne Bilder und Motive übernommen und vor allem der große Begriff der ›Hölle‹ anzitiert. Deutet man dann diese im Roman verstreuten intertextuellen Hinweise, die sich stellenweise mit denen auf andere Autoren kreuzen, in ihrer Bezugnahme auf die *Divina Commedia*, so übernehmen sie im Text vor- oder zurückweisende Funktionen und stützen den auf der Ebene des Literalsinns manifesten Bedeutungsgehalt des Textes zusätzlich. Sie lassen sich als eine kritische zeitgenössische Antwort auf das mittelalterliche Werk und zugleich als produktive Stellungnahme zur Frage eines Schreibens nach Auschwitz interpretieren.

Zweitens: Obwohl Bachmann schon in früheren Werken den Text Dantes für sich nutzbar gemacht hat, ist für den Roman *Malina* insofern ein Paradigmenwechsel feststellbar, als hier erstmals deutlich die Dante-Rezeption mit der Faschismus-Auseinandersetzung – in Bachmanns erweitertem Verständnis – und dem Holocaust enggeführt wird. Es bleibt festzuhalten, daß die Autorin somit ein Charakteristikum des Sprachgebrauchs in der Auschwitz-Debatte, der in der Höllen-Metapher kulminierte, ebenfalls in ihr Schreiben integriert hat.

Drittens: Während in der Lagerliteratur der Begriff ›Hölle‹ meist gebraucht wurde, um die sonst sprachlich nicht faßbare Lagerrealität beschreibbar zu machen, erfährt er im Roman *Malina* eine inhaltliche Erweiterung: Als ›infernalisch‹ werden sowohl äußere gesellschaftliche Zustände gesehen, die der spezifischen Faschismus-Konzeption Bachmanns entsprechen, wie auch zusätzlich die Auswirkungen dieser äußeren Einflüsse auf die psychische und physische Verfassung des Individuums. Auch dieser Zustand der Zerstörung des Individuums wird – im Unterschied zu den meisten literarischen Zeugnissen anderer Autoren – unter dem Begriff ›Hölle‹ subsumiert und im zweiten Kapitel des Romans als ›Höllenbuch‹ konkretisiert.

Viertens: Während die Figur Malina in der zitierten Vorstufe des Textes gerade die systematische, rationale Ordnung von Dantes Jenseitswelt kritisiert, in der gemäß einer mittelalterlich-christlichen Weltsicht »Gut und Bös« eindeutig verortet werden können, wird diese Ordnung durch die traumhaft-zirkuläre Schreibweise im zweiten Romankapitel unterwandert. Die Eindeutigkeit der Trennung von Schuld und Unschuld, gut und schlecht wird im Rückgriff auf die Sprache des Unbewußten und Irrationalen negiert, das Verhältnis von Schuld und Strafe bleibt dabei ambivalent und im Dunkeln. Obwohl eine (Mit-)Schuldigkeit des Ich suggeriert wird, wird das Vergehen nicht konkretisiert; das Verhältnis von Ich und Vater schwankt zwischen Opferrolle und erotischer Anziehung, die Folter und Ermordung des Ich zwischen Willkür und Strafe. Auf der textlichen Ebene wird zudem das christliche Welt- und Gottesbild insgesamt in Zweifel gezogen, wenn in diesem Kontext Gott als ›Vorstellung‹ bezeichnet wird.

Fünftens: Wie in vielen Beispielen der Lagerliteratur und in etlichen Berichten über die Auschwitz-Prozesse wird bei Bachmann die ›Hölle‹ schließlich zu einer Generalmetapher für die im Text umschriebene Leerstelle als Ursache der Traumatisierung der Hauptfigur, an die eine klare, argumentative Sprache und Verstehen nicht mehr heranreichen. Auch bei Bachmann wird also die von Walser kritisierte Vagheit im Gebrauch der Höllen-Metaphorik feststellbar. Dennoch wird hier – und das ließe sich gegen die Kritik Walsers anführen – diese Unschärfe nicht nur im Gebrauch der Höllen-Metapher, sondern in den Träumen überhaupt sehr bewußt eingesetzt, um so im Romanganzen das Andere, als nicht konkret faßbare Ursachen und Folgen des Faschismus, das in historischen und rational argumentierenden Untersuchungen zum Holocaust unberücksichtigt bleibt, darstellbar zu machen. Dabei kann auch eine Parallele gezogen werden von Bachmanns Rückgriff auf die Sprache des Unbewußten zu der von Adorno praktizierten Hinwendung zur Rhetorik und Essayistik in der Philosophie, die so auf die Verunsicherung der rationalen Begrifflichkeit durch die Irrationalität von Auschwitz reagiert.[33]

Mit den hier gezeigten intertextuellen Bezügen tritt Ingeborg Bachmann letztlich in einen produktiven Dialog mit einem um etwa 700 Jahre älteren und seit langem kanonisierten Text der Weltliteratur. Wo für den mittelalterlichen Dichter Dante die prinzipielle Möglichkeit einer Läuterung von Schuld und einer Erlösung des rechtgläubigen Menschen im Paradies besteht, erweist sich das weibliche Roman-Ich im Kontext einer säkularen und rationalisierten Moderne als unrettbar. Eine Erlöserfigur – personifiziert als Gott, Vater, Ivan oder Malina – gibt es genauso wenig wie eine Befreiung vom Trauma selbst. Die Zerstörung des Subjekts durch die Geschichte wird auf der Ebene des gesamten Romaninhalts durch das Verschwinden in der Wand dargestellt; auf der Ebene des Dante-Bezugs wird dies in der Bildlichkeit der untergehenden Sonneninsel und in der Kreuzrezeption mit dem antiken Hercules-Mythos vorgezeichnet. Der Zustand des Subjekts in der modernen Welt nach Auschwitz läßt sich daher in einer gemeinsamen Lektüre von Bachmann und Dante und im Sinne einer zeitgenössischen Antwort auf den mittelalterlichen Text charakterisieren als:

Paradise lost.

Anmerkungen

1 Martin Walser. »Unser Auschwitz«. *Kursbuch* 1 (1965), 189–202, hier: 190f.

2 Vgl. hierzu die materialreiche Studie von Thomas Taterka. *Dante Deutsch. Studien zur Lagerliteratur.* Berlin: Erich Schmidt, 1999.

3 Peter Weiss. »Frankfurter Auszüge«. *Kursbuch* 1, 152–188.

4 Wie in der Forschung hinreichend bekannt, wurde nur *Die Ermittlung*, die strukturell an Dantes *Paradiso* angelehnt ist, tatsächlich von Weiss publiziert, wohingegen das Drama *Inferno* als erster Teil der Trilogie erst postum 2003 aus dem Nachlaß veröffentlicht wurde. Peter Weiss. *Inferno. Stück und Materialien.* Frankfurt/M.: Suhrkamp, 2003.

5 Weder in ihrem Werk noch in dem in der Wiener Staatsbibliothek verwahrten und für die Forschung zugänglichen Teil des Nachlasses finden sich Hinweise auf eine produktive Dante-Rezeption, die vor 1953 zu datieren wäre.

6 Der Brief findet erstmals Erwähnung bei Sigrid Weigel. *Ingeborg Bachmann. Hinterlassenschaften unter Wahrung des Briefgeheimnisses.* München: dtv, 2003, 155, Anm. 41. Zitiert mit freundlicher Genehmigung der Erben Ingeborg Bachmanns und der Bayerischen Staatsbibliothek Monacensia, München.

7 Die folgenden Angaben zu den Ausgaben der *Divina Commedia* finden sich in TKA 2, 467.

8 Dante Alighieri. *La Divina Commedia / Die Göttliche Komödie. Cantica Prima / Erster Teil: Inferno / Die Hölle.* Deutsch von Konrad zu Putlitz unter der Mitwirkung von Emmi Schweitzer. Leipzig: Tempel Klassiker, o.J.

9 Dante Alighieri. *La Divina Commedia.* Con 36 illustrazioni fuori testo di Sandro Botticelli. A cura di Onorato Castellino. Torino, 1946.

10 Dante Alighieri. *Die Göttliche Komödie.* Deutsch von Karl Vossler. München, 1969.

11 Detailliertere Ausführungen zum (kultur-)historischen und gesellschaftlichen Hintergrund von Bachmanns Schreiben finden sich unter anderem in: Monika Albrecht. »Bachmann und die Zeitgeschichte«. Monika Albrecht, Dirk Göttsche (Hgg.). *Bachmann-Handbuch. Leben – Werk – Wirkung.* Stuttgart, Weimar: Metzler, 2002, 237–258.

12 Kurt Bartsch. *Ingeborg Bachmann.* Stuttgart: Metzler, ^{2}1997, 147.

13 Beachtenswert ist, daß hier neben Dantes *Divina Commedia* noch ein zweiter mittelalterlicher Text erinnert wird. Meines Erachtens kann der ›Große Siegfried‹ nicht nur als Verweis auf den Verleger Siegfried Unseld verstanden werden (Jens Brachmann. *Enteignetes Material. Zitathaftigkeit und narrative Umsetzung in Ingeborg Bachmanns »Malina«.* Wiesbaden: Deutscher Universitätsverlag, 1999, 247); vielmehr liegt hier wohl auch eine intertextuelle Anspielung auf das um 1200 im Donauland zwischen Passau und Wien entstandene *Nibelungenlied* vor. In *Malina* sind motivische Parallelen zwischen dem *Nibelungenlied* und der *Legende der Prinzessin von Kagran* hinsichtlich der Drachentöterlegende, des Donaulands und der Vorsehung des Todes feststellbar. Als Siegfried im Blut des getöteten Drachens badete, das ihn vor Verletzungen

schützen sollte, bedeckte ein Lindenblatt eine Hautstelle – an dieser Stelle wurde er später von Hagen tödlich verwundet; ein vertrocknetes Blatt dient im Roman als Symbol für den Tod des ›Fremden‹ aus der Kagran-Legende.

14 Vgl. Dirk Göttsche. »›Die Schwarzkunst der Worte‹ – Zur Barbey- und Rimbaud-Rezeption in Ingeborg Bachmanns *Todesarten*-Zyklus«. *Jahrbuch der Grillparzer-Gesellschaft*, 3. Folge 17 (1987–1990), 127–162.

15 Vgl. Brachmann, *Enteignetes Material*, 247.

16 Vgl. ebd., 104f.

17 Theodor W. Adorno. *Gesammelte Schriften in zwanzig Bänden*. Hg. von Rolf Tiedemann. Bd. 10/1: *Kulturkritik und Gesellschaft I*. Frankfurt/M.: Suhrkamp, 1977, 11–30.

18 Dante Alighieri. *Die Göttliche Komödie*. Italienisch und Deutsch. Bd. I-VI. Band I: Erster Teil. *Inferno – Die Hölle*. Übers. und komm. von Hermann Gmelin. München: dtv, 1988, 330f. (im folgenden im Text mit der Sigle »Gmelin« belegt).

19 Zur Vorstellung der Seelen als Schattengestalten in Dantes Jenseitswelt vgl. Georges Güntert. »Dantes schattenwerfender Körper und die Schattenleiber der Seelen«. *Deutsches Dante-Jahrbuch* 70 (1995), 47–69.

20 Vgl. den Kommentar von Hermann Gmelin:

> Der *contrappasso* des Verrats ist ihm [Dante] in analogischer Folgerung Frost und Eis, Sinnbild der Erhärtung des Herzens als Strafe in alle Ewigkeit. So hat er im Innersten der Hölle nicht Feuer, sondern Eis angenommen, letzte Kälte in äußerster Ferne von Sonne und Gnade. Vielleicht hat ihn das Bibelwort Apokal. IV, 6: *Et in conspectu sedio tamquam mare vitreum simile crystallo*, zu der Idee des Eissees angeregt. (Gmelin IV, 458).

21 Zur Parallele des bei Bachmann genannten ›Pols‹ und der dantesken arktischen Landschaft vgl. Hermann Gmelin:

> Die Landschaft der Eishölle ist wie alle Höllenlandschaften eine potenzierte Erdenlandschaft, eine in die Hölle versetzte Polarlandschaft, sei es daß Dante eine solche intuitiv erschaut hat, sei es daß er, wie A. BASSERMANN, Dantes Spuren [...] annimmt, sie nach dem Erlebnis des Zirknitzer Sees mit dem schroff emporragenden Javornik in den Julischen Alpen geschaffen hat. (Gmelin IV, 459)

22 Vgl. Inf. XXXII, 16–22.

23 Georges Minois. *Hölle. Kleine Kulturgeschichte der Unterwelt*. Freiburg u.a.: Herder, 2000.

24 Das Motiv der Dunkelheit durchzieht das Inferno insgesamt. Vgl. allein im dritten Gesang: Inf. III, 23: »l'aer senza stelle« (»in einer sternenlosen Nacht«); Inf. III, 29: »quell' aura senza tempo tinta« (»In diesen zeitlos trüben Lüften«); Inf. III, 87: »nelle tenebre eterne« (»In ewige Finsternis«).

25 Zur Lichtmetaphorik vgl. u.a. Sebastian Neumeister. »Poetischer Glanz. Licht und Lichtvergleiche im *Paradiso*«. Lutz S. Malke (Hg.). *Dantes »Göttliche Komödie«. Drucke und Illustrationen aus sechs Jahrhunderten*. Berlin: Kunstbibliothek, 2000, 63–79.

26 Inf. I, 1-3: »Nel mezzo del cammin di nostra vita / Mi ritrovai per una selva oscura / Chè la diritta via era smaritta.«

27 Vgl. das Gedicht *Tutto ho perduto / Alles habe ich verloren* (W 1, 590f.):

> Alles habe ich verloren / Und nie mehr werde ich / In einem Schrei mich verlieren. // Die Kindheit habe ich begraben / In der untersten Nacht, / Und jetzt, ein unsichtbares Schwert, / Trennt sie mich von allem // [...].

Vgl. Brachmann, *Enteignetes Material*, 228.

28 Vgl. u.a. Purg. I, 44-5, wo Dante vor seinem Weg ins Purgatorium befragt wird:

> Wer führt' euch her, und was war eure Leuchte, / Da ihr aus jener tiefen Nacht entkommen, / Die ewig schwarz erfüllt das Tal der Hölle? (Chi v'ha guidati? O che vi fu lucerna, / Uscendo fuor della profonda notte / Che sempre nera fa la valle inferna?) (Gmelin II, 8f.)

29 Vgl. das Lemma ›infernalisch‹ in Friedrich Kluge. *Etymologisches Wörterbuch*

der deutschen Sprache. Bearb. von Elmar Seebold. 24., durchges. u. erw. Aufl. Berlin, New York: de Gruyter, 2002, 439.

30 Eine Anlehnung an die durch Eis- und Feuer-Metaphorik gestalteten extremen und quälenden Bedingungen im dritten Traum des zweiten Kapitels könnte vermutet werden.

31 Zitiert nach: Publius Ovidius Naso. *Metamorphosen*. Lateinisch – deutsch. In deutsche Hexameter übertragen von Erich Rösch. Hg. von Niklas Holzberg. Darmstadt: Wissenschaftliche Buchgesellschaft, 1996, 326–329.

32 Dante greift in seinem Werk selbst auf Ovids *Metamorphosen* als Quelle zurück. Er integriert dabei verschiedene Gestalten, die aus dem Hercules-Mythos bekannt sind: Sowohl Nessus wird genannt, der Dante und Vergil auf seinem Rücken über den brodelnden Blutstrom trägt, in dem die Diebe Höllenqualen leiden (Inf. XII), als auch Cerberus (Inf. VI) und der Riese Antäus, der Dante und Vergil auf den Grund der Hölle, den Cocytus, hinabsetzt (Inf. XXXI). Die beiden letztgenannten Gestalten hatte Hercules bei den ihm gestellten ›Arbeiten‹ (*athloi; parerga*) überwältigt.

33 Vgl. u.a. Sven Kramer. »›Wahr sind die Sätze als Impuls ...‹. Begriffsarbeit und sprachliche Darstellung in Adornos Reflexion auf Auschwitz. *Deutsche Vierteljahresschrift* 70 (1996), 501–523.

Von Versuchen der Kriegsbewältigung zum Postkolonialismus

Anne Fuchs

Trauma or History? The End of World War II in Margret Boveri's *Tage des Überlebens*

Trauma oder Geschichte? Das Ende des Zweiten Weltkriegs in Margret Boveris »Tage des Überlebens«

Dieser Artikel setzt sich mit zwei dominanten Varianten des Gedächtnisdiskurses in den Geisteswissenschaften auseinander, einmal dem oft unkritischen Gebrauch des Begriffs »postmemory«, zum zweiten der damit verbundenen inflationären Verwendung von Traumatheorien im gegenwärtigen Geschichtsdiskurs. Beide Paradigmen erscheinen als Reflex einer Gedächtniskultur, die zunehmend die subjektive Erfahrung von Geschichte als Trauma gegenüber der kognitiven Analyse der Vergangenheit privilegiert. Die kritische Lektüre von Cathy Caruths Buch »Unclaimed Experience« arbeitet die epistemologischen Grenzen dieser Konversion von Geschichte in eine Subkategorie der Trauma-Forschung heraus. Vor diesem theoretischen Hintergrund erfolgt schließlich die Lektüre von Margret Boveris »Tage des Überlebens« als Beispiel für eine alternative Verarbeitung von Krisenerfahrung. Boveris Tagebuch verarbeitet die Schlacht um Berlin nicht im Register der Traumatheorie, sondern vielmehr bedient es sich einer Karnevalisierungsstrategie, welche die Ambivalenz des Kriegsendes kommuniziert. Anstatt das Leiden an der Geschichte in den Vordergrund zu rücken, geht es der Autorin um die Inszenierung eines autonomen Beobachterstandpunktes, von dem aus die Ko-existenz widersprüchlicher geschichtlicher Impulse sichtbar wird.

I. Postmemory and Trauma Discourse

In his introduction to *Twilight Memories. Marking Time in a Culture of Amnesia* published in 1995, Andreas Huyssen draws an intriguing comparison with the fin-de siècle culture of the 19th century.[1] Citing Nietzsche, who in the second of his *Untimely Meditations*, had attacked the deadening archival fever of his age in favour of a new culture of life, Huyssen characterises the cultural crisis of our own time as the waning of historical consciousness. For Huyssen the arrival of the age of *posthistoire* – either lamented or celebrated – has to be seen in the context of recent massive technological innovations which foster the emergence of a globally available culture of simulation and synchronicity. Ironically, the disappearance of history is accompanied by an unprecedented memory boom which manifests itself both in national memory discourses and local contestations over cultural memory. The proliferation of memory debates in history workshops, families and in minority groups, who express their struggle for rights by contesting established memory claims, can hardly surprise: if memory is the *sine-qua-non* for all notions of selfhood and otherness, then the concern with memory must go beyond the official political and cultural spheres. As Maurice Halbwachs's by now classic studies have shown, people acquire, recall, and negotiate their memories in society.[2] In the words of Aleida Assmann, recent memory debates in the wider public show that historiography can no longer provide a unifying and privileged frame for the analysis of the past.[3] However, the social embeddedness of an omnipresent memory culture still begs the question how, in the words of Huyssen, we »evaluate the paradox that novelty in our culture is ever more associated with memory and the past rather than with future orientation«.[4] Huyssen proceeds to answer this question with reference to the massive transformations of our daily world in terms of the information society. In this context, the ongoing memory boom represents the attempt »to slow down information processing, to resist the dissolution of time in the synchronicity of the archive, to recover a mode of contemplation outside the universe of simulation and fast-speed information and cable networks, to claim some anchoring space in a world of puzzling and often threatening heterogeneity, non-synchronicity, and information overload«.[5]

Huyssen's is a very compelling argument. Looked at from his angle, the memory boom of our time would be a welcome antidote against the virus of the channel-flicking culture which achieves the erasure of history and experience by eradicating precisely those notions of spatial and temporal distance that have defined modernity until recently. In so far as the immediacy of images in the so-called global village suggests that all times and places can be accessed instantly, globalisation does indeed produce a worrying derealisation of our world.[6] Against this bleak picture of an amnesic culture the memory boom appears as a socially and politically significant intervention which articulates society's fundamental need to safeguard the temporality of the past. The emergence of a pluralistic memory culture which – at least in principle – can be shaped by all actors in society draws attention to the importance of experience and subjectivity; furthermore, this new pluralism would authenticate the individual's experience of history as the locus where history really takes place.

In what follows I wish to explore some of the potential pitfalls of the memory paradigm. I will question to what extent the memory boom of our age can really be understood as an effective »contestation of the informational hyperspace«[7] or whether it is rather evidence of the ongoing erasure of history which Huyssen diagnosed so elegantly in his afore-mentioned collection. The opportunities and limits of the memory paradigm seem to me to be telescoped in two of its most prevalent versions: first, the postmemory discourse which conceptualises the transition from history's eyewitnesses to more mediated forms of memory; and, second, the discussion of historical experience in the register of mimetic trauma theory. Both paradigms reinforce each other: while trauma theory is now commonly discussed in terms of its intergenerational long-term effects, the notion of postmemory first emerged in the context of Holocaust memory. »Postmemory«, writes Marianne Hirsch,

> is distinguished from memory by generational distance and from history by a deep personal connection. Postmemory is a powerful and very particular form of memory precisely because its connection to its source or object is mediated not through recollection but through imaginative investment and creation.[8]

One of the more problematic implications of this widely cited definition is the implicit suggestion that postmemory provides a more powerful memory discourse than history or even the accounts of eye-witnesses. This implicit privileging of an imaginary investment of the past by subsequent generations is a reflection of Hirsch's concern with the subject-position of the children of Holocaust survivors whose lives are often affected by intergenerational trauma. The notion of postmemory is thus an extension of the idea that traumatic memory is always belated and symptomatic and, second, that the process of working-through is necessarily delayed. Jonathan Long argues that »this shifts epistemological authority from the first to the second generation, which implicitly devalues the first generation's experience while also hollowing out [...] the subjectivity of the second generation and replacing it with the effects of the previous generation's trauma.«[9] One could perhaps contend that the second and subsequent generations only manage to work through transgenerational trauma precisely by adopting a self-reflexive position towards the past which maps the self's experience of history onto the trauma narrative of previous generations. A good example of such self-reflexive postmemory work is Art Spiegelman's *Maus I* and *Maus II*: Hirsch argues that the multiple mediations that characterise the cartoon form an »aesthetic strategy« which provides »affirmation of identity as construction«.[10] This means that the second generation is not just a passive vessel for the transmission of the first generation's experience but co-author of a collaborative narrative which, in this instance, is told by father and son.[11] However, Long's suspicion that this privileges the second generation epistemologically is borne out by Hirsch's analysis of *Maus*: although she describes the relationship between Art Spiegelman and his father in terms of a collaboration, the actual analysis of Spiegelman's aesthetic choices give far greater weight to the son's creative authorship above and beyond the father's testimony. Furthermore, Long rightly argues that Hirsch's focus on the family restricts the ideological scope of her concept: »Postmemory distinctly lacks explanatory force in situations where family matters are complicated by external socio-political factors and relations of power.«[12]

Without pursuing this discussion of postmemory further, suffice it to note that postmemorists embrace hyper-mediation and imagination as particularly productive ways of transmitting the past. Although postmemory draws substantially on the insights of trauma theory, the two paradigms appear to arrive at opposite conclusions about the important question as to what precisely constitutes historical truth. Postmemory ultimately invokes an aesthetic model of historical truth which licences creative authorship and, in terms of its confident representative claims, could almost be said to have its bedrock in the 19th century historical novel; at first sight mimetic trauma theory appears to go off into the opposite direction by privileging the literality of trauma as the real locus of historical truth. As Ruth Leys has shown in her incisive study *Trauma. A Genealogy*, the proponents of mimetic trauma theory hold that the sheer extremity of trauma produces a compulsive and repetitive condition in the victim as a real imprint of an event which defies cognitive assimilation.[13] In the eyes of such historical literalists, the supposed unrepresentability of trauma is an important stepping-stone for the idea that trauma registers history as it really occurred, a point to which I will return later. However, on closer reflection, the apparent contradiction between the postmemorists and historical literalists turns out to be the two sides of the same coin: for both paradigms prioritise what one might call feeling-structures over the traditional business of history, which is the representation of the past on the basis of documentary evidence and reconstruction.[14] Both postmemorists and historical literalists reject the modern privileging of cognition in the reconstruction of historical truth. Before exploring the dangers of what amounts to a demonisation of representation further, I will briefly exemplify the neat convergence of postmemory discourse and trauma theory with reference to one of the most iconic memory narratives of our times, W.G. Sebald's *Austerlitz*.

At one point in the narrative Austerlitz's history teacher André Hilary evokes the »zugleich glorreiche und schreckensvolle Epoche des napoleonischen Zeitalters« by dramatising the battle of the three Emperors in a manner that is highly reminiscent of Tolstoy.[15] The extended description of the battle of Austerlitz in *War and Peace* is written from the multiple points of view of his protagonists who are stationed in different positions on the battlefield. Tolstoy emphasises the difficulty of seeing and interpreting the unfolding events through recurring images of a thick fog which envelops the Russian army. However, it is not only external nature which makes perception of the battle difficult but also the complex interaction of an infinitesimal number of small factors that are beyond the plans of the military strategists. Like Tolstoy before him, Hilary adopts a multiple narrative viewpoint by enacting the movements of the various troops; and like Tolstoy before him, he employs a nature imagery which questions man's agency over history and turns war into a force of nature. Switching from narrative to dramatised re-enactment, Hilary thus manages to bring history, and especially his masterpiece, the battle of Austerlitz to life.

> Um sieben Uhr morgens, so Hilary, sagte Austerlitz, seien die Spitzen der höchsten Erhebungen aus dem Nebel aufgetaucht wie Inseln aus einem Meer, und während sich nach und nach die Helligkeit über den Kuppen vermehrte, habe der milchige Dunst drunten in den Tälern zusehends sich verdichtet. Gleich einer langsamen Lawine seien die russischen und österreichischen Truppen von den Bergseiten heruntergekommen und bald, in zunehmender Unsicherheit über das Ziel dieser Bewegung, an den Abhängen und in den Wiesengründen herumgeirrt, während die Franzosen in einem einzigen Ansturm die halb schon verlassenen Ausgangspositionen auf den Pratzener Höhen gewannen, von wo sie dann dem Feind in den Rücken fielen. Hilary malte uns ein Bild aus von der Anordnung der Regimenter in ihren weißen und roten, grünen und blauen Uniformen, die sich im Verlauf der Schlacht zu immer neuen Mustern vermischten wie die Glaskristalle in einem Kaleidoskop.[16]

Clearly, this vivid re-enactment has the effect that any history teacher can only dream of: Austerlitz tells us that the students not only saw the cannonballs flying and the glint of the bayonets in the first rays of sunshine, but that they also felt whole ranks of men collapsing beneath the surge of the oncoming force.[17] However, in spite of the enormous impact on his audience, in the end Hilary deconstructs his Tolstoyian pastiche: we are told that all such historical representation is a hopeless affair in that it always resorts to set pieces which only reproduce those stereotypical images that have already been imprinted on our brains.[18] His critique of the stock-in-trade rhetoric of historical narrative questions the effect of a representational discourse which simply posits a mimetic relationship between the *res gestae* and the *historia rerum gestarum*, and by doing so ultimately erases the otherness of the past. He concludes that the truth lies »irgendwoanders, in einem von keinem Menschen noch entdeckten Abseits«.[19] Hilary is the mouthpiece for his author who dismisses the cognitive appropriation of the past as a screen memory which only services the repression of historical truth. It is in line with this that in the course of the narrative Austerlitz arrives at the painful realisation that his own archival research about Europe's architectural history and the constant accumulation of archival knowledge have produced nothing but »ein ersatzweises, kompensatorisches Gedächtnis«[20] which bars access to the traces of a buried past that incessantly haunts him in the present.[21] History is no longer understood in terms of the representation of the *res gestae* but rather as the recovery of the unmastered phantoms and ghosts of a repressed past. If the domain of history is the uncanny and the return of the repressed, then doing history converges with the therapeutic task of tracing those traumatic imprints that disrupt the present. This also explains why most of Sebald's protagonists are survivors of history's accumulating catastrophes. They find in Sebald's narrator a kind of therapist who helps them take possession and control of their traumatic (post)memories. The Tolstoyian rendition of the battle of Austerlitz and its ensuing toppling can thus be read as a meta-episode which articulates the rationale for Sebald's aesthetic of indirection and of the oblique. Exploring the gap between the *res gestae* of history and the *historia rerum gestarum*, Sebald advocates a poetic of historical abstentionism, a kind of phantomology which favours absence over presence, loss over gain.

The iconic status of Sebald's narrative is thus not just the result of his readership's appreciation of his undoubted literary qualities, but it is also a reflection of our increasingly consensual memory culture which currently champions non-cognitive approaches to the past. Against this background I now want to turn to mimetic trauma theory as a key driver in the ongoing re-conception of history as recovery of a repressed past.[22] The literalist version of trauma theory radicalises the non-symbolic nature of trauma in such a way that trauma is no longer primarily seen as a painful and compulsive condition produced by a wound that, without therapeutic intervention, continues to haunt and assail the self. Instead trauma is viewed as a socially and politically significant challenge by the Real to the symbolic order as such. A widely cited advocate of mimetic trauma theory in the humanities is Cathy Caruth who in her book *Unclaimed Experience*, uses Freud's reading of Tasso's *Gerusalemme liberata* in *Beyond the Pleasure Principle* and his *Moses and Monotheism* as foundational narratives which convert history into trauma.[23] Caruth manages to turn a clinical category, trauma, into a universalised model of historical analysis by reading Freud's trauma theory as a theory of the crisis of witnessing and referentiality. She insists that »it is here, in the […] widespread and bewildering encounter with trauma – both in its occurrence and in the attempt to understand it – that we can begin to recognize the possibility of a history that is no longer straightforwardly referential (that is, no longer based on simple models of experience and reference)«.[24] Without explaining who these exponents of such simple models of experience and reference might be, Caruth proceeds to read Freud's *Moses and Monotheism* as a paradigmatic example of history as a history of trauma. Freud's highly speculative and hesitant narrative about the murder of Moses by his people, the repression of this event and the emergence of monotheism is taken as evidence of the displaced and latent nature of historical experience.[25] Caruth goes so far as to align the displacement and latency of trauma with the literality of the historical event. She writes:

> If return is displaced by trauma, then this is significant insofar as its leaving – the space of unconsciousness – is paradoxically, precisely what preserves the event in its literality. For history to be a history of trauma means that it is referential precisely to the extent that it is not fully perceived as it occurs; or to put it somewhat differently, that a history can be grasped only in the very inaccessibility of its occurrence.[26]

In this view, the truth of history is always latent, submerged and belated, history is repetitive and pathological; it is acted out compulsively. As Ruth Leys has shown in her persuasive critique of Caruth, the theoretical linchpin for this highly literalist version of trauma theory is a performative theory of language derived from Paul de Man.[27] According to Caruth, language succeeds in testifying to the traumatic horror only when the referential function of words begins to break down. Since for Caruth narration always runs the risk of betraying the truth, a mode of expression must be found that gives voice to the gaps in meaning as a direct emanation of the trauma. Unlike Freud, whose notion of »Nachträglichkeit« highlights the fictive dimension of traumatic repetition, Caruth defines trauma literally as the unmediated return of the traumatic event »as if trauma involved a linear determinism, or direct action, of the past on the present«.[28] Leys rightly cautions that Caruth's deconstructive trauma theory ends up resembling »an extremely literalist version of history as chronicle, conceived as a nonsubjective, nonnarrative, and nonrepresentational method of memorializing the past«.[29] Citing Amy Hungerford, she concludes that it is as if »representation is imagined as itself a kind of subject who risks murdering or distorting the moral truth of facts concerning the traumatic past, facts that should and do ›speak for themselves‹«.[30]

Both Ruth Leys and Sigrid Weigel have independently shown that this transferral of a clinical category into the historical field depends on a number of misreadings of Freud. Most prominent is Caruth's highly willful interpretation of Freud's reading of Tasso in *Beyond the Pleasure Principle* which makes »victimhood unlocatable in any particular person and place, thereby permitting it to migrate or spread contagiously to others«.[31]

The conversion of history into trauma is based on a set of epistemological operations which collapses history into psychoanalysis: in order to achieve this conversion the status of the lost object in historiography is structurally aligned with the psychoanalytic concept of latency and »Nachträglichkeit«.[32] Second, both fields of enquiry are seen to study the relationship between knowing and not-knowing.

Because modern historiography has traditionally favoured the positivist knowledge of history – so goes the argument – it now needs to reflect on that which has been elided from its narrative or forgotten. Third, both disciplines are seen to be open to contamination by the analyst's/historian's own preoccupations through transference.[33]

The debate of what should follow once we recognise the limitations of certain forms of historical enquiry is one thing, the abandonment of historical enquiry in favour of a symptomatology à la Caruth is quite another. Historians are unlikely to subscribe to her sweeping reading of history as trauma because, ultimately, this position results in an ontologisation of trauma which dehistoricises historical experience. Caruth's version of history as trauma proposes not so much a mode of historical enquiry but the performance of trauma through modes of writing which, like Sebald's, favour the unsaid, the oblique, synecdoche, metonymy and so on over discursive expression. Her categoric assertion that history can be grasped »only in the very inaccessibility of its occurrence« turns historical enquiry into a performance which aims at entertaining a mimetic relationship to the traumatic event by way of the gaps and breaks in discourse. Ironically, this deconstructivist vision of history as trauma is a remake of the Naturalists's dream of a language that wants to register reality as it occurs. While the experiments of the Naturalists ran up against the insight that the gap between the word and the world cannot be closed even by the most radicalised form of mimesis, Caruth suggests that the gaps and fissures in discourse do actually indicate the literal presence of trauma. This conveniently ignores the fact that silences, fissures and other disruptions of discursive language can of course be part of a rhetoric of indirection which skilfully evokes the phantoms of the past through a range of tropes. The highly stylised register of Sebald's postmemory narratives is a case in point. Rather than proving the literal presence of trauma, Sebald's poetic of the oblique runs the risk of aestheticising the painful traces of history that his narratives attempt to evoke.[34] Dominick LaCapra has rightly warned against current trends to

> convert trauma into the occasion for sublimity, to transvalue it into a test of the self or the group and an entry into the extraordinary. In the sublime, the excess of trauma becomes an uncanny source of elation or ecstasy. Even extremely destructive and disorienting events, such as the Holocaust [...] may become occasions of negative sublimity or displaced sacralization.[35]

One last note of caution: a number of historians have recently embraced the idea that historical accounts of extreme violence should produce a secondary traumatisation in the recipient because such a practice would ensure that the extremity of trauma is experienced by subsequent generations.[36] As previously argued, this dilutes the concept of trauma by turning it into a universally shared experience. In addition, this raises the ethical consideration that a deliberate secondary traumatisation is not compatible with the therapeutic aim of psychoanalysis. In clear contrast to such fetishisation of the ahistorical nature of unassimilated trauma, Dori Laub makes a strong case for the working-through of trauma. In his experience as a practicing psychoanalyst working with Holocaust survivors, Holocaust witnessing aims at replacing the inner post-traumatic landscape of emptiness with a coherent narrative that allows the traumatised self to ground itself in the here and now. For Laub such working-through of trauma necessarily involves the historicisation of the traumatic event.[37]

II. The Carnevalisation of the End of World War Two in *Tage des Überlebens*

Against the backdrop of current trauma theory Margret Boveri's account of the end of the war in the Berlin of 1945 makes curious reading.[38] Set between 3 February 1945 and January 1946, *Tage des Überlebens,* first published in 1968, documents the final days of the Third Reich in a register which is at odds with the notion of history as trauma. Instead of scripting the end of the war in terms of an incomprehensible trauma narrative, Boveri's book emplots the dissolution of the social order as an enabling adventure that mobilises the individual's faculties in the interest of survival. Conceived as a counter-narrative to the ›Germans as victims of war‹ paradigm which governed Germans' self-perception in the 1950s, *Tage des Überlebens* employs – as I attempt to show – a deliberate strategy of carnevalisation which, while giving expression to the bottom-up experience of history, equally emphasizes the need for a historical and political perspective on the unfolding events. For some, the author's geopolitical analysis of the postwar world order and her unquestioned belief in self-reliance make her a highly unfashionable if not problematic figure. One could argue that *Tage des Überlebens* is written in the very register which Bachmann calls the »schlechte Sprache« (W 4, 268) of journalism because the book never deals with the issue that National Socialism might have ruined the German language once and for all. Furthermore, in terms of its identity politics the book constructs an autonomous self which is largely unaffected by the violence surrounding it. In spite of these apparent shortcomings it seems to me, however, that *Tage des Überlebens* offers a compelling alternative to the fashionable emplotment of history as trauma.

The first chapter, entitled »Szenarium«, sets the scene by giving a detailed account of the genesis of the narrative as well as of the reasons for its late appearance in 1968. Boveri explains that originally she had been hesitant to publish the book during her lifetime since she did not want it to be instrumentalised for anti-Soviet propaganda during the Cold War. Instead of providing an account of German suffering at the end of the war, her narrative explicitly aims to overcome the prejudices between Germans and Russians which had been fuelled by the anti-Soviet propaganda of the Third Reich and then reinforced during the war when the Wehrmacht raided Russia, tormented the Russian population and starved millions of Russian PoWs (31). For Boveri the Russian occupation of Berlin and the accompanying frenzy must therefore be seen in terms of historical cause and effect: although the introduction acknowledges that the »Siegesrausch« (31) of the Russians in 1945 was a traumatising event for the Germans, the author objects, however, to both the decontextualisation of this historical fact and its exaggerated appropriation in the Cold War narrative. Attacking the Western world for using the Soviet occupation of Berlin for Cold War propaganda purposes, Boveri is highly critical of West Germany's postwar politics of Western integration which, in her view, only helped to copper-fasten the division of Europe and Germany.

In addition to these geopolitical reflections, the opening chapter provides the reader with extended biographical and historical background information: although

Boveri had an American mother, she did not emigrate in the 1930s but continued to work as a journalist, primarily as a foreign correspondent for the *Frankfurter Zeitung*.[39] Returning to Berlin in 1944 after several posts abroad, she wrote about American foreign policy for *Das Reich* while chronicling the end of the war in letters and postcards that were intended for her family and friends. However, the introductory chapter does not leave these biographical facts uncommented: in contrast to the Thirties and early Forties when she viewed her decision to work as a journalist as an act of resistance from within the system (13–14), twenty years later she evaluates this position as evidence of her entrapment in a mindset which she describes in the metaphor of a box blocking access to the bigger view (16). Re-reading her original letters and postcards, Boveri now finds herself confronted with »dem fremden Bild eines Wesens, das ich selbst war« (29). The book is thus conceived not only in terms of an authentic account of the experience of the end of the war but as a form of critical revisionism which provides a representation of the changing mentalité of the postwar period. For Boveri the publication of her book is only justified if it manages to communicate both the events of 1945 and »den Geisteszustand, in dem eine eingeschlossene große Stadt sie aufnahm, verarbeitete, verdrängte und verwandelte« (30). Her aim to contribute to a history of mentalité is further reflected in her editorial practice of including full dates, and adding later explanatory annotations and historical comments in round and square brackets. While comments in round brackets were made in September 1945 when Boveri copied the original material for the first time, square brackets refer to editorial corrections that were made prior to the publication. Insertions in italics provide a running historical commentary from the perspective of 1966/67 which she deems necessary to objectify the text at a time »in der trotz allen Entspannungsbemühungen Reste von Aggressionshaltungen aus dem Kalten Krieg sich zäh am Leben halten« (30).

It is important to emphasize at this juncture that Boveri's policy of critical revisionism does not involve the editing out of her original views; it consists rather in a dialogic intervention from the point of view of the present. A good example of this strategy occurs in the context of various rape stories and looting episodes after the Russians' taking of Berlin. At one point in the narrative the Boveri of 1945 comments:

> So wie man die Eigenschaften einer Katze aufzählt und sammelt, so geht es uns mit der Spezie Russe. […] Ihre Stimmen so laut und unbeherrscht, von weitem kenntlich, auch wenn man keine Worte, keine Sprache erkennt, nur den etwas schreienden Ton; ihr Gesang, immer dasselbe Lied, von nah und fern, ein Lied offenbar mit unendlich vielen Strophen; wir kennen es alle; manche könnten schreien, wenn sie es hören. (229)

Boveri does not erase or tone down these anti-Russian sentiments which are clearly fuelled by anti-Bolshevik images of the National Socialist period. Instead she employs the passage as a citation of her former mindset which is framed by a longer commentary from the point of view of the present. Reflecting on the profound alienation from her former self, she tries to contextualise the original passage with reference to the collective behaviour of a defeated and defensive German population:

> Diese Sätze finde ich heute schockierend, obwohl mir bewußt ist, daß dieselbe Art von Verhaltensforschung in bezug auf die Mitmenschen alltäglich und selbstverständlich ist. Um mit dem Nachbarn oder dem Vorgesetzten auskommen zu können, ist es nötig sich ein Bild zu machen. Neu war in unserer Lage, daß wir es nicht mit Einzelpersonen zu tun hatten, sondern mit einer Art von Kollektiv-Person, und daß wir es mit der Aggressivität derjenigen taten, die sich in permanenter Unterlegenheit und Verteidigung befanden. (229)

While some historical reflections expose the gap between her former and her present selves, others provide detailed historical analyses of the geopolitical developments which have shaped the postwar order. Studying memoirs and historical sources after the events she realises that »die Keime des Kalten Krieges schon Nahrung erhielten, als der Krieg gegen das Dritte Reich noch heiß und die Schlacht um Berlin in vollem Gange war« (55). The direct juxtaposition of the close-up experience of the end of the war with later historical evaluations allows her to highlight the discrepancy between experience and historical discourse. Boveri writes:

> Die zeitgeschichtlichen Einfügungen in dem fortlaufenden Bericht zeigen in ihrer Fremdheit die ungeheure Diskrepanz zwischen Erfahrung und Historie. Erst wenn sie erforscht werden, kann die historische Interpretation wirklich beginnen. (32)

Chapter three of the narrative covers the final battle for Berlin, Germany's surrender and the occupation of Berlin by the Russians. In order to capture these tumultuous events, Boveri relies again on montage to show up the enormous gap between the bottom-up experience of history and the official representation of the final days of the war by the Nazi propaganda apparatus. Registering the dissolution of the social order and the disorienting experience of the end of the war, Boveri cites quotations from the official Wehrmachtsberichte which continued to churn out Nazi propaganda. This direct juxtaposition of the war propaganda on the one hand and the reality of a rubble existence in the bombed city on the other creates ironic distance and recasts the experience of history in the register of the grotesque. This is, however, not just a position of hindsight but a perspective already present in the letter of 1945, as the following laconic comment illustrates: »In einer umkämpften Stadt zu leben scheint mir nicht heroisch zu sein. Man stopft Strümpfe und wüßte gerne, was sich ereignet.« (65) The genderised activity of darning socks communicates a calm and protective domesticity which appears grotesquely out of sync with the final battle for Berlin. Furthermore, the episode also makes the point that the eye-witness of history is blinded by the close-up of the events in the here and now. Instead of knowing what is really happening, the eye-witness depends on a climate of rumour. Boveri's narrative is at pains to show that it is not the proximity to the events and the »literality of historical experience« which makes eye-witnessing authentic but, vice versa, the continued misreadings of the unfolding events. The witness is the one who cannot see clearly. In Boveri's *Tage des Überlebens* the witness's partial blindness does not result in the afore-mentioned convergence of history and trauma. On the contrary, right from the first entry Boveri emplots the end of the war in terms of comedy. As Hayden White reminds us the comic emplotment of history »suggests at least the possibility of partial liberation from the condition of the Fall and provisional release from the divided state in which men find themselves in this world«.[40]

Boveri's *Tage des Überlebens* begins on 3 February 1945. By this time Berlin had been effectively reduced to a pile of rubble by the air-raids. As Antony Beevor writes the American air-raids of the 3 February were particularly heavy as a response to the Plötzensee executions of some of the men of the 20 July on the 23 January 1945.[41] The air-raids of the 3 February hit the Reich Chancellery, the Gestapo Headquarters in the Prinz-Albrechtstraße and the Volksgericht was badly damaged. An estimated 3000 civilians died.[42] The first postcard of Boveri's *Tage des Überlebens* reports the total destruction of a house opposite her apartment in Charlottenburg and the partial destruction of her own flat. Written in a matter-of-fact style, she describes the damage and relates how she cleared away the rubble (33–34). However, the tone of the following postcards is increasingly carnevalesque in that they highlight the ingenuity of the protagonists who become experts in recycling materials for their make-shift existence. Boveri's descriptions of everyday life revolve around repairing the damage, organising water and food. Each postcard is intended as a document of survival for a friend and her mother in Switzerland. The preferred register for this narrative of survival is the picaresque, as the following description of the daily air-raids shows:

> In der letzten Zeit sind fast immer ein oder mehrere »Christbäume« über unserer Gegend, – das sind die Leuchtzeichen, die schwebenden, die bezeichnen, wo Bomben abgeworfen werden sollen. Sie sehen sehr hübsch aus, werden aber meist nur von den Nachzüglern [...] gesichtet, was auch ganz gut ist, da sich die Stimmung im Keller verschlechtern würde. Es ist dort immer ganz gemütlich, man erzählt sich, was man über die verschiedenen Stadtteile erfahren hat. Ich stopfe immer Strümpfe. (47)

While such defiant comments could have been written with an eye on the censor, the carnevalesque tone gains force in the long letter which begins after the breakdown of the postal system. Once the censorship is gone, the end of the war is dramatised either in terms of a »schaurig schönes und durchaus kitschiges Schauspiel«, illuminated by the moon, or as a carnevalesque dissolution of a repressive order which is described in terms of the life of an Italian piazza:

> Auf der Straße war es gestern sehr gesellig. Das Auto mit dem Lautsprecher kam vier Mal mit Heeresbericht und den spärlichen Nachrichten; vorher versammelte sich das Volk auf dem Platz und bewegte sich auf und ab. Bis zum Beginn der Nachrichten gab es Marschmusik. Das ganze wirkte fast wie eine italienische Piazza gegen Abend; manche Menschen waren auch gelöst und vergnügt, viele aber verhärmt oder grimmig. Darüber flogen vereinzelte russische Flugzeuge. Heute sind sie in Verbänden dauernd über uns, und die Flak macht dazu eine ohrenbetäubende und wie es scheint ganz nutzlose Knallerei. (67)

The passage clearly demonstrates that the carnevalesque does not write over the violence of the war but that it frames it in terms of a liberating dissolution of the social order: the continued efforts of the propaganda apparatus to prop up the collapsing morale of the Berliners now appears as just another noise in the disharmonious orchestra of the war theatre. Carnevalisation is thus a response to the experiences of extreme violence which accentuates the revolutionary potential of this period of transition. It is in line with this that Boveri repeatedly describes her own existence in terms of a »Robinson-Dasein« (124): Robinson provides her with a literary model for the representation of the entrapment in Berlin in terms of an adventure that mobilises the individual's self-reliance as a strategy for survival. As in Defoe and later enlightenment Robinson-stories where the protagonist's adventures map out the eventual victory of the civilising forces over nature, Boveri inspects the shipwreck of National Socialism with reference to its usability for an emerging new social order.

The end of National Socialism and the period of transition produces extremely funny moments, such as when the Berliners are ordered to adorn their ruins with the flags of the Allied forces for the victory parade: Boveri describes how the population now discusses improvised ways of manufacturing Union Jacks, Soviet and American Flags. In one case this even involves the recycling of the Swastika flag which a woman had saved over to turn it into cleaning rags (178).

However, it is important to emphasize that carnevalisation is not just a comic register providing comic relief but that it can also be employed for the emplotment of extreme violence. After the Russians' occupation of Berlin, Boveri reports various cases of rapes by Russian soldiers. The tone of the diary changes radically when she relates how her friend Elsbeth, having been raped several times, emerges from the ruin of her house as

> eine alte Frau [...]. Mit blutunterlaufenen Augen und schwarzen Flecken im Gesicht und einem Loch im Schädel in der Stirn. Nach zwei Sekunden wußte ich: das ist die Elsbeth. Die Vorderzähne sind ihr eingeschlagen. Es stehen nur noch ausgezackte Stümpfe wie bei einer uralten Bauernfrau. (104–105)

It is at this point in the narrative that the narrator's protective shell of self-reliance and autonomy is momentarily cracked. The shocking encounter with the disfigured Elsbeth reintroduces a moment of disturbance into a narrative which, on the whole, does not articulate fear. The destabilising encounter with Elsbeth is further aggravated by the gruesome discovery of a mother who is found hanged with her four daughters in the cellar of the neighbouring house. However, in spite of the accumulating evidence of rapes, suicides and other forms of violence, Boveri resists the narrative conversion of Germans into victims. Although she is clearly shocked by the story of the mother with her four daughters, she concludes this story with the following explanatory entry in square brackets:

> Einzufügen ist, daß neben der Gieseschen Villa das große Haus des Admirals von Dönitz lag, in dessen Keller sich bis zum Schluß eine kleine Funkabteilung befand, wo aber auch 10000 Liter Wein und Spirituosen gelagert waren. In den meisten Fällen war übermäßiger Alkoholgenuß der Auftakt zu den Gewalttaten. (106)

As elsewhere, the historical insertion serves to contextualise the violence in the wider context of the war. Such editorial commentary is a dialogic intervention which highlights the incongruity between the physical experience of history and our later understanding of the events.

Another example of the carnevalesque emplotment of extreme violence occurs a little later when Boveri relates the fate of Frau Zetterberg and Frau Holsten who were raped several times. Unlike the Elsbeth episode, their story is told in terms of a burlesque drama, involving the entry and exit of a wave of Russian soldiers, who alternate between raping the women and patronizing them:

> Dann kamen einmal drei Russen [...] der eine ging mit Frau Zetterberg und vergewaltigte sie, der andere vergewaltigte Frau Holsten. Auch dies klang nachträglich in der Erzählung sehr komisch: die anhängende Feldflasche und sonstige Ausrüstungsgegenstände als Hemmnis, die Ungeübtheit des jungen Mannes, die Schnelligkeit mit der alles vorbei war. Aber als es vorbei war und dieser selbe nun auch noch ins Zimmer zu Frau Zetterberg ging, setzte sich Frau Holsten an den Tisch und weinte. Dies sah der Gefreite, klopfte ihr begütigend auf den Rücken, holte die beiden Soldaten und zog mit ihnen ab. Danach seien sie aber völlig fertig gewesen, hätten sich gerne vergiftet, hatten aber kein Gift, fanden Rasierklingen und wollten sich die Pulsadern durchschneiden, was aber fürs erste noch verschoben wurde. – Dann aber kam der Abend, ich weiß nicht, ob am selben Abend, draußen viel Johlen und Betrunkene, große Angst. Dann kam eine Gestalt zur zerbrochenen Tür herein, sagte als erstes: »Ich russ Offizier, nix fick fick«. Der sei dann sehr nett gewesen, gab ihnen russischen Unterricht, aß mit ihnen zu Abend, blieb dann zu ihrem Schutz über Nacht, mit Frau Zetterberg schlafend und ihr, wenn sie wegen Johlen, Klopfen, Schießen aufschreckte, die Hand drückend (in der Nacht aber dann doch einmal fick fick – ich bitte um Verzeihung wegen der Ausdrücke, aber so ist es jetzt bei uns). Früh am Morgen schwang er sich auf Frau Zetterbergs Rad und fuhr zum Dienst. (111–112)

Even the moment when the women contemplate suicide is related in terms of a slap-stick comedy: they want to poison themselves but since they can only find razor blades the decision to carry out the bloody deed is postponed. Instead they end up spending a relatively nice evening with a Russian officer who stays the night and who, after promising to leave them alone, rapes Frau Zetterberg anyway. The women in this scene appear as two rag dolls which are dragged and tossed around, abused, patronized and hugged, according to the whims of the soldiers. The carnevalisation of such scenes does not reduce their violence in any way – on the contrary, carnevalisation is a technique which allows the articulation of the messiness of life, of the co-existence of contradictory impulses that govern the behaviour of both sides in the narrative. As a grotesque mode of expression, carnevalisation represents history as the product of irrational impulses and an infinitesimal number of contingent factors. Carnevalisation could perhaps also be considered a form of working-through the trauma: Boveri's account of the fate of Frau Zetterberg and Frau Holsten is clearly marked as the citation of the two women's own version of the events, who, by telling their story, attempt to gain historical distance.

Rather than locking the self into the literality of trauma, Boveri's carnevalesque rendition of the end of the war emphasizes the incongruous nature of historical experience. Oscillating between the bottom-up experience of the partially blind witness who is caught up in the literality of the here and now on the one hand and the top-down view of the knowing historian who is alienated from lived experience on the other, Boveri draws attention to the gap between knowing and feeling. However, instead of fetishising this gap as the only form of truth, Boveri's montage accentuates the respective shortfalls and achievements of both modes of historical representation. Hers is a form of critical revisionism which favours the working-through of trauma over the traumatisation of history.

Notes

1 Andreas Huyssen. *Twilight Memories. Marking Time in a Culture of Amnesia.* New York: Routledge, 1995, 6.
2 Maurice Halbwachs. *On Collective Memory*. Ed. and translated by Lewis A. Coser. Chicago: University of Chicago Press, 1992, 38.
3 Aleida Assmann. »Wie wahr sind Erinnerungen?« Harald Welzer (ed.). *Das soziale Gedächtnis. Geschichte, Erinnerung, Tradierung.* Hamburg: Hamburger Edition, 2001, 103–122 (120).
4 Huyssen, *Twilight Memories*, 6.
5 Ibid., 7.
6 Ibid., 253.
7 Ibid., 9.
8 Marianne Hirsch. *Family Frames. Photography, Narrative and Postmemory.* Cambridge, Mass.: Harvard UP, 1997, 22.
9 Jonathan J. Long. »Monika Maron's *Pawels Briefe*. Photography, Narrative and the Claims of Postmemory«. Anne Fuchs, Mary Cosgrove, Georg Grote (eds.). *From »Vergangenheitsbewältigung« to Memory Contests. Revisions of the Past in German Identity Discourses since 1990.* Columbia: Camden House, 2006, forthcoming.
10 Hirsch, *Family Frames*, 28.
11 Ibid., 34.
12 Long, »Monika Maron's *Pawels Briefe*« 8–9.
13 Ruth Leys. *Trauma. A Genealogy*. Chicago: Chicago UP, 2000.
14 For a detailed discussion of the advantages and deficits of the »documentary or self-sufficient research model« see Dominick LaCapra. *Writing History, Writing Trauma*. Baltimore, London: Johns Hopkins UP, 2001, 1–8.
15 W.G. Sebald. *Austerlitz*. Munich: Hanser, 2001, 105.
16 Ibid., 104.
17 Ibid., 108.
18 Ibid., 109.
19 Ibid., 105.
20 Ibid., 202.
21 On Sebald's architectural discourse see Anne Fuchs. »Phantomspuren der Erinnerung in Austerlitz«. *Die Schmerzensspuren der Geschichte. Zur Poetik der Erinnerung in W.G. Sebalds Prosa.* Cologne, Weimar, Vienna: Böhlau, 2004, 41–54; Russell Kilbourn. »Architecture and Cinema. The Representation of Memory in W.G. Sebald's *Austerlitz*«. Jonathan J. Long, Anne Whitehead (eds.). *W.G. Sebald. A Critical Companion.* Edinburgh: Edinburgh UP, 2004, 140–154.
22 Prominent figures in this debate are Slavoj Žižek and Shoshana Felman who – citing Žižek – argue that

> the essence of trauma is precisely that it is too horrible to be remembered, to be integrated into our symbolic universe. All we have to do is to mark repeatedly the trauma as such.

See Slavoj Žižek. *For they Know not What they do. Enjoyment as a Political Factor.* London: Verso, 1991, 272–273; Shoshana Felman, Dori Laub (eds.). *Testimony. Crisis of Witnessing in Literature, Psychoanalysis, and History.* New York, London: Routledge, 1992. Also see: Jenny Edkins. *Trauma and the Memory of Politics.* Cambridge: Cambridge UP, 2003.
23 Cathy Caruth. *Unclaimed Experience. Trauma, Narrative and History.* Baltimore, London: Johns Hopkins UP, 1996.
24 Ibid., 11.
25 On competing interpretations of the Moses-figure see Jan Assmann. *Moses der Ägypter. Entzifferung einer Gedächtnisspur.* Darmstadt: Wissenschaftliche Buchgesellschaft, 1998. On Freud's *Moses and Monotheism* see Yosef Hayim Yerushalmi. *Freud's Moses. Judaism Terminable and Interminable.* New Haven, London: Yale UP, 1991. Also see: Anne Fuchs. *A Space of Anxiety. Dislocation and Abjection in Modern German-Jewish Literature.* Amsterdam: Rodopi, 1999, 31–47.
26 Caruth, *Unclaimed Experience*, 17–18.
27 Leys, *Trauma*, 267.
28 Ibid., 271.
29 Ibid., 273.
30 Ibid. Amy Hungerford. »Surviving Rego Park. Holocaust Theory from Art Spiegelman to Berel Lang«. Hilene Flanzbaum (ed.). *The Americanisation of the Holocaust.* Baltimore: Johns Hopkins UP, 1999, 102–124.
31 Leys, *Trauma*, 296. This is the product of

the confusion of perpetrator and victim in Caruth's version of Freud's reading of Tasso. Freud cites the scene as a poetic example of the repetition compulsion: Tancredi kills his beloved Clarinda in a duel which she fights disguised in the armour of a knight. After her burial he walks with his crusaders through a magic forest, slashing a tree with his sword. Blood pours from the wound and the voice of Clarinda complains that he has injured his beloved once more. Sigmund Freud. *Jenseits des Lustprinzips*. Ders. *Gesammelte Werke*. Ed. by Anna Freud et al., vol. 13. Frankfurt/M.: Fischer, 1999, 1–69 (21). For Caruth the actions of Tancredi represent in Freud's text the way in which a trauma repeats itself, »exactly and unremittingly, through the unknowing acts of the survivor against his very will« (Caruth, 2). Sigrid Weigel finds it remarkable that Caruth terms Tancredi a survivor rather than a perpetrator, and she rightly points to the fact that with this scene, Freud introduces the figure of the perpetrator into trauma theory. Sigrid Weigel. »The Symptomatology of a Universalized Concept of Trauma. On the Failing of Freud's Reading of Tasso in the Trauma of History«. *New German Critique* 20 (2003), 85–94 (89).

32 This conversion is proposed by Eran J. Rolnik. »Gedächtnis und Begehren. Geschichte und Psychoanalyse zur Jahrtausendwende«. *Psychoanal Theo Prax* 17 (2002), 239–266 (251).

33 Ibid., 260–261. For a detailed discussion of various attempts by historians to integrate psychoanalysis and history see Alfred Krovoza. »Psychoanalyse und Geschichtswissenschaft. Anmerkungen zu Stationen eines Projekts«. *Psyche* 57 (2003), 904–937.

34 On the danger of converting history into a still-life see Anne Fuchs. »Geschichte als Metaphysik des Unglücks«. *Die Schmerzensspuren der Geschichte,* 165–205.

35 LaCapra, *Writing History*, 23.

36 Although historians do not easily give up their long-standing alliance with the empirical Jörn Rüsen has recently suggested that historians should respond to the challenge of what he calls »the catastrophic crisis« of the Holocaust by means of a historical discourse which achieves the effect of a secondary traumatisation in the reader. Jörn Rüsen. *Zerbrechende Zeit. Über den Sinn der Geschichte*. Cologne, Weimar, Vienna: Böhlau, 2001, 176–179.

37 Dori Laub. »Eros oder Thanatos? Der Kampf um die Erzählbarkeit des Traumas«. *Psyche* 54 (2000), 860–892 (871); and: »Truth and Testimony. The Process and the Struggle«. Cathy Caruth (ed.). *Trauma. Explorations in Memory*. Baltimore, London: Johns Hopkins UP, 1995, 61–75.

38 Margret Boveri. *Tage des Überlebens. Berlin 1945*. Munich, Zurich: Piper, 1968. Page references are henceforth cited in the text.

39 Heike B. Görtemaker has recently published the first comprehensive biography about Margret Boveri. *Ein deutsches Leben. Die Geschichte der Margret Boveri*. Munich: Beck, 2005. Also see Boveri's posthumously published autobiography. *Verzweigungen*. Ed. by Uwe Johnson. Munich, Zurich: Piper, 1977.

40 Hayden White. *Meta-History. The Historical Imagination in Nineteenth-Century Europe*. Baltimore, London: Johns Hopkins UP, 1975, 9.

41 These included Graf Helmuth Johann von Moltke, Eugen Bolz and Erwin Planck, the son of physicist Max Planck.

42 Antony Beevor. *Berlin. The Downfall 1945*. London: Viking, 2002, 74.

Dennis Tate

War as a »god-damned crusade« The Continuing Significance of Stefan Heym's *The Crusaders*

Krieg als »gottverdammter Kreuzzug« Die Aktualität von Stefan Heyms Roman »Kreuzfahrer von heute / Der bittere Lorbeer«

Die Neubelebung des Kreuzzug-Diskurses im Kontext des Kosovo-Kriegs und des nach dem 11. September 2001 angekündigten weltweiten Kriegs »gegen den Terror« ist 2003 einer durchgreifenden historischen Kritik unterzogen worden: Paul Fussells Erinnerungen an die amerkanische Erfahrung des Zweiten Weltkriegs, »The Boys' Crusade: [...] Chaos and Fear in World War Two«, setzen sich bewußt mit dem unreflektierten gegenwärtigen Rekurs auf diesen Topos auseinander. Fussells Ansatz wird in diesem Aufsatz weiterentwickelt. Stefan Heyms fiktive Darstellung seiner Erlebnisse als amerikanischer Soldat im gleichen Zeitraum, in dem Roman »The Crusaders« (1948), wird als erster Versuch nach Kriegsende interpretiert, literarisch auf die Problematik des von General Eisenhower geprägten Begriffs »the Great Crusade« (gegen die Gewaltherrschaft der Nationalsozialisten) näher einzugehen. Heyms Erfolg bei der Durchleuchtung der von der politischen Rhetorik verschleierten Widersprüche auf amerikanischer Seite wird dem Weiterleben seines Romans in der deutschen Fassung unter dem abgedämpften Titel »Der bittere Lorbeer« gegenübergestellt. Daß er seinen kritischen Ansatz als amerikanischer Schriftsteller nur mit Hilfe einer verzerrten, quasi ›orientalistischen‹ Darstellung der deutschen Bevölkerung verwirklichen konnte, hat den späteren Heym nach seiner Rückkehr ins geteilte Deutschland vor literarische Probleme gestellt, die sich schwer bewältigen ließen.

Stefan Heym's novel *The Crusaders* (1948)[1] is generally regarded today as one of that large number of novels about the Second World War which were widely read in the years after their publication but are of little continuing interest to readers who now have a wide range of more up to date sources at their disposal. This view would appear to be confirmed by the fact that the last edition of the original English-language text to appear was in 1970,[2] while the revised German version produced by Heym in the late 1970s to meet the longer-term demand in both German states is currently out of print, even though it is listed as part of the current *Werkausgabe* published in paperback by Goldmann.[3] When I returned to *The Crusaders* recently, in the context of a study of the autobiographical dimensions of Heym's fiction, it was not with great expectations of finding hidden surprises in a text that Heym had written with an eye to the huge American market of the late 1940s for fiction about the recently ended war. It nevertheless turned out to be a revealing work in terms of the difficulties Heym faced in attempting to fictionalise intimate first-hand experience in its precise contemporary setting (something he only attempted on one other occasion in a literary career lasting from the early 1940s to the late 1990s, in his novel *Collin* of 1979).[4]

In relation to the theme of this volume, *Writing against War and Violence*, *The Crusaders* produces even more powerful resonances, because of the ways in which Heym's central motif of war as a crusade has re-emerged in two contemporary military arenas, the Kosovo war of 1999 pursued by NATO forces against Serbia, and the American-led »war against terror« launched in the aftermath of the carnage of 11 September 2001. From this perspective *The Crusaders* can be seen as an early articulation of what have become today's central moral and political issues about war for intellectuals generally, and for German intellectuals dealing with the legacy of the Third Reich in particular: whether war can still be justified under certain circumstances as a crusade against a demonstrably malevolent regime, and what happens if the stance of moral superiority adopted by self-styled »crusaders« is rendered unsustainable by their conduct of the war and its aftermath.

This article will therefore move from a review of the original impact of *The Crusaders* and its unusual publishing history in the English-speaking world and the two post-war German states to a discussion of its role in determining the anti-war stance that Heym first adopted when he renounced his American citizenship in 1953 and then intensified in response to the nuclear arms race of the 1980s, only to moderate it again in the changed circumstances of the Kosovo war, when other German intellectuals were tempted for the first time in post-1945 history to use the discourse of the crusade in support of the NATO campaign against the Milosevic regime. The final twist comes with the return to more familiar anti-war positions in response to the quite different conception of crusade expounded by the Bush administration and its »coalition of the willing« to justify the wars waged since September 2001 in Afghanistan and Iraq – the first of which was the subject of Heym's final contribution to public debate, in November of the same year, just a month before he died at the ripe old age of eighty-eight. The »war against terror« is also the point of departure for a book published in 2003 by the American historian Paul Fussell, which not only has a similar title, *The Boys' Crusade*, but also throws interesting new light on the novel Heym wrote over fifty years ago.[5]

Re-reading *The Crusaders* in the light of German intellectual responses to these recent and continuing wars produces two quite contradictory conclusions: firstly, that Heym's exposition of the widely differing motives for which the concept of the crusade was adopted in 1944–45 still has resonances for contemporary readers; and secondly – to adapt the terms of reference used by Edward W. Said in *Orientalism*,[6] his seminal study of Western discourse used over the centuries since the religious crusades in the portrayal of what has been regarded as an inferior competing civilisation – that the enduring weakness of Heym's novel, when viewed as the work of an émigré intellectual in a position to engage with his native German society in the same depth as with as his adopted American one, is its depiction of most of its German characters as morally inferior »others«, which extends in one respect even to the figure most closely identifiable with Heym himself. A price that Heym evidently felt was worthy paying in order to make his novel more accessible to his target American readership of the late 1940s now detracts from its longer term validity as a portrayal of Germans in post-Hitler transition, although its silences and simplifications in the sensitive area relating to the identity conflicts of a German-born author, deeply alienated from his home country at the time of writing, are still of obvious interest from today's perspective.

The Crusaders, written rapidly in 1946-47 after Heym's return from eighteen months' active service in the American army, first as a psychological warfare specialist attached to the D-Day invasion forces, then as a key figure in the re-establishment of a democratic press in the American zone of occupation, was published in 1948 in the first wave of American novels about the Second World War, alongside Norman Mailer's *The Naked and the Dead* and Irwin Shaw's *The Young Lions*.[7] Like them it combined authentic recreation of the experience of war with a critical portrayal of conflicts on the Allied side, capturing the post-war mood and becoming a bestseller.[8] It also had several distinctive features that made its success in a highly competitive market all the more remarkable. Above all was the fact that the author himself was a left-wing Jewish exile from Hitler's Germany who had only become a US citizen at the time he was conscripted in 1943. In an exceptionally short period Heym had mastered the full range of registers of American English needed to sustain a 650-page novel offering a comprehensive view of the US army in Europe following the D-Day invasion, from lowly GIs to household names among its leaders such as General Patton, who appears here in a lightly fictionalised guise. None of the potential linguistic, political, religious or national barriers stood in the way of popular success and critical recognition. Neither was it problematic that Heym's focus was more restricted than in most conventional bestsellers, with his account of the diverse activities of a psychological warfare unit accompanying the advance of the western Allies through the last year of the war dominating the narrative and leaving relatively little space for the usual gripping accounts of frontline combat or heroic acts of bravery. The time-frame was also more extensive than normal, with a good third of the text dealing with the reconstruction and de-Nazification processes in the six months after the end of the war, reflecting Heym's ambition to make this a novel of war and peace on the Tolstoyan scale.[9] Furthermore it had an original internationalist dimension, presenting the victory over fascism as the joint triumph of the allied forces of the East and the West, symbolised in his positive account of the meeting of American and Russian troops by the river Elbe as the fighting drew to a close, which Heym intended to underpin his message that the post-war order in Germany needed to reflect the best features of both competing ideological systems in order to make a clean break with the past.

The crusaders motif is Heym's main structural device in working towards this conclusion and gives the novel its political coherence. The US army is seen to be divided into two broad camps: those who believe there is something special about American democracy as defined in the Declaration of Independence and who are determined, in an understated way, to ensure that the crusade they have embarked on is won; and those who are pursuing their own selfish interests in seeking to make money out of the war and maintain political control both at home and in post-war Europe. Heym's portrayal of the latter group, whose adherents range from General

Patton's *alter ego* Farrish and his protégé Major Willoughby, who ends up as military governor in the area of Germany where the post-war action takes place, to a range of ordinary soldiers most at home in the shady world of the black market, sometimes appears to verge on ideological caricature. He has one of their representatives say that if they ever get to power they will »run the show« in the same way as it was in the Third Reich, with concentration camps and the persecution of minority groups as the most effective means of ensuring control (C, 64–65). Heym's »crusaders« are in comparison a more diverse group, most of whom would be embarrassed to think of themselves in these terms and only gradually come to see the war as more than a military encounter.

One of the odd things about the novel is the lack of information it provides about where the idea of the crusade has come from, given that it has embedded itself so firmly into the consciousness of soldiers in both factions. Readers in the late 1940s might have been in no doubt that it was the Allied Commander-in-Chief, General Eisenhower, who gave the address to the D-Day troops about the war as a »Great Crusade« against »Nazi tyranny«,[10] but the only clue to this in the text is when one of its opponents refers to the idea of the war as »a god-damned crusade« having being »mimeographed in some order« (C, 65), or, as the German text puts it, marginally more helpfully: »Ich erinnere mich, der Ausdruck stand sogar in einem Tagesbefehl.«[11] The most interesting aspect of Heym's characterisation on this side of the argument is that he felt it necessary to divide his historical self into two fictional figures, a younger German émigré, Sergeant Bing, who is in no doubt from the outset that the war needs to be viewed as a moral struggle against evil, and an older American *Germanist*, Lieutenant Yates, who, in the best traditions of the *Entwicklungsroman*, takes time to understand the magnitude of the cause and the need for people like him to engage fully in the struggle. It is Yates's development that gives the novel its intellectual momentum, but this only occurs after the author has killed off Bing, for reasons to be examined in the next part of this analysis, and left it to Yates to take up the moral baton. Heym takes care to leave the outcome of the crusade, in terms of its impact on America's future, open-ended, but it is one of those texts which makes it clear to its readers that the worst is likely to happen unless they too are prepared to become actively involved.

The particular weakness of *The Crusaders*, as already indicated, is its negative depiction of (almost) all things German. The pattern is set early in the novel when the prisoners interrogated by the unit to which Bing and Yates belong invariably make excuses for themselves as »little men« only obeying orders, apparently incapable of moral reflection on their role in the Third Reich (C, 7). The evils of fascism are then encapsulated far too neatly in the character of Obersturmbannführer Pettinger from the Waffen-SS (words left ominously in German in the original text), responsible for at least one massacre of helpless American troops and up to his neck in the illicit international business deals which he hopes will secure his post-war future. The end-of-war civilian population is represented by a spineless administrator appropriately called Lämmlein, the morally decadent widow of a steel-magnate and a sexually manipulative younger woman trying to pass herself off as a concentration-camp survivor. Only one act of communal resistance during the war is highlighted, while the hopes for the post-war future appear to rest with a handful of genuine concentration-camp survivors. Most disappointing of all is

Heym's depiction of Sergeant Bing as a man incapable of coming to terms with his past when he finds himself back in his home town of Neustadt, unable, in his own words, to outgrow »the German in himself« (C, 284),[12] a phrase which infuriated one of the earliest German commentators on *The Crusaders*, Jürgen Rühle, as evidence of the unacceptability of Heym's work as serious literature.[13] Heym disposes of his now debilitated hero by making him the victim of what would be referred to in today's military reports as »friendly fire«, a convenient way of avoiding a more serious engagement with his own complex identity as a German émigré, which in turn leaves him open to the charge of ›orientalism‹ regarding his clichéd presentation of the Germans to his American public.

It was thus as an American novel, published in Boston just before the McCarthyite persecution of left-wing intellectuals promoted a much narrower definition of American identity, that *The Crusaders* made its initial impact. Its emergence during this brief window of opportunity in post-1945 American publishing helps to explain why it was able to appear simultaneously in both German states in 1950, produced by one of the publishing houses which continued to exist under separate management in both the Federal Republic and the GDR, the Paul List Verlag, an almost unique occurrence in the literature of divided Germany before the era of détente, explicable only because Heym was seen as an American author rather than a German identified with one state or the other, as he would be from 1953 after taking up GDR citizenship. It is only after this time that normal Cold War politics took its course, with West German readers having to wait until 1966 for the second edition of the Paul List/Munich version, by which time the Paul List/Leipzig version was in its nineteenth edition.[14] Heym appeared content initially to see *The Crusaders* published as a translation: the publisher's note in both List editions describes it as such – »[a]us dem Amerikanischen, unter Mitarbeit des Autors, von Werner von Grünau« – without defining the extent of Heym's contribution. By the 1970s, however, it had clearly become important for Heym to claim full ownership of both the English and German texts of *The Crusaders*, in the same way he had done for all of his other works published since his emigration to the GDR. Even though a cursory comparison of the two German versions suggests that the later »vom Autor neu bearbeitete Ausgabe« was primarily a tidying up job, the editions published after 1979 by Goldmann and Fischer in the Federal Republic and the Buchverlag Der Morgen in the GDR have that additional status as the author's own work.

More interestingly in the context of the crusaders motif is the fact that the GDR versions were published under the instantly recognisable title *Kreuzfahrer von heute*, which implies an acceptance of Heym's view that Germans living in the Third Reich had needed to be subjected to a military crusade, in line with the GDR's foundation myth that it represented an antifascist new beginning, whereas the West German versions published up to 1990, like the post-unification standard text, bear a different title, *Der bittere Lorbeer*, which places the emphasis more exclusively on the disappointment experienced by Heym's American protagonists that victory did not bring the radical changes they had hoped for, a cosmetic change which may have reflected Federal German sensitivities regarding Heym's use of the discourse of the crusade, although the reason for making it was never clarified. Whether or not Heym himself was consulted about this, there are indications in his public statements after he finally became disillusioned with the GDR some thirty years later that he recognised he had gone too far in his caricature of Germans in his novel and was now happier with the less judgemental West German title, even though »der bittere Lorbeer« is not a motif developed in the text in the way that the idea of the crusade is. As Heym said in a speech delivered in Munich in 1983, entitled *Über Deutschland*, which focused on his fluctuating sense of identity as a German:

> Ich will Ihnen gestehen, daß es in meinem Leben Momente gegeben hat, wo ich die Deutschen in Bausch und Bogen verurteilte und verfluchte, obwohl mein Verstand mir sagte, daß man Millionen Individuen nicht über einen Kamm scheren kann [...].[15]

Heym's private doubts about the pro-war stance he had adopted as an American soldier, willing to endorse the rhetorical thrust of Eisenhower's message that he was part of the »Great Crusade«, were more fundamental than his novel suggests, according to the review of this period in his life he provides in his autobiography *Nachruf* (1988). As a deep admirer of the social reforms introduced in the USA of the 1930s by Franklin D. Roosevelt as part of his »new deal« presidency, reforms which were themselves heralded in moral terms as the goal of a secular crusade,[16] Heym would have understood Eisenhower's call to a crusading war as an extension of this movement into a new international arena. His disillusionment when he realised after six months working with the American military administration that the spirit of the crusade had been betrayed by the financial corruption and moral indifference of many of its leaders is summed up in a phrase in *Nachruf* which is more emphatic than anything to be found in *The Crusaders*: »Der Krieg, als Kreuzzug begonnen, endet als Räuberstück.«[17] This clear-cut retrospective analysis allows him to justify his letter of 1953, formally renouncing his US citizenship in the midst of the Korean War in protest against »die in Vorbereitung befindlichen und bereits begonnenen imperialistischen Kriege« that were now putting America on a »Kurs auf Faschismus«, as the logical conclusion of this process of disillusionment rather than as the rhetoric of a high-profile defector to the communist camp. His later comment is simply: »Die Sache wirbelt einigen Staub auf, der sich jedoch bald legt; die Zeiten sind schnellebig.«[18]

It is not until the Reagan-Brezhnev era of the early 1980s that the combined effects of his alienation from the GDR and the alarm he shared with most established authors in both German states at the escalation of the nuclear arms-race impelled Heym to adopt a public anti-war position in opposition to both sides, contrasting his continuing view of the Second World War as a just war with his rejection of any contemporary use of the term: »heute gibt es keinen gerechten Krieg mehr [...], weil es keine gerechten Atombomben gibt.«[19] This is a position Heym continues to hold up to and beyond the unification process, linking it to his new self-image as a German author capable of transcending ideological divisions and equally critical of the failure of both German states to come to terms with the legacy of the Holocaust.

This position becomes more difficult for Heym, like other German intellectuals, to sustain from the middle 1990s, following the outbreak of non-nuclear conflicts in the Balkans. The step-by-step moves of the newly sovereign German government over the 1990s to accept military responsibilities as a member of NATO culminated in its participation in the alliance's war of 1999 against Serbia, prosecuted on the grounds of preventing genocide in Kosovo. Germany's first foreign military engagement since 1945 demanded a response from intellectuals still determined to play their traditional role as the conscience of the nation, and a significant number, including Hans Magnus Enzensberger and Peter Schneider alongside Heym, were willing to endorse it as a just war against an evil regime. Asked by the newspaper *Junge Welt* to comment on this momentous decision of the recently elected Schröder government, Heym now accepted the validity of the historical parallel:

> [I]ch bin der Meinung, daß das [the involvement of German troops in the war, DT] durchaus gerechtfertigt ist. Wenn man zur Zeit von München Hitler angegriffen hätte, dann wäre der ganze zweite Weltkrieg nicht passiert. So, wie es Herr Milosevic treibt, das geht nun auch nicht.[20]

Heym's avoidance of the term »Kreuzzug« in supporting a military campaign regularly described elsewhere as being waged to uphold »Western values« is not surprising, given his retreat from its use in the title of his authorised German text of *The Crusaders*. Its appropriateness had however now become the subject of serious debate for the first time in post-1945 German intellectual discourse, as the representative volume of essays about the Kosovo war by intellectuals of several nationalities published later in 1999 showed. It was compiled by the *Frankfurter Allgemeine*'s cultural editor Frank Schirrmacher under the title *Der westliche Kreuzzug*,[21] even though none of the forty-one contributors actually defined it in those precise terms. Particularly with regard to the minority of essays by German contributors it would have been more accurate to describe them, in the terms used by Peter Schneider, as articulating a fundamental change in the »Selbst- und Geschichtsverständnis der Deutschen« away from the post-1945 consensus that any participation in war was unacceptable, even though there remained a fundamental unease at the military inappropriateness of a war conducted by highly sophisticated aircraft against an enemy decades behind in technological terms.[22] Ironically, where the term »Kreuzzug« was actually used, it was mainly by non-German authors aware that Milosevic was attempting to justify his attack on Kosovo as a modern-day crusade, seeking revenge for Serbia's defeat by Islamic forces in the last of the great religious conflicts of the medieval era, when Serbia itself was part of a »western« Christian coalition.[23] It ought to have been clear from this historical perspective that any inflationary use of the term by intellectuals from the NATO states, in the manner implied by Schirrmacher's choice of *Der westliche Kreuzzug* as the title of this volume, would have conjured up the totally confusing scenario that this was a Western crusade against a self-styled Serbian crusader in defence of his intended Islamic victims. But the rhetorical genie was now out of the bottle again, with consequences only recognised at the time by opponents of the war further to the left of the political spectrum who were prepared to challenge the assumption that this was a straightforward case of good versus evil, in the way the use of the term »crusade« suggests.[24]

One obvious consequence is that the idea of the crusade occurred all too readily to the newly elected Bush administration in the USA in the aftermath of the terrorist assaults of 11 September 2001 as an appropriate way for a regime dominated by fundamentalist Christians to articulate its response, without pausing to consider the much more powerful resonances this return to the religious use of the term would have in the context of a conflict with Muslim extremists. Since the President first employed the term on 16 September 2001 – »This crusade, this war on terrorism, is going to take a while«[25] – and then belatedly realised the depth of the offence he had caused across the Islamic world in reverting to such medieval discourse, he and his allies have been engaged in a concerted effort to avoid any further use of this inflammatory term, seeking to substitute the idea of the »war against terror« as an alternative mantra. Unsurprisingly, Heym was among the first German intellectuals to express his opposition to the attempt to crush the terrorist threat by declaring war on Afghanistan, highlighting the geo-political capitalist interests concealed behind the moral rhetoric and the elusiveness of an enemy dispersed in small cells across the Islamic world. Although his own grasp of Islam was far from impressive – he referred to it at one point in an undifferentiated way as »eine Ideologie aus der Feudalzeit« – his underlying point was that a war fought in this way would generate more enemies than friends. His advice, as an ex-soldier unambiguously opposed to bin Laden's terrorism, was to rely on the tried and tested weapons of psychological warfare according to the law of proportionality, the »Verhältnismäßigkeit von Einsatz und möglichem Erfolg«.[26]

Heym's death just a month after writing this article deprived him of any opportunity to comment on the current phase of this global conflict, the war in Iraq, but he might have drawn some satisfaction from the way in which the officially suppressed notion of the religious and civilisatory crusade continues to be highlighted by its opponents in the Western world. Given the German government's stand against the Iraq war and the support it has received from high-profile intellectuals such as Günter Grass and Jürgen Habermas,[27] it is no surprise to find a number of recent German book titles and magazine issues employing the term »Kreuzzug« as their critical point of departure.[28] Most interesting, however, in the context of Heym's *Crusaders* is the memoir by Paul Fussell, whose established research field is war-literature, entitled *The Boys' Crusade. American GIs in Europe: Chaos and Fear in World War Two.* Evidently infuriated by the recent wave of what he calls »military romanticism« (BC, *xv*) in American literature and films about the West European campaign of 1944–45 which has ensured that it remains »the army's point of reference for its conception of war« (BC, *xi*), Fussell has written a soberingly critical account based on his personal experiences as a young soldier. It differs from Heym's *Crusaders* in the sense that it focuses exclusively on the experiences of ordinary soldiers like himself in some of the fiercest battles of 1944–45, but it provides an unexpected endorsement of the two characteristics of Heym's novel highlighted in this article, the theme of the crusade and his »orientalist« approach to his German characters.

The striking thing is the way the two issues are intertwined in Fussell's text. He begins by placing the crusade motif in a much bleaker context by suggesting that the situation of the predominantly young American GIs was more akin to that of the unwitting children who took part in the ill-fated Children's Crusade of the early thirteenth century, almost all of whom were either slaughtered or abducted in the course of a pointless campaign (BC, 6–7).[29] Heym's suggestion that the idea of the crusade had embedded itself in the collective consciousness of the army, regardless of how sceptical some of them were of its validity, is countered by Fussell's argument that most of them never actually knew about Eisenhower's message and those that did forgot his use of »so highfalutin a term« very quickly when faced with the terrifying reality of vicious territorial combat (BC, 5–6). From Fussell's perspective the war only took on the moral dimensions of a crusade right at the end, when the soldiers were confronted by the horrors of the death camps:

> As the war ignominiously petered out, the troops knew more about the enemy than they had known when [...] they had sneered or giggled at the word *crusade*. They had seen and smelled the death camps, and now they were able to realize that all along they had been engaged in something more than a mere negative destruction of German military power. They had been fighting and suffering for something positive, the sacredness of life itself. (BC, 157)[30]

Fussell underlines this point a few pages later when he says:

> It is not easy to recall that when the war ended, the Germans, large and small, civilian and military, were despised as loathsome sadists who [...] had earned widespread contempt and deserved serious punishment. (BC, 160)

Statements like this would appear gratuitously shocking if they were understood as the xenophobic ravings of an old soldier, but anyone with a wider awareness of Fussell's writing, and particularly his autobiography of 1996, *Doing Battle: The Making of a Skeptic*, has the reassurance that this is not his final word on the subject. There he describes his pleasure in returning to Germany in the 1950s as a Fulbright scholar and discovering a cultural awareness and a »rare community consciousness« that liberates him from the »ideological rigidity« of life in the United States at the height of the Cold War.[31] This helps to show that what Fussell is actually doing in *The Boys' Crusade* is evoking the short-lived, but at the time overwhelming, emotions of soldiers like him, who had no other point of reference to the German people and thus had no compunction about judging them in these sweepingly negative terms. The issue that gives his historically informed memoir its contemporary force in his American homeland is its sustained attack on the romanticisation of war and the exploitation of young soldiers.

The shock caused by hearing such an undifferentiated condemnation of the Germans of 1945, placed in its historical context in a book published in 2003, gives pause for thought regarding the extent to which Heym should be condemned for the negativity of his undistanced portrayal of the same point in time. Today's inclination to view, and to assess, *The Crusaders* as a German novel may need to be tempered by some recognition that Heym too had little insight into the range of ways in which individual Germans had coped with life in the Third Reich, when he returned as a soldier to the country he had been forced to leave more than a decade earlier, at the age of nineteen. His relatively short period working for the American military administration had not given him much incentive to modify the negative views that had sustained him in exile.

To allow for this possibility would not, however, mean to play down the flawed nature of a novel which is in other respects of unexpected contemporary relevance, but simply to wonder whether Heym might have written the German sections of it in a more differentiated way if he had not been rushing to be first into print in America with a story seeking to present »das Panorama dieses Krieges«.[32] In his autobiography he gives a good sense of the way in which he used fellow American soldiers as models for his fictional characters while saying very little about what basis he had for his depiction of their German counterparts. In the months after the war it was evidently too difficult for him to present a more complex picture, even as he began to realise that the spirit of the crusade for democracy, which had encouraged him to adopt his American identity, had evaporated:

> Was an ihm deutsch war, [...] wurde verdrängt; gerade weil er es nun dauernd mit Deutschen zu tun hatte und fürchtete, daß da verwandte Züge sein könnten in ihrem und seinem Wesen, strebte er nach Distanz.[33]

This psychological striving for distance was distinctly counter-productive as far as his novel was concerned: a less ambitious work focused more tightly on his first-hand experience of this period would have served his creative interests better in the longer term.

Notes

1 First published Boston: Little, Brown & Co., 1948. Page references below, preceded by the initial C, are to the first UK edition: London: Cassell, 1950.

2 New York: Signet Paperback, 1970.

3 Stefan Heym. *Der bittere Lorbeer.* Munich: Goldmann, 1979. It was included in the original fourteen-volume *Werkausgabe* published by Goldmann between 1981 and 1985, which has now expanded to twenty-one titles in the current edition in the same publisher's paperback series.

4 The focus here is both on the crisis of 1956 in the Soviet empire, which first brought Heym into serious conflict with the GDR's leadership, and the early years of the Honecker regime in the 1970s, when East German writers began to face up to the challenge of producing autobiographical memoirs of a genuinely critical kind.

5 Paul Fussell. *The Boys' Crusade. American GIs in Europe: Chaos and Fear in World War Two.* London: Weidenfeld & Nicolson, 2004 (first published in the USA in 2003). Page references later in the article, preceded by the initials BC, are to the UK edition.

6 Edward W. Said. *Orientalism.* London: Penguin, 2003.

7 Stefan Heym. *Nachruf.* Frankfurt/M.: Fischer, 1997, 421–422. For a comparative study of American war literature in which these three novels figure prominently, and especially *The Crusaders* as »an archetype« of this genre, see Joseph J. Waldmeir. *American Novels of the Second World War.* The Hague: Mouton, 1969.

8 A good overview of the origins and reception of the novel is provided by Peter Hutchinson. *Stefan Heym. The Perpetual Dissident.* Cambridge: Cambridge UP, 1992, 47–56.

9 Heym, *Nachruf*, 407.

10 http://www.historicaldocuments.com/GeneralEisenhower'sOrderoftheDay.htm. Although Eisenhower's war memoirs were published in the same year as Heym's novel, under the title *Crusade in Europe.* London: Heinemann, 1948, it is curious that he neither refers to his D-Day message nor expands in any way on his understanding of the idea of the crusade, in a work of some 600 pages.

11 In the light of Heym's later rejection of the title *Kreuzfahrer von heute* for his German version of the novel it may be significant that he makes the first reference to the crusade motif more innocuous: »Sie [Sergeant Bing] betrachten diesen Krieg als eine Art heiligen Kreuzzug«. See Heym. *Der bittere Lorbeer.* Frankfurt/M.: Fischer, 1998, 101.

12 The current German edition also refers to »den Deutschen in sich«: See Heym, *Der bittere Lorbeer*, 428.

13 Jürgen Rühle. *Literatur und Revolution. Der Schriftsteller und der Kommunismus.* Munich: Knaur, 1963, 240–241 (highlighted by Reinhard Zachau. *Stefan Heym.* Munich: Beck, 1982, 31–32).

14 A survey of available second-hand editions of *Der bittere Lorbeer* reveals that the 1966 edition published by List in Munich was the »2. Aufl., 11.–15. Tsd.«, while *Kreuzfahrer von heute* in the »19. Auflage« of the List/Leipzig edition, published 1965, is in the library of the Germanic Institute in London.

15 See Stefan Heym. *Einmischung. Gespräche, Reden, Essays.* Munich: Bertelsmann, 1990, 25.

16 Heym's distress at the news of Roosevelt's death is recounted here, 341–342, and he mentioned his continuing admiration for Roosevelt's »Humandemokratie« as recently as 1998: See Stefan Heym. *Offene Worte in eigener Sache 1989–2001.* Munich: Goldmann, 2003, 180–181. Roosevelt's election address of 31 October 1936, centred on this theme and recalling how he first introduced it in 1932, can be found at http://www.fdrlibrary.marist.edu/od2ndst.html.

17 Heym, *Nachruf*, 393.

18 Ibid., 558.

19 See *Berliner Begegnung zur Friedensförderung. Protokolle des Schriftstellertreffens am 13./14. Dezember 1981.* Darmstadt: Luchterhand, 1982, 66.

20 *Junge Welt*, 27 March 1999 (part of a survey entitled »Was sagen Künstler zum Krieg?«). http://www.jungewelt.de/1999/03-27/010.html

21 Frank Schirrmacher (ed.). *Der westliche Kreuzzug. 41 Positionen zum Kosovo-*

Krieg. Stuttgart: Deutsche Verlags-Anstalt, 1999. I am grateful to Karoline von Oppen for drawing this volume to my attention.

22 Peter Schneider. »Ich kann über Leichen gehen, ihr könnt es nicht«. *Der westliche Kreuzzug*, 226–233 (232). See also the contributions in the same volume by Hans Magnus Enzensberger, 28–30, and Schirrmacher himself, 117–120.

23 See especially the contributions to *Der westliche Kreuzzug* by the Albanian author Ismail Kadaré, 20–23, and the Turkish author Orhan Pamuk, 45–51.

24 See, for example, Diana Johnstone. *Fools' Crusade. Yugoslavia, NATO and Western Delusions*. London: Pluto, 2002; Noam Chomsky. *Hegemony or Survival. America's Quest for World Dominance*. London: Penguin, 2003, esp. 53–59; Erich Hobsbawm. »The Dangers of Exporting Democracy«. *The Guardian*, 22 January 2005.

25 http://abcnews.go.com/sections/world/Primetime/iraq_crusade030331.html.

26 »Der falsche Krieg« (first published *Neues Deutschland*, 15 November 2001). See Heym, *Offene Worte in eigener Sache*, 252–256 (254, 256).

27 Cf. Günter Grass. »Das Unrecht des Stärkeren. Erklärung zum Irak-Krieg«. *Radio Bremen*, 21 March 2003 (http://www.radiobremen.de/online/grass/reden/unrecht.shtml) and Jürgen Habermas. »Was bedeutet der Denkmalsturz?« *Frankfurter Allgemeine Zeitung*, 17 April 2003. An overview of German responses is provided by *Fachdienst Germanistik* 4/2003, 1–2.

28 Examples include Bassam Tibi. *Kreuzzug und Djihad. Der Islam und die christliche Welt*. Munich: Goldmann, 2001; Werner Biermann, Arno Klönne. *Ein Kreuzzug für die Zivilisation?* Cologne: PapyRossa, 2002; Gilles Kepel. *Die neuen Kreuzzüge. Die arabische Welt und die Zunkunft des Westens*. Munich: Piper, 2004; Norman Mailer. *Heiliger Krieg. Amerikas Kreuzzug*. Translated by Willi Winkler. Berlin: Rowohlt, 2003 (a misleading translation of the original title – *Why are we at War?* – that may imply a greater willingness in Germany than in the English-speaking world to exploit the crusade metaphor commercially). The cover page of an issue of *Der Spiegel* (17 February 2003) which appeared during the build-up to the war was entitled: »›In göttlicher Mission‹. Der Kreuzzug des George W. Bush«.

29 There is a deliberate echo in Fussell's title of Kurt Vonnegut's fictionalised portrayal of his war experiences in his *Slaughterhouse-Five* (1969), which has the sub-title *The Children's Crusade: A Duty-Dance with Death*. See *The Boys' Crusade*, 6.

30 This echoes the scene in *The Crusaders* (475–485) where Heym portrays the »holy fury« (477) that comes over his American troops when they are confronted by the horror of the camps and leads them to vent their anger mercilessly on the SS guards. It is, however, presented by Heym as a short-lived aberration on the part of soldiers who are »fighting for something better« (482).

31 Paul Fussell. *Doing Battle. The Making of a Skeptic*. Boston: Little, Brown & Co., 1996, 229–232 (232, 229).

32 Heym, *Nachruf*, 397.

33 Ibid., 362.

Ritchie Robertson

Narrative and Violence in George Saiko's *Der Mann im Schilf* (1955) and Hans Lebert's *Die Wolfshaut* (1960)

Erzählen und Gewalt in George Saikos »Der Mann im Schilf« (1955) und Hans Leberts »Die Wolfshaut« (1960)

Ausgehend von Bachmanns Auseinandersetzung mit der faschistischen Vergangenheit Österreichs in »Unter Mördern und Irren« werden hier zwei wenig bekannte österreichische Nachkriegsromane untersucht, die sich ebenfalls mit Schuld und Gewalt in der neueren Geschichte Österreichs auseinandersetzen. Während George Saikos »Der Mann im Schilf« (1955) vor dem Hintergrund des nationalsozialistischen Putschversuchs im Sommer 1934 spielt, ist Hans Leberts »Die Wolfshaut« (1960) in einem entlegenen steirischen Gebirgsdorf angesiedelt, wo die kurz vor Kriegsende begangene Ermordung einer Gruppe von Fremdarbeitern auch Jahre nachher auf dem Bewußtsein der Einwohner lastet. Um die fiktionale Darstellung von Gewalt zu beleuchten, werden die in beiden Romanen verübten Gewalttaten nach ihren Umständen und Motiven und nach ihrer Funktion in der Erzählstruktur analysiert. Schließlich wird der Versuch unternommen, die Antithese von Rationalität und Irrationalität zu überwinden, indem die Romantexte mit René Girards Begriff der Ritualhandlung gelesen werden.

The problems of Austrian »Vergangenheitsbewältigung« are memorably exposed in Ingeborg Bachmann's story *Unter Mördern und Irren.* A group of men who attend a »Stammtisch« are linked by obsessive memories of the War; by clichés and euphemisms which disguise the reality of violence; by a sense of male solidarity which compensates for the staleness of their domestic lives, but which subdivides them into the authoritarian and the submissive. Their self-deceptions are exposed by the arrival of a stranger who, during the War, never doubted that he would commit murder, rejecting such euphemisms as »ausradieren« and »aufreiben«, yet, precisely because he admitted what he was doing, found himself unable to shoot and was sent to a psychiatric hospital. At the end of the story this unwelcome stranger is found murdered. The story seeks to reverse our familiar perspective by suggesting that the ex-soldiers, who have adapted to civilian life, are the real »Irren«, while the former inmate of the psychiatric hospital is the only person sane enough to acknowledge the reality of military violence.

Similar themes of »Vergangenheitsbewältigung« are treated in two less-known works of fiction from 1950s Austria, *Der Mann im Schilf* by George Saiko (1892–

1962) and *Die Wolfshaut* by Hans Lebert (1919–1993). Saiko, born in Bohemia, studied art history and archaeology in Vienna, travelled extensively, and lived on the private income stemming from his well-to-do family while working as a private scholar. Many of his scholarly publications were in English, a sign of the Anglophilia also shown by his preference for an English forename. After the Anschluß he was forbidden to publish; he worked in the Albertina, helping to tend its collection of drawings and to protect it against air-raids, but resigned in 1950. His novels, *Auf dem Floß* (1948) and *Der Mann im Schilf* (1955), have remained relatively little known. Lebert's work has likewise received far less attention than it deserves. The nephew of Alban Berg, he trained as a singer and a painter, and, like Saiko, deplored the Anschluß. In 1942 he avoided being drafted into the army by feigning insanity, and in 1944-45 he worked with the Austrian resistance in the Styrian mountains.[1] *Die Wolfshaut* was a success, being awarded the Förderungspreis des Österreichischen Staatspreises in 1962, but his next novel, *Der Feuerkreis* (1971), was poorly received, and after the devastating deaths of his mother in 1973 and his first wife in 1974, Lebert published nothing substantial.

Before examining these novels in detail, I want to raise some questions concerning violence and how we think about it. It seems obvious and natural to associate violence with irrationality, as Bachmann does by equating »Mörder« and »Irre«. One of the twentieth-century poets most deeply worried about and fascinated by violence, W.B. Yeats, wrote the line »Irrational streams of blood are staining earth.«[2] However, this presupposes a pair of concepts, rationality and irrationality, whose binary structure can itself be queried. One term of a binary is always marked as superior, but it is not self-evident that everything rational is superior to everything irrational. Is the irrational impulse that can make one save a person from drowning superior to the rational self-interest that would urge one to stay dry and safe? Moreover, violence can as easily be associated with the »superior« term of the binary. It is not always an outburst of insensate energies, an »Entfesselung des Irrationalen und unterbewußter Triebstrukturen«, as Dietmar Goltschnigg describes Saiko's portrayal of Austro-Fascism.[3] It can be a thoroughly rational, carefully calculated means of attaining one's ends. One need only read Machiavelli to find examples.[4] The effective use of violence for intimidation is known to many politicians as well as to many criminals. I doubt, therefore, whether the simple binary of rationality and irrationality will help us to understand violence, and later I shall introduce the concept of ritual as something which is neither rational nor irrational but offers a way of coping with violence that transcends both sides of this antithesis.

The literary scholar, unlike the historian or the psychologist, has to focus initially at least on the literary representation of violence. It is a long time since fiction could be regarded as a transparent window on the world. One has to examine the conventions of genre and verisimilitude, and the narrative and hermeneutic codes, in which fictional violence appears. Most of this article will do so. But it would be a pity if conscientious interpreters of literature were confined to the study of representation and could never reach beyond it to the real world which, after all, the literature of verisimilitude professes to illuminate. Are we really able only to talk about the literary representation of violence, and not about violence itself? That would seem contrary to one main purpose of literature, which is to extend our experience and understanding of the world. And so, after examining in some detail the representation of violence in Saiko's and Lebert's two novels, I shall, with the aid of a few ideas drawn from René Girard, suggest what they can tell us about the mechanisms of violence outside books.

To assist analysis, I have extracted the main acts of violence from each novel and listed them under various categories. Some categories describe the nature of the act of violence, others concern its place in the narrative structure. Thus the act of violence may be communal, with a group of people attacking a single individual, or it may be confrontational, a *High Noon*-style showdown between two individuals. The act of violence may be »functional«, that is, it may serve an obvious rational purpose. It may at the same time be sadistic, with gratuitous cruelty supplementing its rational motive. Some, but not all, of the sadistic incidents are also overtly sexual. (Although we know since Freud that sadism is sexual in origin, I do not find it helpful to use »sexual« in the extended sense encouraged by Freud.) It also matters what place the act of violence has in the narrative. It may come first, by originating a train of events, or it may come last, by forming the climax to a narrative sequence. Its place in the story, the basic sequence of events, what Russian Formalist critics called the *fabula*, may be different from the place it occupies when the events have been rearranged to form a plot or *syuzhet*.[5] And since fiction contains not only a sequence of events but also a process of discovery, a hermeneutic code, we have to ask about the hermeneutic place of violent acts. The originary act which gives rise to a narrative sequence may also be the end-point of a hermeneutic inquiry. In detective fiction, which normally centres on solving a murder, this is by definition the case: the violent crime initiates the action; the sequence of events accompanies a process of inquiry which ends by returning to the originary act and explaining it.

Before turning to the novels I must also indicate their genre. *Der Mann im Schilf* is a thriller, dealing in danger, adventures, conspiracies, crimes, and escapes. *Die Wolfshaut* can loosely be defined as a narrative of detection in which a character marginal to the community, the Sailor, investigates and finally explains a crime whose half-buried memory still affects the entire community. Both genres, the thriller and the detective story, necessarily involve violence. So the mere presence of violence in these novels tells us nothing about the prominence of violence in actual life. On the other hand, for their literary purposes, the authors have chosen to write about historical situations featuring violence – the Nazi putsch of 1934, in Saiko's case, and the late phase of the Second World War, in Lebert's. They thus avoid the problem, particularly affecting detective fiction, that violence can be flagrantly fictional. When Miss Marple's country village or Inspector Morse's Oxford appear to be positive killing fields where criminals constantly rampage, we know that these orgies of murder are called into being not by the requirements of verisimilitude but by the conventions of the detective genre. The historically precise settings of Saiko's and Lebert's novels, on the other hand, lead us to expect more of a compromise between genre conventions and verisimilitude.

Anyone who reads this article without knowing the novels will unfortunately discover their plots. Such a reader can be reassured that the novels are not only absorbing and eventful narratives, but also masterpieces of style, an aspect that cannot be treated in any detail here. Saiko practises a »magic realism« (his term) pioneered by Joyce and Kafka and perfected, in his opinion, by William Faulkner, intended to explore »die affektiven Vorstellungen und ihre Verbindungen, das

Triebhafte, die subjektiven Symbolbildungen, kurz die vor- und unbewußten, eigentlich gestaltenden Kräfte, die im Dasein des einzelnen eine so entscheidende Rolle spielen«.[6] He conveys wonderfully the uncertain, uneasy feeling of finding oneself in a tense situation where one does not know what is going on. He does this especially by adopting the viewpoint of Robert, the main character, a Viennese out of his depth in the provinces and further unsettled by the unfamiliar reality created by the putsch attempt. Throughout the novel, however, Saiko moves from one narrative perspective to another with a boldness that distinctly recalls Faulkner, and none of his focalizers has an overview of the situation, so that the reader's perplexity can never be completely resolved.[7] Lebert's great strength lies in describing the natural setting of his Alpine village so as to suggest a sinister atmosphere, permanently polluted by the Nazi past – »eine parteibraune Landschaft«.[8]

Saiko's novel is set in the Salzkammergut in the summer of 1934, the time of the Nazi putsch attempt and the assassination of Dollfuß. This Austria is frightening and alien, »eine Art Afghanistan«.[9] The central character, insofar as there is one, is Robert, a Viennese archaeologist who has just returned to Austria with the English couple, Sir Gerald and Loraine, with whom he has been conducting archaeological excavations on Crete for the past two years. Much of the action takes place in a small country town, a tourist resort on a lake, where Robert has arranged to meet his girl-friend Hanna, and where Robert's elder brother Felix, also known as the »Rittmeister«, is prominent among the Nazi conspirators. The »man in the reeds« of the novel's title is an escaped conspirator who is said to be hiding in a reed-bed in the lake. The uncertainty about his identity, or even his existence, is part of the unease and insecurity that pervade the novel. Violence is also pervasive. Soldiers shoot into the lake; villagers throw stones at tourists; Robert himself says to Felix: »Wo die Gewalt sozusagen in der Luft liegt, greift jeder danach« (M, 36). Nor is violence shown as an Austrian speciality. It also haunts the relationship between Loraine and Gerald. Dark references to her years of suffering violence, and to Gerald's stock of leather belts, suggest that he is a domestic sadist; Loraine escapes from him by having illicit sexual relations with Robert and with the Greeks on Crete.

The first act of violence befalls Robert. In Salzburg, Robert goes into an inn and is denied any service because it is occupied by »eine geschlossene Gesellschaft«, a circle of men who stare at him with undisguised hostility (M, 28). Outside, he notices small groups of people standing about, with policemen nearby in pairs. He enters a shop to buy cigarettes and is suddenly punched in the face and then beaten up by a small group of men who leave him lying in the gutter. The policemen at this point are nowhere to be seen.

A long flashback recounts how the increasingly tense atmosphere on Crete culminated in another act of violence. The atmosphere is sexually charged: Loraine is having an affair with a Greek donkey-driver, Kleon, and she seems deliberately to provoke Kleon's rival, Agamemnon. Finally Agamemnon discharges his feelings in violence: he attacks her sexually and comes close to throttling her (the text leaves it obscure whether a rape actually occurs), then stabs his rival Kleon and cuts the throat of a female donkey – evidently a surrogate for Loraine – before vanishing.

After the Cretan interlude Saiko shifts the focus to some new characters, a pair of brothers whose antagonism mirrors that between Robert and Felix. The elder brother is Florian, a farmer in the Salzkammergut, and the younger is Cölestin, who is a government minister but still feels inferior to his brother. During a long argument about how far Cölestin can protect Florian from the consequences of his involvement in the putsch, tension mounts until Cölestin attacks his brother with a hammer and is laid low with a kick in the stomach from Florian's hobnailed boot.

During this scene there is another flashback in which Cölestin remembers a gang rape carried out some years earlier by him, Florian and two other men upon a maid-servant in an inn. They laid her on a table and fought for their turns. They did not realize that she was seven months pregnant. She suddenly gave birth prematurely. We are not told whether the »Frühgeburt« was dead or alive. At any rate, Florian promptly cut out the heart of the foetus and kept it as a talisman. He believes that so long as he carries it, he can do such things as gun-running without being caught.

Towards the end of the novel another character, the Ministerialrat Mostbaumer, assumes great importance. His business is to ensure that Fascists in the government and bureaucracy are not implicated in the putsch, and for this purpose he pays a visit to Felix, the Rittmeister, who is now a dangerous local leader. But he also has a private aim. He wants to prove to himself that he has »die Fähigkeit *es* zu tun« (M, 236, cf. M, 241) – the ability to kill somebody. Ever since his childhood, when he killed a bird with a stone in his father's presence, Mostbaumer has felt a need to prove his manhood by successful violence. He initially sends an assassin to rub out Felix. Later, however, he himself has a long conversation with Felix, which ends with Felix noticing Mostbaumer's gun and trying to draw his own; but Mostbaumer is too quick, and shoots him down.

The final act of violence occurs on the last page of the novel. Robert and Hanna have rescued the man hidden in the reeds. He is concealed in a rolled-up sail. But as they drive past a hotel, the local militia fire on the car, and Hanna is killed.

As a thriller, *Der Mann im Schilf* moves powerfully forward, though its narrative momentum is dispersed (not weakened) by moving among different focalizers – Robert, Cölestin, Mostbaumer – the last two of whom are introduced only about half-way through the novel. All the more importance, therefore, attaches to the scenes of violence which are recollected from the past: the events on Crete, and, still more, the gang rape of the pregnant maidservant. Either of these acts of sexual violence can claim to be the novel's heart of darkness in which the horror of violence is concentrated, or its primal scene in which violence appears to originate. The Cretan events are associated not only with the narrative past of the novel but with the remote historical past disclosed with the help of archaeology and further advertised by the name Agamemnon. The gang rape in some ways directly resembles a Freudian primal scene. Acts of sex are witnessed by the non-participant Cölestin (who is backward in fighting for his turn), and they culminate in a birth. Moreover, the gang rape takes place indoors, in a small room, which recalls both the bedroom – the scene of parental sex and sometimes of sexual violence – and the torture-chamber which is only too familiar from twentieth-century history.

Lebert's *Die Wolfshaut* is set, ostensibly at least, in more peaceful times. It is the winter of 1952–53, and the place is a remote Styrian village with the significant name Schweigen. The closed village community admits only two strangers. One is Karl Maletta, who has set up as a photographer, and the other is Johann Unfreund, usually known as the Sailor (»der Matrose«), a local who has returned to the village after many years' absence.[10] The story has the hermeneutic structure of a detective novel: that is to say, the action necessarily moves forward, but as the vehicle for a process of discovery that probes backward into the past. Three unexplained deaths are eventually solved by being related to an act of violence that occurred late in the war. Though this act is only disclosed near the end of the novel, I will spoil the structure by revealing it now. Six foreign workers (»Fremdarbeiter«) were taken to the nearest railway station, some distance away, by the local »Ortswacht«. But the train by which the workers were to be transported did not arrive, and so the »Ortswacht« marched them back as far as an abandoned brickworks which, according to the leader, would make an excellent shooting gallery: »jetzt machen wir eine Schießbude auf, das wird lustig« (W, 571). They locked the workers in the brickworks and shot at them through the windows, and, as the shooting was inaccurate, it took a long time for all six to die; but eventually they were all killed and buried.[11]

The uncovering of this crime is a synecdoche for disclosing the Nazi past which still pervades Schweigen more than seven years after the end of the war.[12] Nazism is openly discussed by the schoolmistress, an unreconstructed ex-Nazi. The men, however, are bound in a conspiracy of silence, broken only when one of them gives a Nazi salute when drunk, or when swastikas are painted in a lavatory or on a gravestone. Lebert conveys, however, that Nazism pervades the community as a buried corpse still pollutes the air, though most people are so used to the stench that they do not notice it: »Gott sei Dank! Wir sind gefeit, wir sind immun. Wir sind an unser Klima schon gewöhnt. Wir sagen nur ›Heimatluft‹ und zwinkern uns zu und werden niemals etwas Übles riechen« (W, 451). However, the repressed always returns. The cost of suppressing the past is that you have to re-enact it. And this re-enactment occurs when the perpetrators start to suffer mysterious deaths. The villagers seek to blame these deaths on an escaped convict, who, unable to survive in the snow-covered mountains, gives himself up to the police. Police and citizens alike join in torturing him in order to make him confess to the recent murders. They tie him to a chair, flick him with wet cloths, and beat him with a dog-leash and an »Alpenstock« whose owner has adorned it with nails (»Stocknägel«) commemorating visits to various pilgrimage centres (W, 351). The description suggests a controlled orgy of blood-lust, beginning when Schober, one of the policemen, has counted up to three:

> »Los!« brüllte Habergeier und hob seine Leine.
>
> Schober drehte sein Handtuch zusammen und hob es empor, die Wangen dunkelrot, die Augen weiß. Er brüllte: »Drei!«
>
> Und die schmächtige Pauke aus Haut und aus Knochen erdröhnte unter den niederprasselnden Schlägen; sie hatte ihre Kugelform verloren, sie war eine vielfach geknickte, verbogene Achse; sie krümmte sich; sie krümmte ihren nackten Rücken, der bleich war wie das Kalbfell einer Trommel; die Schulterblätter zeichneten sich ab, jede Rippe zeichnete sich ab; und rote Striemen zeichneten sich ab, denn sämtliche Gnadenorte zerfetzten die Haut [...]. (W, 351–352)

The convict, already half-starved, is beaten into making a false confession, and though he later manages to break away from his captors, he is shot down before he can run far.

These are the two central acts of violence in the novel, one taking place before the reader's eyes, the other needing to be excavated from the narrative past. They correspond to the two »primal scenes« in *Der Mann im Schilf*, and, like the gang rape in that novel, both take place in confined spaces: the brick-works and the police station. Instead of the overt sexuality of Saiko's incidents, however, we find here groups of men joining together in what almost seems a childish game, albeit a murderous one. The victims are dehumanized: the foreign workers are sued for target practice, the convict in the passage just quoted is repeatedly equated with a drum. But the violence is licensed, especially the torture of the convict, by the adult authorities: by the police, and beyond that, it is implied, by the Church. The concise irony of the phrase »sämtliche Gnadenorte zerfetzten die Haut« is a masterstroke of savage satire.

Alongside these, the novel offers other acts of violence. Of the three mysterious deaths, two appear not to be acts of murder. One of the perpetrators was apparently struck with horror on revisiting the brickworks, and died on the spot. Another was suddenly overcome by horror at the recollection, ran wildly down a slope, and impaled himself on the projecting branch of a tree. Only the third, an elderly man called Schreckenschlager, was actually killed; it appears that he was murdered by Habergeier, a leading figure in the village and the former commandant of the »Ortswacht«, because he was beginning to talk about the incident. His death happens, as it were, offstage. The fifth perpetrator was Unfreund's father, who hanged himself soon after the original event.

Another act of violence is recalled only briefly. Near the end of the novel, Karl Maletta, the photographer whom the villagers always regard as a suspicious and contemptible outsider, confesses to the Sailor how during the war he took part in a mass killing, presumably of Jews. The fifty soldiers, of whom he was one, were ordered by the commanding officer to round up and shoot the entire population of a village, men, women and children alike. They obeyed without question. However, the massacre took place in a quarry, and the sound of gunfire echoing off the quarry walls still haunts Maletta years afterwards: another instance of how the past cannot be completely suppressed (W, 559).

The final act of violence is carried out by the Sailor. In this detective novel, it is he who uncovers the truth, though he does so not by detective work but by reading an account of the mass killing in a letter from his father which he has unaccountably had for many years without looking at it. On learning the truth, he goes to confront Habergeier, the former commandant of the »Ortswacht«, now a respected local citizen whose long white beard causes him repeatedly to be called »Gottvater«. Habergeier thus symbolizes the patriarchal order that descends from God to the traditional community. The Sailor has a gun, and intends to kill Habergeier. Instead, he contents himself with slapping Habergeier hard on both cheeks. And this symbolic revenge turns out to be sufficient. For by now Habergeier has secured himself against real retribution by becoming a member of the Landtag and thus immune from prosecution. He has also shaved off his long white beard, because it would look incongruous in such an assembly, and no longer offers a visible symbol of patriarchal authority. But his gesture seems to satisfy the Sailor and enable him both to put the past behind him – indicated by his burning his father's letter – and to leave the village in order to make a fresh start elsewhere.

What about the narrative place of violence in these two novels? My diagram (at the end of this article) shows that Saiko is more inclined than Lebert to use violence as a means of narrative closure, that is, of bringing a sequence of events to a climax and a conclusion. Both the sequences that end in violence are charged with sexuality and aggression in varying proportions. The sexual rivalry between the two Greeks, Agamemnon and Kleon, ends with Agamemnon stabbing Kleon and the she-donkey. Here we have the Freudian model of pent-up feelings seeking a discharge, though the feelings in question cannot be defined simply as sexuality or as aggression, but are an intimate combination of both. The other sequence is the confrontation between Mostbaumer and Felix that ends with Mostbaumer proving his manhood by shooting Felix. Violence here is sudden, but less spontaneous than in the Cretan incident, for Mostbaumer has intended for some time to demonstrate his manhood at Felix's expense. By contrast, the last act of violence in the story, the shooting of Hanna, brings only partial closure. It is unexpected and almost random, for it arises, not from a particular sequence of events, but from the general tension in the village. It ends the novel, but it does not resolve anything.

In Lebert's novel, on the other hand, the culminating act of violence brings a very strong closure, though in itself it seems comparatively trivial: the Sailor slaps Habergeier in the face. Yet this action resolves the antagonism between the Sailor and the rest of the community, whose leader and representative is Habergeier. It is a symbolic punishment for Habergeier's leading part in the murder of the foreign workers. It is also an Oedipal act of violence. The Sailor's own father was one of the murderers, but soon afterwards hanged himself from remorse. Thus, since Habergeier, by drawing his father into the act of murder, was also indirectly responsible for his father's death, the Sailor is punishing Habergeier not only for murdering the prisoners but also for causing the death of his father. But since his own father was a perpetrator, the Sailor, by striking the arch-perpetrator Habergeier, is also punishing his father. Beyond that, Habergeier, with the dignified appearance conferred by his long white beard, represents another father-figure, the patriarchal image of God. The authority he carries in the community is personal and charismatic, helped by his appearance and by his taciturnity: he says little, and what he does say is always accompanied by his catch-phrase »gell ja«. But now, by having his beard shaved off, and joining the Landtag, he has given up his charismatic authority for the sake of political power. He has shown that he is only human. By slapping him, the Sailor confirms his loss of authority.

Saiko and Lebert give violence significantly different places in their narratives. Writing a thriller, a type of fiction to which violence is essential, Saiko gives acts of violence a crucial structural role as the climaxes of narrative sequences, and thus goes some way towards naturalizing violence. In Lebert's novel, on the other hand, most of the violent events are incidents, that is, they are not essential to the narrative. They do not seem to result from a long narrative build-up. Instead, we have to look each time for explanations in the atmosphere of the novel and/or in the motives and psychology of the perpetrators.

The motives for violence are both rational and irrational, though these terms seem barely adequate. Thus in *Die Wolfshaut* the murder of the foreign workers is a rational means of saving trouble: the »Ortswacht« dispose of the workers in order to avoid taking them back to the village under guard. We should remember that in the First and Second World Wars, as Joanna Bourke has documented, it was common on both sides to kill prisoners simply because guarding them, taking them back to the lines, feeding them, and attending to their injuries, would all have been too laborious.[13] Using the prisoners for target practice may be called an irrational outburst, but it may also be considered a rational way of maximizing sadistic pleasure. The incident shows that rational means-end calculation is compatible with utter inhumanity (though nobody who has read Adorno and Horkheimer on the dialectic of enlightenment will need much convincing). Similarly, the torture of the convict is first and foremost a rational action, intended to make him confess responsibility for the recent deaths and thus prevent the original atrocity from coming to light. Like many of the violent acts in both novels, it also gives sadistic pleasure to the perpetrators, but it is undertaken first and foremost to fulfil conscious purposes. The sadistic enjoyment that these acts occasion is a bonus, but not the decisive reason for undertaking them. They are not an upsurge of irrational primitive energies; indeed the binary pair rational-irrational seems beside the point if one is trying to understand them.

In order to think more productively about the meanings of violence, I want to introduce the concept of ritual, and to do so by reading *Die Wolfshaut* briefly against the interpretation of Sophocles' tragedy *Oedipus* by René Girard. Girard's well-known thesis, put forward in *Violence and the Sacred* (first published in 1972) and elaborated in a long series of subsequent books, is that violence in many societies is controlled by sacrifice. Sacrifice is not about guilt, expiation, or appeasing the gods. It is a way of dealing with the violence that is inherent in human nature and human society, by transferring the community's violent impulses to a victim in a ceremony where the cycle of violence ends. In societies which have neither an effective sacrificial ritual nor a powerful judicial system, violence perpetuates itself in revenge killings and blood-feuds. The surrogate victim enables society to avoid fragmentation and regain what Girard calls a »violent unanimity«.[14]

Sacrifice is a ritual, a form of symbolic behaviour that is neither rational nor irrational. It does not always work. When it breaks down, there is a sacrificial crisis, and tragedy, according to Girard, explores and analyses the crisis, offering sometimes a model for the re-establishment of sacrifice on a new basis. Sophocles' *Oedipus* examines such a crisis, disclosing the mechanisms by which sacrifice works. In the play – and it is the play, the literary text, not the myth, that Girard discusses – the community of Thebes weathers the sacrificial crisis by remaining in a state of false consciousness. Oedipus is supposed to be uniquely wicked, or uniquely accursed, because he alone has committed parricide and incest. Yet these actions, which in any case result from circumstances, not from his intentions, reveal a propensity to anger and violence which, as the confrontations with Tiresias and Creon show, Oedipus shares with other people. The belief in his uniqueness enables the community to disguise from itself the truth about its own innate violence and make Oedipus into its surrogate victim, its scapegoat. Of course the truth about the community's violence keeps threatening to leak out. It is symbolized by the plague, which affects everybody, and which represents the destructive impulses all have in common. But this truth remains unspoken, and the sacrificial crisis is overcome by the desperate measure of making the king into the sacrificial victim who is blinded and banished.

At the same time, of course, *Oedipus* is concerned with the discovery of the truth. But the truth that comes to light is the truth about Oedipus and his crimes, not the truth about the criminal and violent impulses of the entire community. And if the latter were brought to light, it would not make the sacrificial ritual any more effective. Violence cannot be resolved by knowing the truth about it. If the Thebans were made to undergo collective cognitive therapy and realize that they were all predisposed to violence, that would not make them any more peaceable. Violence can be controlled, not banished. And it can be controlled, not by knowledge, but by ritual.

Girard's notion of a sacrificial crisis seems applicable also to *Die Wolfshaut*. The village of Schweigen is haunted by knowledge of past crimes, as Thebes was by the plague. It has no mechanism of sacrifice. We learn next to nothing about the religious life of the village; we do not see the villagers assembling for mass, for example. Nazism seems to provide the only religion that many of them acknowledge. The judicial system – which, as Girard argues, has replaced sacrifice in modern regulated society – works, but it is far away. In the absence of ritual or justice, violence breeds violence. Its first victim in the narrative present is the convict. The image of the stick studded with »Gnadenorte« suggests rather that collective violence directed against such scapegoats as the convict provides a substitute, though a limited and ineffectual one, for the religious ritual that has lost its efficacy. However, while violence can be re-enacted symbolically in ritual and thus brought under control, the violence inflicted on the convict is not a symbolic substitute for the original crime but a real, physical re-enactment of it, milder only in that the man is not immediately killed. Maletta too is a kind of victim in being made the butt first of petty rudeness (when he is denied service in the »Gasthaus«) and then of a brutal practical joke, while the Sailor is repeatedly threatened with becoming the next victim.

If Schweigen resembles Thebes in suffering a sacrificial crisis, it does so also in containing an Oedipus figure in the Sailor. The story of Oedipus may be seen as the first detective story, which is why Alain Robbe-Grillet paid tribute to it in his anti-detective story, *Les Gommes* (1953), where the detective Wallas may have murdered, or may intend to murder his own father, and is searching for an eraser with the brand name »Œdipe«. Oedipus not only broke the severest taboos by committing parricide and incest; he also solved the Sphinx's riddle and may thus qualify as the archetypal detective. The Sailor has solved the riddle of the murders by uncovering the guilty secret hanging over the community. So he is Oedipus the detective as well as Oedipus the parricide.[15]

Since the Sailor is both actor and detective, the end of the novel brings the narrative and hermeneutic codes together in his person. He is not a mere onlooker, like Sherlock Holmes, but a member of the village community, however marginal, and implicated through his father in its collective crime. He has to free himself from his share in its guilt. His father did so by turning violence against himself. Johannes Unfreund acts differently. In slapping Habergeier, he performs a complex Oedipal action which is above all an act of symbolic violence. Instead of shooting Habergeier, as he previously intended, he shows his disrespect for Habergeier's pretensions to authority. He is thus able to go off and start a new life. But, by bringing the truth to light, he does not thereby put an end to violence. He does not cleanse the pollution infecting the village, for mere knowledge cannot accomplish that. His slapping Habergeier is a ritual – outwardly mild, but symbolically effective – by which he at least frees himself from the past.

Of the violent acts in *Die Wolfshaut*, this is outwardly the mildest. It is also the only one that concludes a narrative sequence. The others are almost casual. Maletta's revelation that he took part in a massacre of Jews comes near the end of the story, and has no narrative consequences. The communal torture of the convict is strictly unnecessary to the narrative, indeed the story could survive without the figure of the convict. The originary act of violence, the murder of the foreign workers at the end of the war, is revealed when the Sailor discovers his father's notebook: it concludes the hermeneutic sequence, but has a narrative function only in the sense that the perpetrators die one after the other. Two of their deaths have an inadequate psychological motivation and seem rather to be supernatural. The third is a murder carried out by Habergeier but not shown to us, only implied. Hence, though violence is frequent in *Die Wolfshaut*, it does not structure the narrative as violent acts do in *Der Mann im Schilf*.

In both novels, violence often has a semi-ritual function. When it is carried out by groups, it serves to bind the group closer together and to assist male bonding. This applies especially to the attack on Robert by provincial Nazis near the beginning of *Der Mann im Schilf*. They realize that Robert is not a foreigner and therefore an attack on him will not have diplomatic consequences. Since he is from Vienna, they can, by attacking him, affirm their solidarity with each other and their hostility to the capital. Their action, however, is only semi-ritual, because it centres not on symbolic violence but on real violence. The novel presents a series of violent actions which are real, not symbolic, and which illustrate the breakdown of collective behaviour into confrontations between individuals in the service of personal psychological impulses. For example, the rape of the pregnant woman might seem only too familiar as an example of male solidarity supported by the maltreatment of a victim. As a ritual, however, it fails, for although the men are united against her, they are fighting one another for access to her body, and the rape is a competitive test of manhood in which Florian, who captures the talisman, emerges as victor and his brother Cölestin as loser. Likewise, the conflict between Mostbaumer and Felix is a competition over manhood, fulfilling the psychological needs of the individual, and divorced from any collective function. In *Die Wolfshaut*, violence against the convict unites the community. But it is again a failed ritual, because again it is real, not symbolic violence. This community lacks the symbolism which could have acknowledged and overcome its violent impulses. To overcome violence and the temptation to re-enact violence is possible only for individuals, such as the Sailor, and in doing so he has to leave the community.

I would suggest, therefore, that the binary terms »rational« and »irrational« give little help in understanding violence. Although intended to condemn violence by associating it with the negative term, this binary gives us very limited insight into the origins and motives of violence. The word »irrational« expresses a refusal to understand. We can get much further with concepts of ritual that transcend the rational-irrational dichotomy, and particularly with Girard's concept of a sacrificial crisis. Unable to respond creatively to this crisis, the populace in both novels contrive a number of failed semi-rituals which serve only to perpetuate the cycle of violence and which illustrate the fragmentation of former collective actions into individualistic behaviour.

Acts of violence in *Der Mann im Schilf* and *Die Wolfshaut*

	past or present?	narrative climax?	communal or confrontation	functional	sexual	sadistic
Nazis attack Robert	present		communal			x
Gerald beats Loraine					x	x
Agamemnon kills Kleon and the donkey	past	x	confrontation		x	x
Florian kicks Cölestin	present	x	confrontation			x
gang rape	past		communal		x	x
Mostbaumer kills Felix	present	x	confrontation	x		
Hanna is shot	present	x		x		
workers are massacred	past		communal	x		x
convict is tortured	present		communal	x		x
Habergeier kills Schreckenschlager	present (but off-stage)			x		
Maletta takes part in mass killing	past		communal	x		
Sailor slaps Habergeier	present	x	confrontation			

Notes

1 No more information about this episode seems to be available than is given by Jürgen Egyptien. »Lebert [...] wirkte im letzten Kriegsjahr noch als Verbindungsmann der in der Steiermark operierenden Widerstandsbewegung, der sowohl Österreicher als auch Jugoslawen angehörten«. *Der »Anschluß« als Sündenfall. Hans Leberts literarisches Werk und intellektuelle Gestalt.* Vienna: Sonderzahl, 1998, 28.

2 W.B. Yeats. *The Poems.* Ed. by Richard J. Finneran. London: Macmillan, 1983, 293.

3 Dietmar Goltschnigg. »Die Darstellung des Faschismus im österreichischen Nachkriegsroman. Saikos *Der Mann im Schilf*«. *Modern Austrian Literature,* 21 (1988), 41–54 (50).

4 See Niccolò Machiavelli. *The Prince.* Harmondsworth: Penguin, 1961, chapters VII and VIII.

5 For this distinction, see Boris Tomashevsky. »Thematics«. *Russian Formalist Criticism. Four Essays.* Lincoln, London: University of Nebraska Press, 1965, 61–95 (67).

6 George Saiko. »Roman und Film, die Formen unserer Weltinterpretation«. *Literatur und Kritik* (1971), 54/55, 271–282 (280).

7 For some suggestions about the relation of *Der Mann im Schilf* to other novels, especially those of Hermann Broch, see Hartmut Steinecke. »Zwischen Tagtraum und Wirklichkeit. Zu George Saikos Poetik und zu *Der Mann im Schilf*«. Joseph Strelka (ed.). *George Saikos magischer Realismus – zum Werk eines unbekannten großen Autors.* Bern: Peter Lang, 1990, 35–44. Saiko's affinity to Faulkner remains unexplored.

8 Hans Lebert. *Die Wolfshaut. Roman.* Mit einem Nachwort von Jürgen Egyptien. Vienna, Zürich: Europaverlag, 1991, 185. Future quotations from this edition are given in the text with W and page number only. Egyptien's afterword discusses Lebert's evocation of nature in detail.

9 George Saiko. *Der Mann im Schilf. Roman.* Zürich, Cologne: Benziger, 1955, 11. Future quotations from this edition are given in the text with M and page number only.

10 Unfreund's name and surprising profession recall Lebert's fascination with the figure of the Flying Dutchman (Egyptien, *Der »Anschluß« als Sündenfall*, 27).

11 Lebert based this on a real massacre carried out early in 1945 at Präbichl in Styria by members of the SS and the local militia (»Volkssturm«) (Ibid., 122).

12 On the novel as a contribution to »Vergangenheitsbewältigung«, see J.J. Long. »Casual Brutalities. Hans Lebert's *Die Wolfshaut*, Gerhard Fritsch's *Fasching* and Austrian Collective Memory«. *Austrian Studies* 11 (2003), 85–101.

13 See Joanna Bourke. *An Intimate History of Killing. Face-to-Face Killing in Twentieth-Century Warfare.* London: Granta, 1999, 182, 189.

14 René Girard. *Violence and the Sacred.* Baltimore, London: Johns Hopkins UP, 1977, 78.

15 On the Oedipal model of detective fiction, see Frank Kermode. »Local and Provincial Restrictions«. *Essays on Fiction 1971–82.* London: Routledge & Kegan Paul, 1983, 52–71.

Mary Cosgrove

Boudoir Society
Violence and Biopolitics in Albert Drach's Protocol Novels

Boudoir-Welt
Biopolitik und Gewalt in den Protokoll-Romanen von Albert Drach

Thema dieses Aufsatzes ist die subjektiv-körperliche Erfahrung der Gewalt im Prosawerk des österreichisch-jüdischen Schriftstellers Albert Drach. Seine Protokoll-Romane, die überwiegend das juridische System der Nazi-Aera und der Nachkriegszeit profilieren, gehen der kalkulierten Verflechtung von Staat und Gewalt nach. Durch die komisch-groteske Betonung der Kreatürlichkeit des menschlichen Körpers, der gleichwohl als politisches Konstrukt staatlicher Machtpraxis erscheint, verbildlicht Drach Gewalt als staatlichen Eingriff in die körperliche Existenz des Individuums. Gesetzliche Praxis wird so als vom Staat legitimierte Gewalt enthüllt. Drachs Texte werden im Rahmen der politischen Philosophie Giorgio Agambens diskutiert, dessen Werk »Homo sacer. Die souveräne Macht und das nackte Leben« vor allem die legalen Kontexte der Nazi-Gewalt ins Licht rückt. Der Beitrag betrachtet Drachs Werk damit zum ersten Mal im Kontext neuer Entwicklungen in der Holocaust-Forschung, die mit der problematischen Annahme einer geschichtlichen Einzigartigkeit des Holocaust und seiner Voraussetzungen brechen.

Introduction

As an Austro-Jewish writer who was persecuted by the Nazis, Albert Drach belongs to the group of first generation victim survivors who bear witness to their experiences through their postwar writing.[1] The question of Holocaust representation, inextricably linked to the extreme violence it embodies and the challenge this poses to any representative medium, is therefore central for any examination of Drach's work. While disagreement still exists across a number of disciplines on the issue of Holocaust representability, I would like to propose that Drach's particular prose style and choice of subject matter goes a considerable length in achieving a historically rooted representation of the political and legal context in which the Holocaust took place.[2] This reading of Drach is greatly supported by the work of the Italian philosopher Giorgio Agamben, whose examination of biopolitics in Western civilisation provides new ways of contextualising the Holocaust within pre-existing legal, scientific, and political discourses. In the following, I will be using aspects of

Agamben's political philosophy to provide a reading of the significance of violence as it appears in Drach's prose works.[3]

The great appeal, and in my view intellectual justification in reading Drach through Agamben is their very similar critiques of the abuse of law in times of totalitarianism, and indeed in democratic times. While Agamben conducts this analysis from within the discipline of philosophy and, five decades after the event, from within an established, if contentious, academic discourse on the representability of the Holocaust for history and philosophy, Drach, writing in exile and in the more immediate postwar period, had already arrived at many of Agamben's observations several years earlier, albeit in literary form. The following essay will not, therefore, be characterised by the kind of metaphorical language that has come to be associated with Holocaust scholarship, both in literature and in historiography.[4] In other words, the question of violence in relation to the Holocaust will not be relegated to an extra-historical and extra-linguistic domain of silence and incomprehensibility. This would be doing Drach a great injustice, because his literary texts, if in certain respects bizarre and grotesque, are nonetheless unflinchingly rooted in legal realities. If anything thus, my approach to the question of Holocaust representation is metonymical, stressing the consistency of historical context as opposed to the unspeakable event.

What kind of violence does this writer portray? In Drach's work, which spans the periods before, during, and after Nazi totalitarianism, bodies are not splayed across the bloody battlefield but are nevertheless always in a war-zone of sorts. The recurrent image of the violated body in Drach's writing, for instance, is not only an expression of victimisation, it is also the coporeal canvas upon which the strategies and mechanisms of state power are exposed, traced, and critiqued. His representation of the individual human body as the primary site for the exercise of supreme state power makes concrete the notion of state interference in the physical existence of its subjects. I argue, furthermore, that his portrayal of this interference makes a potent political statement: that the bodies of the inhabitants of modern societies are always, even in their most basic and innocuous functions, to greater or lesser degrees, politicised objects of state power.

With the image in mind of the steady encroachment of state power onto the intimate domain of the body – following Foucault, the increasingly surreptitious war-zone of modern state practice –, I propose that Drach combines a critique of three historically rooted themes in order to expose this intrusion: first, the corruption of the law under totalitarian rule; second, the appropriation of the Jewish other by the totalitarian state; third, the planned extermination of this other.[5] Drach's use of the court or police protocol as a literary form for his prose work provides the critique of law. The recurrent image of society as boudoir, in the Sadian sense, the intense politicisation of the body in its basic sexual function provides commentary on aggressive state appropriation of the Jew.[6] Finally, Drach's portrayal of medical politics makes painfully concrete both the corrupt legal discourse of totalitarianism (the politically engineered collusion of law and medicine) and its intended outcome: the physical destruction of the Jew.

The Reluctant Protokollant

Drach was born to assimilated Jewish parents in Vienna-Mödling in 1902, where he lived until he went into exile in 1938, returning to Austria in 1948.[7] His literary career could be described as a casualty of this interrupted biography; he found it extremely difficult to get published in the immediate post-war era due to the uncomfortable topics his work dealt with.[8] In the early Sixties he enjoyed some success with the publication of *Das große Protokoll gegen Zwetschkenbaum*, but soon sank into relative obscurity until he was re-discovered in 1988.[9] He was subsequently awarded the Georg Büchner prize in 1988 and enjoyed modest success until his death in 1995. His reluctantly performed occupation as a lawyer deserves mention in terms of his literary development and contribution to avant-garde writing, for it was undoubtedly the combination of undesired profession, writerly ambitions, and the experience of exile and persecution that gave rise to his literary trade-mark: the protocol-novel. Drach assumed responsibility for the family practice after his father's death in 1935, and his great reluctance to do so is well documented in the first novel of his autobiographical Holocaust trilogy, *»Z.Z.« das ist die Zwischenzeit* (ZZ, 9).[10] Paradoxically, however, it was Drach's lifelong personal and professional experience of Austrian court-room dramas and banalities which provided him with the basic material to communicate, in an innovative form, the intricacies of state power and its sinister permeation of provincial institutions. Thus, it was his development of the novel as a protocol (including the court and police / criminal varieties) which allowed him to represent, in an impressively detailed way, the workings of totalitarian power as it filtered its way down through the hierarchy of state organs.[11] The ethical dimension to his often comic-grotesque work can be observed in his commitment to the plight of those at the bottom of the social and political hierarchy; he rarely strays from the portrayal of the lived experience of individuals who suddenly find themselves in a space beyond all legal jurisdiction.

Consistent with his professional occupation and with his own experiences as a persecuted Jew under Nazism, Drach's Holocaust trilogy (and indeed most of his prose work) is written for the main part in the style of either *Protokoll* or *Bericht*. The narrative perspective is complex and ambivalent, moving back and forth between victim and perpetrator perspectives, never entirely overlapping with the experiences of the victim protagonists. Instead, the extreme officiousness of the narrative tone allows for what could be termed exteriority of representation; in other words, the internal life of characters and protagonists is for the main part silenced. In a Brechtian manner, any pathos of identification the reader might be inclined to feel on behalf of Drach's protagonists, who are always powerless victims of the complex world in which they are enclosed, is omitted in favour of a style which exposes time and again the power mechanisms and political realities of modern state structures. The relentlessly externalising perspective of the protocol allows the author to pursue his stated project of writing against the world in which the victim is produced and tormented. This approach includes, however, the oppositional aesthetics of writing against the victim also.[12] This contradictory narrative position does not neglect the plight of victims; on the contrary, »writing against« the victim-protagonist should be understood as a politically engaged literary strategy designed to avoid the useless pathos of what Dominic LaCapra has recently termed the condition of »negative sublimity« which arises in the cultural conscious from over-identification with the victim perspective.[13] In contrast to this paralysing condition which remains fixated on the deeply subjective traumatic impact of the event, Drach's aim with the protocol is to reveal the complex discursive web of calculated political intent, ingrained prejudice, incidental malice, and narrow-mindedness, which together make up a powerful social and political reality that enables this very traumatisation, not just of individuals but of entire groups. Any over-identification with the internal world of the victim would obscure the broader »epic« panorama he wishes to present.[14] His narratives thus prioritise the exposure of the modus operandi of state power, and demonstrate how society's powerless victims are creations of a certain juridico-political order which has a vested interest in the creation of such scapegoats. The protocol is the vessel, therefore, for a very engaged literary practice, one which uncompromisingly writes against violence. The driving force in this endeavour is Drach's bitter outrage mainly at the crimes and injustices of 20th century anti-Semitic totalitarianism.

His masterly representation of totalitarianism is the backbone of both »Z.Z.« and the second novel of the autobiographical Holocaust triology *Unsentimentale Reise. Ein Bericht*, the work for which Drach won the Georg Büchner prize.[15] Beyond this portrayal of totalitarian power structures of the period from 1933 to 1945, however, a major theme and preoccupation in all of Drach's prose work is the tendency to lawlessness, to transcend or go beyond the rule of law, so characteristic for totalitarian power, which he also identifies in other forms of state organisation.[16] In this vein, a work such as *Das große Protokoll gegen Zwetschkenbaum*, which focuses on the endphase of the First World War, can be seen to grapple with the power structures of totalitarianism.[17] Similarly, his novels and shorter protocols, which feature a more contemporary Austria, all expose the afterlife of implicitly totalitarian power structures in postwar democracy.[18]

Drach's favourite social space for the demonstration of the corruption and impoverishment of the law is the court-room. Other cognate spaces which feature throughout his protocol prose works are hospitals, mental asylums, and prisons. All are related to the fundamental twisted court-room topos of his works because the kinds of human rights abuses which occur in these places are, paradoxically one might argue, legitimated by law. Drach's aim in this context is to expose the paradox of the close, at times indistinguishable, relationship between law and lawlessness: the moment when law is transcended by a politically driven power, when law becomes suspended, and when in its place another form of rule – absolute power which places itself above the rule of law – begins to emerge. With this in mind, one of Drach's aims is to pose the question as to precisely what force legitimates and regulates the law in the first instance. It is with regard to this question that we can observe the political motivation behind Drach's protocol novels, for they unerringly expose the kinds of personalities who are likely to bend or break the law within any given state system. The small time judges and crooked lawyers who feature throughout Drach's work are both ridiculous and corrupt, but crucially they are literate in reading the workings of the state legal system. In other words, they understand how to use and accumulate power.[19] Moreover, they are the small time prototypes of the totalitarian leader, who is often portrayed as no less ridiculous, but who is utterly sovereign and powerful. With the law entrusted to the whims of these kinds of individuals and subordinated within the totalitarian system to the totalitarian rule of law (lawlessness), the law as an enduring concept beyond all reproach and as an ethically invested standard of civilised behaviour ceases to exist. It becomes instead a juridically empty space driven and manipulated by the power-hungry. The law, in short, becomes politics, and in the case of Nazi Germany, the law becomes biopolitics. It is this kind of violence that Drach exposes in his work. In many ways, he draws a line of continuity from the petty lawlessness and injustices of the parochial court-room space to the overwhelming practice of totalitarian lawlessness. After all, the ubiquitous reality of totalitarian persecution which came to define the lives of so many from 1933 to 1945 is also a kind of all-encompassing court-room space of – from the victim perspective – global dimension, insofar as it acquires its legal precedent in the fact of the Nazi marriage and eugenical laws of 1933 and in the fact of the Nuremberg racial laws of 1935.[20] The juridico-political creation of this space interests Drach, as I will show in the literary analysis of *Das große Protokoll gegen Zwetschkenbaum*, *»Z.Z.«*, and *IA*. Before proceeding to this examination, however, I will introduce some of the main figures of Agamben's thought.

Biopolitics: Bare Life, Homo Sacer, State of Exception

As above mentioned, a central concept for the kind of violence thematised in the protocol is biopolitical violence. Agamben's work *Homo Sacer. Sovereign Power and Bare Life* develops a notion of the biopolitical on the basis of the Aristotelian distinction between »zoe«, the bare life common to all living creatures, and »bios«, the life lived by men above the level of »zoe«, and which includes the notions of the individual and the community – the »polis« (HS, 1–2). Following Foucault, who first developed the concept of biopolitics, Agamben argues that modernity and the reality of the nation-state have effectively lifted the divide between »zoe« and »bios«. In the first volume of *The History of Sexuality*, Foucault crystallises this idea by introducing the concept of biopolitics to describe the form of power characteristic for modern nation-states. This form of power operates primarily through the increasing politicisation by the state of citizens' bodies in areas of life such as, for example, medicine and sexuality.[21]

Homo Sacer takes up and develops Foucault's discussion of biopolitics, extending it to encompass the Nazi extermination camps. He builds up this thesis by arguing that the modern age is characterised by the complete politicisation of »zoe« (HS, 111). In other words, what in classical antiquity had existed separately to the »polis« (»zoe«), has now become central to the excercise of sovereign power in modern states. Thus, »zoe« becomes included in the »polis« by means of an inclusive exclusion; it is still observed and treated as other, but it is an important tool in the construction and maintenance of state power and therefore becomes politicised. The three interconnected ideas I use in the following come from *Homo Sacer* and examine the role played by politicised »zoe« in the establishment and perpetuation of power structures. They are: bare life, homo sacer, and the state of exception. Together they describe the legally and politically created condition of absolute victimisation which is made concrete in somatic experience by the technological tools and scientific innovations of modernity – biopolitics in a word.

»Bare life« is Agamben's term for »zoe«. Nowhere is the politicisation of bare life more apparent than in the biopolitical space par excellence of modernity: the Nazi extermination camp (HS, 171). In this space, where biopolitics (the politics of biological life: eugenics and experimentation) mutates into its implicit end, »thanatopolitics« (the politics of biological death: extermination; HS, 122), the bare life to which all Nazi victims have been reduced is indistinguishable from the totalitarian power politics which created these victims. Ragged and on the verge of death though these abject bodies may be, they have never been more politicised – this is the basic thrust of Agamben's argument (HS, 174). For the reduction of state subjects, such as the Jews under Nazism, to the inhumane level of bare life does not quite constitute the return of the civilised human being to the state of untamed nature from whence it came (HS, 171). Rather, the status of bare life signifies a disturbing threshold position between the juridico-political order of civilisation and the point at which this order begins to remove from elements of the social body the protective norms and regulations for which it ostensibly stands. Those reduced to the political status of bare life forfeit the legal protection which is the right of other citizens, and remain connected to state power only through the relation that exludes them from any protection – a paradoxical inclusive exclusion (HS, 27). To summarise, bare life is a form of political life which is codified by state power, meaning it is not natural life – instead, it is a form of life which due to its relegation to a place beyond all jurisdiction is exposed to being killed with impunity at all times.

That I can be killed without a homicide taking place makes my life bare indeed. The bodies of camp inmates express this bareness of life, its proximity to a death for which no one will be held responsible, because the life of the individual is not recognised as a legally valid life from the outset. Agamben's term for the legal no-man's land of bare life is »homo sacer«, a figure which is excluded from all forms of protection, both divine (homo sacer's murder can never qualify as a sacrifice to the Gods), and sovereign (homo sacer's murder can never consititute a homicide) (HS, 84–86). In homo sacer, therefore, we encounter a form of death and life emptied of all value or consequence. Furthermore, in the meaninglessness of homo sacer's life and death the relationship between absolute power and absolute powerlessness appears in sharp relief.

Clearly, the notion of justice or of law has completely superseded itself in the creation of the figure homo sacer. In its place is instead an unquantifiable and uncontrollable force of power; indeed, Agamben argues that in homo sacer and the creation of bare life, the law (understood as an ethically motivated phenomenon) is suspended. This is no major revelation Agamben argues, however, because the fundamental status quo of any system of law always includes the possibility of suspending the law. This is due to the fact that the creation of law in the first place always implies the possibility of a more powerful position outside or above law (the instance that posited the law in the first place), a position which can make itself felt in terms of a sovereign decision to suspend the law. The situation in which law becomes suspended in practice Agamben terms »the state of exception« (HS, 18). The Nazi declaration of martial law qualifies as just one form of the state of exception; to reiterate a point, the marriage laws of 1933 and the racial laws of 1935 are the biopolitical rendition of the state of exception. Totalitarian society is thus constituted as a state of exception where all citizens are potentially bare life because the normal rule of law no longer applies. In this regard, race and heredity become the new legally defined lawless articulations of totalitarian state power; whoever cannot meet the biopolitical requirements of the state immediately becomes a kind of homo sacer.

Agamben builds up very convincingly the argument surrounding the creation of bare life in the extermination camps with reference to the legal and medical context not just of Nazism, but of Weimar and before (HS, 138–150). He furthermore attempts to contextualise the Holocaust by pointing to the many contradictions in contemporary medical practice, and also by examining the implications of citizenship as defined by the declaration of the rights of man (HS, 156–157, 160–165). Agamben is a philosopher who uncovers the continuities between democracy and totalitarianism; their main connection (and therefore the potential for totalitarianism inherent in democracy), he argues, lies precisely in the politicisation of the bodies of individuals by reducing them to bare life. Although he stands accused of mythologising the Holocaust – Robert Eaglestone points out, for example, that the colony could just as easily qualify as the biopolitical space of modernity – I would argue that *Homo Sacer* provides a different framework for understanding the Holocaust: modernity as a legal and political order that derives its power from the politicisation of citizens' bodies.[22] The terms of the argument shift somewhat if we take on board this interpretation of Western political and increasingly biopolitical practice: scientific racism is no longer something that the Nazis use as a means to achieve the end of extermination; rather, the political, legal, and scientific structures of modernity provide the context for the emergence of Nazism in the first place (HS, 149). While this may sound like a return to one side of the ongoing unproductive dichotomy in Holocaust historiography (the divide between intentionalist and functionalist approaches to explaining how it happened), in fact it is no such thing. As the historian of comparative genocide, A. Dirk Moses, points out, such liberal and post-liberal positions are no longer current.[23] I would contend that Agamben's *Homo Sacer* can be seen as consistent with more recent scholarship on the Holocaust which contextualises it »in broader processes of nation- and empire-building«, but which resists any »easy equation between ›modernity and the Holocaust‹«, by tracing comparatively »the escalating violence within Europe and on its periphery that the competitive states system and colonialism have unleashed over the last 400 years.«[24] It is no coincidence that the other major intellectual influence on Agamben in his development of biopolitics is Hannah Arendt, whose work on totalitarianism made explicit the links between European imperialism and the rise of totalitarianism – a link which Agamben includes in his own analysis (HS, 166). Despite reservations about the appropriateness of Agamben's use of the post-modern paradigm in his analysis of the Holocaust, and despite criticisms of his focus on the »Muselmann« as, paradoxically, the Holocaust's only truly authentic witness, the contextualising dimension his work achieves, not through focus on the gas chambers, but on the biopolitical foundations of modern civilisation, should not be overlooked.[25]

In the following sections, I will examine from a biopolitical perspective scenes from a number of Drach's protocols, revealing how the ubiquitous space of the courtroom and all other cognate spaces portrayed by Drach become disturbing zones of biopolitical intimacy. The notion of the political appropriation of the human subject primarily as a transgressive physical appropriation is perhaps best captured in the image of a boudoir society; the surreptitiously lawless way in which this appropriation occurs is signified through the notion of social space as boudoir or illicit space. In this way, Drach exposes the practice of power as legalised, regulated illegality.

The Bare Life of Schmul Leib Zwetschkenbaum

The opening scene of *Das große Protokoll gegen Zwetschkenbaum*, which focuses on the misadventures of the wandering Hasidic Jew, Schmul Leib Zwetschkenbaum, at the end of the First World War, provides a subtle and incisive critique of the law as a juridically and ethically empty space. It also raises the problem of the legitimisation of power alongside the question of how politically (as distinct from lawful and ethically) legitimised power is experienced as invisible by the powerless. We encounter the Galician orthodox Jew Zwetschkenbaum sitting under a plum tree on the outskirts of Vienna. He qualifies as a displaced person in flight from the Russians who were advancing on Galicia at that point in the war.[26] It is not long before the local policeman happens upon the inanely sitting Zwetschkenbaum, who is arrested on suspicion of plum theft and handed over to the Austrian circuit court:

> In dem sehr zweifelhaften Schatten eines sogenannten Zwetschkenbaumes saß ein Mann, der hieß auch Zwetschkenbaum, aber er war es nicht. Diese Familienbezeichnung gibt nämlich allerdings einen guten Namen für die damit gemeinte Pflanze mit verholztem Stengel oder Stamm ab. Denn sie ist gebräuchlich für alle Gewächse solcher Art, welche hinwiederum nützlich und beliebt sind. Dagegen hält man erwähnten Namen für schlecht, wenn er einen Menschen betrifft, und der Verruf, in dem er steht, hat seine Begründung [...]. [...] weil die Benennung besagten Vegetationsteiles auch noch häufig von einer Species Kreatur (Gattung Lebewesen) für sich in Anspruch genommen wird, die man gemeinhin Juden nennt. Und so ist es auch kein Zufall, daß es einmal einen Juden namens Zwetschkenbaum gab, von dem hier die Rede ist. [...]
>
> Bei dieser Gelegenheit wurde er von dem Ortsgendarmen Johann Schöberl als verdächtig angehalten. Er verfügte über keinerlei Ausweispapiere. Befragt, ob er in das Anwesen des Johann Hinterroder zum Behufe des Obstdiebstahles eingedrungen sei, verneint er sehr heftig [...]. Auf die Frage, ob er Hunger habe, antwortet der Verdächtige ausweichend, doch konnte aus dem Aussehen und der Höhe der Barschaft des Angezeigten sein Leugnen widerlegt werden. Aus einer Anzahl am Tatort frisch ausgespuckter Kerne ergibt sich, daß hier jüngst unmittelbar ein Zwetschkenessen in nicht unbeträchtlichem Umfange stattgefunden haben müsse. Zwetschkenbaum stellt dennoch den Zwetschkendiebstahl mit vielen, nur zur Hälfte verständlichen Worten und lebhaften Gebärden in Abrede. Der Genannte wurde dem Bezirksgericht wegen Vagabundage- und Diebstahlverdachts überstellt. (Zw, 7–9)

Thus begins Zwetschkenbaum's circular journey through the prisons, mental asylums, courts, and hospitals of the Austrian legal and medical system. He never escapes the anti-Semitism of the Austrian state institutions, and in this context his ethnic identity as Jew is synonymous with an ill-defined, but no less pervasive guilt. Zwetschkenbaum embodies the legal ambiguity of homo sacer; his is clearly a body with which the courts, hospital personnel, prison inmates amongst others, can do what they like. As Zwetschkenbaum moves through the various institutions of the Austrian state, one thing becomes indisputable – law is inseparable from its transgression by the institutions which supposedly uphold it; the behaviour of the courts which handle Zwetschkenbaum's case does little to contradict this situation, and seems to set the tone for his maltreatment by the hospitals, prisons, and mental asylums.

What is striking about the opening scene, however, is the manner in which Drach thematises the empty, invisible ubiquity of the law, and through this invisibility, how he foregrounds the law's relationship to lawlessness or to its own demise. It is in this scene more than anywhere else in the novel that we gain a sense of how the lived experience of the individual is determined by an eerie, silent, and sovereign lawlessness. This sense Drach communicates through the symbol of the plum tree, Zwetschkenbaum's nemesis, and one which haunts him throughout the novel. For it is not just the case that Zwetschkenbaum often retraces his steps through the asylums and prisons which initially house him, he also finds himself at numerous points back under the plum tree, the primoridal scene of his arrest and appropriation by the Austrian authorities, the point at which he becomes constituted as Jew and other (Zw, 68–69, 163, 190, 222, 265). As his luck worsens the further west he travels, Zwetschkenbaum comes to dread the tree, for it signifies his entrapment by a power that he can explain to himself only in mystical terms:

> Endlich, mußte er nicht irgendwo unerwarteterweise auf den Baum stoßen, dem er seinen Namen und sein Schicksal verdankte, der ihm unheimlich war und der ihn, mit Willen und Wissen und offenbar magnetischem Zauber ausgerüstet, immer wieder anzog? (Zw, 177)

The tree is no mystical apparition, however. Alongside its self-evident and unexplained existence in the opening scene, the eternal reappearance of the tree throughout the novel communicates a certain point about the complex of law and lack of law, of being within a certain protective jurisdiction or not: whether one knows if one is protected or not. Zwetschkenbaum, who possesses no papers or formal means of identification, is completely illiterate when it comes to deciphering the Austrian legal system, as is clear from the above citation. As a stranger who speaks only Yiddish and Hebrew he can understand neither the corrupt and anti-Semitic legal system, nor the political and cultural forces which comprise it. As a result, he cannot successfully negotiate his way through the legal and cultural labyrinth he finds himself trapped in. The ultimate source of state power is obscure to this Eastern Jew; he experiences law and the power it represents, in Gershom Scholem's words, as »Geltung ohne Bedeutung« (being in force without significance).[27] This describes the circumstance of the law and the power it represents as being in force without signalling clearly to those affected that this is so. Thus the unsuspecting individual moves within a juridico-political space of, as Zwetschkenbaum above intuitively recognises, inexorable magnetic power; this space, however, remains concealed until the arbitrary point at which the power system upheld by the law suddenly reveals itself. The individual thereafter becomes implicated in a chain of events over which they have no control and which they cannot understand.

This is precisely Zwetschkenbaum's story. The plum tree symbolises the power of the law which is always in force, but which does not signify to the implicated that this is the case until the appearance of, in this instance, an anti-Semitic provincial policeman. It is clear from this scene and from the circular plot-line followed by Drach that the law of the fading Habsburg Empire is inseparable from the anti-Semitism that corrupts it. Zwetschkenbaum is taken into custody and despite his several attempts to escape, that is where we leave him at the end of the novel. The condition of being in the law, therefore, does not mean that the individual is legally protected. It is much more accurate to say that being in the law, in Scholem's sense, epitomises exactly the condition of being constantly exposed to an absolute and obscure force of power which can at any given point make itself felt in a physical sense to the individual. Thus the violence undergone by Zwetschkenbaum, the abuse of his human rights (which of course he knows nothing about – these too are in force without significance to him or to others like him), in particular the imprisonment of his person and the physical abuse of his body, provide the means through which we can gain a sense of the often illegitimate workings of law and state power.

With reference to Agamben: Zwetschkenbaum's story tells the tale of bare life under a law which is in force without signifying, the life of homo sacer in the threshold zone between juridico-political order and its redundancy. Here, the most innocent gesture, such as sitting under a plum tree, can have the most extreme consequences. Thus we are presented with a scenario in which the daily lives of individuals are completely politicised in a manner concealed from them and that does not always guarantee the protection of their rights; it is a situation in which law and the concept of protective jurisdiction can at any time be suspended. In this vein, *Das große Protokoll gegen Zwetschkenbaum* portrays not so much the law as its suspension, and thereby the entry of subjects such as Zwetschkenbaum into a state of exception beyond protective jurisdiction. In this state, Zwetschkenbaum begins to occupy the status of bare life, a politically constructed identity which is explicitly thematised in the play on his name in the opening paragraph. Is he vegetable or animal? Neither, for he is Jew, the »Spezies Kreatur (Gattung Lebewesen)« which the protocol's taxonomy sets apart from all other forms of biological or botanical life. The special biological categorisation of the Jew in this instance is quickly followed by his special legal categorisation as something to be incarcerated illegally, rapidly, and for an indefinite period. In this way, a symmetrical relationship between biology and law is established and maintained throughout the rest of the novel – the biopolitics which identify the Jew as too divergent biologically to be entitled to the same legal rights as other citizens of the waning Habsburg Empire. With regard to the issue of biopolitics, therefore, the novel can be seen to deal with the power structure of totalitarianism, even though the events portrayed are situated in the years 1917 to 1918.

Boudoir Surgery

Drach's first novel in his autobiographical Holocaust trilogy, *»Z.Z.« das ist die Zwischenzeit*, examines through a grotesquely sexualised medical discourse the state of exception and the body of homo sacer produced by Nazism. The »Zwischenzeit« of the title refers to the period of Austrian history between the death of the narrator's father in 1935 and Hitler's annexation of Austria in 1938. Of note, therefore, is the fact that in the context of the marriage laws of 1933 and the Nuremberg laws of 1935, the »Zwischenzeit« of the novel embodies the state of exception introduced by the suspension of human rights in the form of race and heredity laws. Although these laws did not come into effect in Austria until after annexation, the narrative presents Austria's capitulation to the Reich as an inevitability from the point in 1935 when the narrative begins (ZZ, 31, 55, 114–115).[28] For the watchful Austro-Jewish main protagonist, Drach's alter ego, »der Sohn«, everyday life is compromised very early on; his business begins to suffer long before annexation, and a major theme of the novel is the disturbed relations of the stigmatised Jew with the opposite sex.

Against this backdrop of tense observations of developments in the Altreich, the novel presents us with a disturbing image of the flourishing of bare life, all the more unsettling for its sexualisation. The son has little else to do in this situation of legally reduced circumstances than to embark on the sexual conquest of women, ranging from elderly women to minors (ZZ, 202–203). The novel is mostly made up of these episodes, which we are told very clearly by the son, have nothing to do with eroticism or desire (ZZ, 192). Rather, his concupiscence reflects the political facts of his reduced life as a Jew in an increasingly nazified society. Drach presents the son's behaviour as that of the Sadian libertine's approach to physical life: the treatment of erotic life as a primarily political activity which is inseparable from the question of power and dominating others.[29] In this respect, the between-time of 1935–1938 is condensed into a boudoir space, in which the grim work of survival – communicated in the sexual assertion of the son over others equally as victimised as himself – takes place.[30] That the totalitarian power politics of the time can determine in detail the sexual activity and outlook of the son communicates again the extent of state instrusion into the physical existence of its subjects. Sexual activity in this novel symbolises the extreme biopolitics of totalitarian power, and reinforces the status of the son, alongside all other Jews, as bare life.

However, medical discourse in »Z.Z.« also allows the figure of homo sacer to emerge, in a manner perhaps more potent than that of sex imagery, because as is well known, Nazi eugenics, euthanasia, and medical practice throughout the Thirties provided the testing ground for the perfection of extermination techniques before the decision regarding the Final Solution was ultimately taken.[31] The incident that most eloquently weaves together the discourses of law, medicine, eugenics, extermination, and to an extent sexuality, concerns the operation performed on the son's ailing mother. She has been complaining of stomach problems for some time; it is unclear what the cause of her illness is, so she undergoes a surgical procedure which is little more than the legal and medical expression of the exercise of absolute power over bare and worthless life, as the following extract makes clear:

> Immerhin war an diesem Tage auch die Operation der Mutter des Sohnes zur Zufriedenheit der Ärzte, wenn auch nicht zu einer solchen der Operierten verlaufen. Sie sah so elend und dünn wie ein Faden aus, als Sohn und Stieftochter sich bei ihr einfanden. Auch hatte man ihr bloß die Geschwulst aus dem Darm entfernt, dazu was sie an Weiblichkeit im Innern hatte, zumal die Gelegenheit günstig schien [... D]ie herausoperierte Geschwulst [hatte sich] im übrigen als harmlos herausgestellt, während nach der Behauptung der Operierten ihre Schmerzen im Gallenbereiche anhielten, das heißt nach und nach wieder auftraten, sobald die Narkose ihre Wirkung verlor. (ZZ, 189)

The surgeons fail to identify the source of her suffering, but this does not prevent them from removing, for no medically justifiable reason, all of her reproductive organs. This occurs without her consent, something that should not surprise us within the context of the novel as a whole, for the operation touches on a number of interconnected issues. Firstly, eugenics and the spectre of social engineering clearly emerge here; after all, it is none other than the Jewish maternal body that is plundered and deprived of its right to reproduce Jewish life. That the mother is well past her child-bearing years here is of little consequence – it is far more the case that this incident symbolically points to the extermination practices of the Nazis and to the envisaged end result of this process: the annihilation of an entire race. Secondly, the utter indifference of the doctors to their intrusive act of butchery speaks volumes, for they are clearly working in a legal and political context which justifies and encourages the treatment of the Jewish other as worthless life. Consistent with this state of affairs, no one is ever made legally responsible for the brutal interference in the mother's biological life. Thus the hospital space represents the state of exception in which all protective laws and human rights are suspended, the optimal space for the emergence of legally invalid, bare life. In this regard, the operating theatre symbolically merges with the plum tree in *Das große Protokoll gegen Zwetschkenbaum*, for the mother, upon entering the hospital of between time Austria, has unknowingly admitted herself into a zone in which only the law of totalitarian extermination is constantly and surreptitiously in force. Finally, the surgical procedure endured by the mother is symbolically linked to the boudoir society of the between time through the lascivious behaviour of the son. Her death after his departure from Vienna at the end of the novel is foreshadowed in this scene, and not only that, the grim survival politics of the time are also articulated here. For neither the son nor his sister are willing to offer up their blood for the transfusion so desperately needed by their mother, even though both are suitable candidates:

> Einstweilen war es aber noch nicht klar, ob die Mutter überhaupt überleben würde [...]. Ein Blutspender war nicht eingetroffen. Auch die Stieftochter der Blutbedürftigen, welche zwar Blumen gebracht hatte, war zum Opfer des Inhaltes ihrer Adern nicht bereit, wiewohl sie von den Ärzten hierzu für tauglich angesehen wurde. [...] Wahrscheinlich war sie [...] bloß feige in bezug auf ihren besonderen Saft, wie dies auch ihr Bruder, der richtige Sohn der zu Rettenden, gewesen sein mochte, als er selbst noch Gegenstand einschlägiger Erörterungen gewesen war. Immerhin bekam die Mutter statt Blut Injektionen verschiedenster Art, so daß sie bald so zerstochen war, wie Nadelkissen es nach langem Gebrauch zu werden pflegen. (ZZ, 189)

This refusal to part with precious bodily capital should be read within the biopolitical context of totalitarianism; life, if it wants to survive even in the meagre form of bare life, cannot afford to share itself. Thus the politicisation of intimate bodily fluids reaches its extreme medical articulation in this scene. Moreover, the conservation of one's own life fluids contrasts significantly with the rather more lax spreading of fluids demonstrated throughout the novel by the son's sexual behaviour. As the mother is utterly opposed to the son's callous treatment of women, and earlier declares that if he continues to conduct himself in such a manner she will surely die, his continued sexual activity symbolically anticipates her death, just as his refusal to donate blood also anticipates her death (ZZ, 310). Sexual activity and ill health, two of the major tropes of biopolitical discourses, combine in this scene through the image of body fluids; the sexualised state of exception (the boudoir) and the medical state of exception thus merge in the breakdown of family and the disappearance of all resistance in society at large to the biopolitical values of totalitarianism.

Afterbirth in the Afterlife: Feminising the Biopolitical Space

The final excerpt comes from one of Drach's later short protocols, *IA*, first published in 1988. It is a bleak account of the afterlife of biopolitical values in a faltering democratic world, and as such, is part of Drach's ongoing discussion of the problems of law, politics, ethnicity, and medicine. Its preoccupation with a specifically Austrian state of exception reflects his conviction that the »Zwischenzeit« of Austro-Nazism continued until well into the postwar era, and that upon his return from exile, he had to live within a nation of unrepentent anti-Semitic informers and whistleblowers.[32] From this perspective, *IA* can be seen as a thorn in the side of Austria's postwar memory politics; it represents the values of Nazi totalitarianism, legal and scientific, as if they have never been effectively removed from the cultural conscious. This is what Drach wishes to suggest: that Austria has not taken collective responsibility for its role as a perpetrator nation in the crimes of National Socialism.[33]

A text of no more than forty pages, *IA* is the protocol of a discussion which takes place in an Austrian delivery ward in the aftermath of a nuclear disaster that has completely annihilated the rest of the world. The only survivors are sixteen elderly men, nearly all of whom are by profession representatives of biopolitical power; the group is composed of doctors, scientists, one minister of justice, and a concierge. The event which gives rise to the protocolled discussion is the sudden appearance of a new born female infant, thrown into the concierge's office by its naked mother, who runs off into the radioactive wasteland trailing afterbirth (IA, 7). Thereafter ensues a grotesque discussion concerning the reproduction of the human race. The old patriarchs are concerned only with the question of who will live longest in order to copulate with this female specimen, thereby ensuring the continuation of the human race. This theme (always accentuated by the suggestion of paedophilia) informs each of the protocolled utterances of the seventeen men.

A number of interesting observations can be made with reference to *IA* in the context of the general discussion. The plundered maternal body returns in this narrative as an image of abject biopolitical waste. For example, while in »*Z.Z.*« son and mother form two sides of bare Jewish life, the body of homo sacer in *IA* is only ever female, whether in the shape of a naked and excluded dying mother, or whether in the form of the powerless infant girl, who, as the unknowing progenitor of future mankind is the eugenical object of the protocolled discussion. Her only characteristic is the wail »IA«, which by the end of the protocol has been interpreted by one of the patriarchs as acquiescence to whatever plans he has in mind (IA, 36). The female infant thus represents bare life, a fact hardly surprising when we consider that the medical setting of the delivery ward, with all its connotations of biological life and – by virtue of the destroyed world outside – biological death, represents the scenario in which the only form of society left is that of the state of exception. This state is no longer a Jewish space; it is now thoroughly feminised, as Drach focuses on the plight of women within patriarchal power structures, a theme that interested him in his earlier novel *Untersuchung an Mädeln*.[34] In *IA* Drach leaves no room for an alternative to the state in which all law is permanently suspended, and which permits the treatment of the female other, in this new world order, as bare life, not entirely without value it is true, but entirely without rights and without any kind of protection. The zone beyond all jurisdiction is described, legitimated, and unproblematically introduced in the protocolled speech of none other than the justice minister who decides that in the current circumstances, all actions (incest, paedophilia etc.) are no longer answerable to criminal law; in the state of exception of the post nuclear disaster delivery ward cum bunker, no laws should prevent procreation, even if this means legitimising paedophilia:

> Er [der Justizminister Alfons Vinzenz Bruttus] bekannte sich zum Rechtsstaat, der allerdings seine Grenzen habe. Augenblicklich sei er mit diesem Kreißsaal und der Portiersloge sowie den bezüglichen Gängen des Untergrundbunkers des früheren allerneutralsten Staates der Erde begrenzt. Es würde daher überhaupt kein Gefängnis geben können, das er ohnehin schon aus Menschlichkeitsgründen habe abschaffen wollen. Überdies seien alle die Katastrophe Überlebthabenden in den angeführten Räumen wie in einem Gefängnis untergebracht und eingeschlossen. Dies geschehe allerdings freiwillig und zu Überlebenszwecken bei Vermeidung sonstigen unmittelbaren Zugrundegehens. In diesem Zusammenhang möchte er auch nicht die Frage einer Strafbarkeit des Vater-Tochter-Verhältnisses erörtern [...]. Auch würde gegenwärtig ohnehin keine Strafaktion in Betracht kommen, da Vermögenswerte nicht mehr vorhanden seien, Geld nicht mehr gültig sei und allgemeine Haft, wenn auch freiwillige, schon zureichend bestehe. Man solle sich aber klar werden, daß er immer dagegen gewesen sei, Väter für Vorfälle mit ihren Töchtern überhaupt zur Rechenschaft zu ziehen, geschweige denn vor Gericht zu stellen. Für Großväter und Urgroßväter müsse dasselbe gelten [...]. Freilich dürften in Zeiten wie diesen, also mit völligem Ausnahmecharakter, psychophysische und chemisch-technische Mechanismen zur Anwendung kommen, um solche Ineinanderversenkungen räumlich und zeitlich zu ermöglichen. Dies gelte selbstredend insbesondere dann, wenn es um die Erhaltung des Menschengeschlechtes gehe und zu dessen Bewirkung nur sechzehn Greise und ein einziges weibliches neugeborenes Wesen zur Verfügung stünden. (IA, 27–29)

In this excerpt, we encounter most clearly the relationship of law to lawlessness. The world as it was has disappeared, and with it all its civilised forms including law as a benign and protective force. The state of exception appears in this automatic suspension of all previous laws. However, instead of attempting to re-establish a protective form of law and society, the patriarchs opt instead to continue the state of exception, by introducing all sorts of new laws, such as the legalisation of paedophilia. Thus what emerges in the state of exception is a form of law which is linked to absolute power – nobody, it seems, can contradict these men. By continuing to legislate in an impoverished manner (much as in the case of totalitarianism), these new ›laws‹ prepare the way for the openly declared descent into lawlessness and barbarity. The destruction of the entire world in *IA* suggests that it is too late to expect mankind to behave any differently; the justice minister's reference to his practice of turning a blind eye in cases of incest before the destruction adds to this sense of a world – already before the disaster – delivering itself, biopolitically, unto its irreversible end. Consider, for example, the metamorphosis of the delivery ward into a barren space of death and destruction by the end of the protocol – the biopolitical space of eugenics transformed into the nightmare space of death, or thanatopolitics (IA, 35).

IA thus caricaturises the continuity of corrupt legal practice from times of totalitarianism, through peaceful democratic times, to the destruction of the species. One could argue that within Drach's general œuvre this text isolates and exaggerates the space common to many of his works: the biopolitical space of law and medicine. As such, it seems to acquire the status of a reliable truth across his work, a depiction of the truth of how the world works, at least since 1933. How is it possible, one might well ask, to challenge this ongoing situation from within the literary work?

By placing the lawless words of the powerful in the ventriloquism of the protocolling perspective, Drach exposes the vulnerability of all power structures. The voices of the powerful are only ever transmitted to us through the distancing medium of the narrative perspective. Arguably, the gap that arises between the speaker and what they have said symbolises a moment where power is viewed from an outside perspective, ridiculed at times perhaps, and thereby aesthetically disenfranchised for a moment. In other words, Drach's strategy of writing against violence pits the body of protocol language against the racist bodily discourse of totalitarian biopolitics. Nowhere is this clearer than in a central passage of »*Z.Z.*« where subservience to the sovereign instance of totalitarian power is momentarily refuted:

> Bei Vernichtung der Person, die diesen Gedanken verkörperte, würde es sich zwar nicht um mehr als um die Beseitigung einer gänzlich unbedeutenden skrupellosen Kreatur gehandelt haben, wohl aber einer solchen, die durch Einhauchung aller Formeln seit Jahrhunderten angehäufter platter Vorstellungen oberflächlichster Art zur Verkörperung einer Ansicht geworden war, mit der sich banalste Massen aus dem Mist verstaubter Literaturabfälle, [...] mit dem Rhythmus marschierender Versager an den Felsen von Gips ihr deutsches Wesen erlogen und diesem Überkitsch im Zerrspiegel angeblich jüdische Art entgegenzusetzen behaupteten. (ZZ, 207)

This furious invective refuses to accord Hitler the sovereign status he projects. Instead, the historically and culturally engendered nature of Nazism is exposed here, as the oppositional aesthetics of the protocol tear apart the omnipotent image of the NS state. Hitler's person here is emptied of its sovereign power through its exposure as an evolving mass of ridiculous anti-Semitic hotchpotch, basic, unsubtle, and worthy only of contempt. Thus the image of a world ordered according to an eternal principle of power is overturned, as power is exposed as a cunning discursive effect. A gap emerges in the narrative between the projected image of power and the cynical practice of that power; this gap, which we might call the protocol's ethically motivated narrative aesthetic, is the space of opposition from which Drach writes against violence.

Notes

1 On the concept of generation in post-1945 German literature see Sigrid Weigel. »Generation as a Symbolic Form. On the Genealogical Discourse of Memory since 1945«. *Germanic Review* 77 (2002), 4, 264–277.

2 For an overview of the main positions in this debate see A. Dirk Moses. »The Holocaust and Genocide«. Dan Stone (ed.). *The Historiography of the Holocaust*. Basingstoke, New York: Palgrave, 2004, 533–555; and Josh Cohen. »Post-Holocaust Philosophy«. Ibid., 469–486.

3 The works by Drach that will feature in this article are: *Das große Protokoll gegen Zwetschkenbaum*. Munich, Vienna: Hanser, 1989; *»Z.Z.« das ist die Zwischenzeit. Ein Protokoll*. Munich: dtv, 1990; *IA UND NEIN. Drei Fälle*. Munich, Vienna: Hanser, 1992. Henceforth cited in the main text in brackets as Zw, ZZ, and IA followed by the appropriate page references. Giorgio Agamben. *Homo Sacer. Sovereign Power and Bare Life*. Translated by Daniel Heller-Roazen. Stanford: Stanford UP, 1998. Henceforth cited in the main text in brackets as HS followed by the appropriate page references.

4 For example, the historian Dan Diner refers to the Holocaust as the black box of history (»Zwischen Aporie und Apologie. Über Grenzen der Historisierbarkeit des Nationalsozialismus«. Wolfgang Benz, Dan Diner (eds.). *Ist der Nationalsozialismus Geschichte? Zu Historisierung und Historikerstreit*. Frankfurt/M.: Fischer, 1987, 62–73). In a discussion of literature and Holocaust representation, James E. Young refers to »the concentration camp of the mind« as a metaphor for ongoing trauma (*Writing and Rewriting the Holocaust. Narrative and the Consequences of Interpretation*. Bloomington, Indianapolis: Indiana UP, 1990, 106). Cathy Caruth reads the Holocaust solely through the metaphor of trauma (*Unclaimed Experience. Trauma, Narrative, and History*. Baltimore, London: Johns Hopkins UP, 1996, chapter 1).

5 Cf. Michel Foucault. *Discipline and Punish. The Birth of the Prison*. Translated by Alan Sheridan. London: Penguin, 1991.

6 For an analysis of the Marquis de Sade's pornographic writing from a political-philosophical perspective see Agamben, *Homo Sacer*, 134–135.

7 Cf. Eva Schobel. *Albert Drach. Ein wütender Weiser*. Vienna: Residenz, 2002.

8 Drach's literary remains contain some correspondence concerning the refusal to publish *Das große Protokoll gegen Zwetschkenbaum* in the Fifties due to what was understood as the unflattering portrayal of the Jew this work contained (letter from H. J. Mundt, Kurt Desch Verlag, Munich to Albert Drach, 30 December 1957. Nachlaß Albert Drach, Austrian Literary Archive of the National Library [ÖLA] Vienna).

9 Cf. André Fischer. »Die Eintracht des Vergessens oder die Schnellebigkeit des Literaturmarkts«. *Süddeutsche Zeitung*, 8. November 1987.

10 The second and third novels in the trilogy are: *Unsentimentale Reise. Ein Bericht*. Munich: dtv, 1988; and: *Das Beileid. Nach Teilen eines Tagebuchs*. Graz, Vienna: Droschl, 1993.

11 *Das große Protokoll gegen Zwetschkenbaum* qualifies as a court protocol, while *Untersuchung an Mädeln* bears the subtitle of »Kriminalprotokoll« (Munich: dtv, 1995).

12 Cf. Peter Huemer. »Albert Drach im Gespräch, 9.1.1992, Österreich 1«. *Prozesse 2. Mitteilungsblatt der Internationalen Albert-Drach Gesellschaft* 1998, 14–26 (22); and Wendelin Schmidt-Dengler. »Wider die verzuckerten Helden. Ein Gespräch mit Albert Drach«. Gerhard Fuchs, Günther A. Höfler (eds.). *Albert Drach*. Vienna, Graz: Droschl, 1995, 9–27 (12–13).

13 Dominick LaCapra. *Writing History, Writing Trauma*. Baltimore, London: Johns Hopkins UP, 2001, 23.

14 »Epic« is the term Drach uses to describe his unsentimental mode of representation which focuses on plot and action as opposed to the inner world of characters (Huemer, »Albert Drach im Gespräch«, 22).

15 See footnote 10.

16 For a discussion of this aspect of totalitarian power see Hannah Arendt. *The Origins of Totalitarianism*. New York: Harcourt, 1973, 405, and Claude Lefort. *The Political Forms of Modern Society. Bureaucracy, Democracy, Totalitarianism*. Cambridge: Polity, 1986, 306.

17 The link between 1918 and the period from 1933–1945 is made most clearly in the closing pages of the novel which focus on the role that anti-Semitism will play in the First Republic (Zw, 266–270).

18 The three protocols contained in *IA UND NEIN* are the most pointed in this regard.

19 The best representative of this literate, self-serving, and corrupt type is the main protagonist of the protocol »UND«, the judge Alois Balduin Huntzinger (»UND. Protokoll einen Richter treffend«. *IA UND NEIN*, 37–61).

20 Cf. Helmut Krausnick, Hans Buchheim, Martin Broszat, Hans-Adolf Jacobsen. *Anatomy of the SS State*. London: Collins, 1968.

21 Michel Foucault. *The History of Sexuality I: The Will to Knowledge*. Translated by Robert Hurley. London: Penguin, 1998, 137–152.

22 Robert Eagelstone. »On Giorgio Agamben's Holocaust«. *Paragraph* 25 (2002), 2, 52-67 (60).

23 Moses, »The Holocaust and Genocide«, 548.

24 Ibid.

25 For a thorough, if at times uneven critique of Agamben's thought on Auschwitz see Philippe Mesnard and Claudine Kahan. *Giorgio Agamben. A L'Épreuve d'Auschwitz. Temoignages, Interpretations*. Paris: Kimé, 2001.

26 Cf. William O. McCagg Jr. *A History of Habsburg Jews 1670–1918*. Bloomington, Indianapolis: Indiana UP, 1989, chapter 12.

27 Gerschom Scholem (ed.). *Walter Benjamin und Gerschom Scholem. Briefwechsel 1933–1940*. Frankfurt/M.: Suhrkamp, 1988, 163. Quoted in Agamben, *Homo Sacer*, 50–54 (51).

28 For an analysis of the nazification of Viennese medicine see Herwig Czech. *Erfassung, Selektion und ›Ausmerze‹. Das Wiener Gesundheitsamt und die Umsetzung der nationalsozialistischen ›Erbgesundheitspolitik‹ 1938–1945*. Vienna: Deuticke, 2003 (Forschungen und Beiträge zur Wiener Stadtgeschichte, 41).

29 See Roland Barthes on the highly organised and political work ethic of the libertine figure in de Sade. *Sade, Fourier, Loyola*. Paris: Seuil, 1971, 21–42.

30 This ›survival work‹ is communicated most clearly in the son's rape of an elderly spinster (ZZ, 62–64).

31 Cf. Michael Burleigh. »Saving Money, Spending Lives. Psychiatry, Society and the ›Euthanasia‹ Programme«. Michael Burleigh (ed.). *Confronting the Nazi Past. New Debates on Modern German History*. London: Collins & Brown, 1996, 98–111.

32 Albert Drach. »Martyrium eines Unheiligen«. *Die kleinen Protokolle und das Goggelbuch*. Munich, Vienna: Langen-Müller, 1965, 133–185 (172).

33 For a discussion of the politics of Austrian memory post 1945 see Lutz Musner. »Memory and Globalization. Austria's Recycling of the Nazi Past and its European Echoes«. *New German Critique* 80, Special Issue on the Holocaust (Spring 2000), 77–92.

34 *Untersuchung an Mädeln. Kriminalprotokoll*. Munich: dtv, 1995. This protocol tells the story of two young Austrian girls who are accused of murder, exposing time and again the misogynist attitudes of the courts and society that judge them.

Heike Bartel

»Jenes andere Deutschland« Paul Celan in Wien und *Auf Reisen*

»Jenes andere Deutschland« Paul Celan in Vienna and »Auf Reisen«

The work of Paul Celan represents literature of conflict written in a language of crisis. His poetry is written not only against war and violence but the traumatic knowledge of the Holocaust and the remembrance of its victims is inscribed within it. The following article will explore Celan's troubled relationship with Germany and his German mother tongue. His search for »jenes andere Deutschland« will be viewed against the backdrop of his only lengthy stay in a German-speaking country (in Vienna) and a close reading of the poem »Auf Reisen« which was written there.

Paul Celans »Writing Against War – Writing Against Violence«[1] ist ein Schreiben nicht nur gegen den Krieg, sondern vor allem mit dem Wissen um den Krieg, in dem Streben nach einem Toten- und Holocaustgedächtnis und angesichts der Frage, wie nach 1945 überhaupt noch Gedichte zu schreiben seien. Celans Sprache, der die deutsche und europäische Geschichte des 20. Jahrhunderts mit so großer Eindringlichkeit eingeschrieben ist wie wohl kaum einer anderen, soll hier mit einer Wendung aus seiner Bremer Literaturpreisrede umschrieben werden: diese Sprache ist »›angereichert‹ von all dem«. In der Bremer Rede heißt es:

> Erreichbar, nah und unverloren blieb inmitten der Verluste dies eine: die Sprache. Sie, die Sprache, blieb unverloren, ja, trotz allem. Aber sie mußte nun hindurchgehen durch ihre eigenen Antwortlosigkeiten, hindurchgehen durch furchtbares Verstummen, hindurchgehen durch die tausend Finsternisse todbringender Rede. Sie ging hindurch und gab keine Worte her für das, was geschah; aber sie ging durch dieses Geschehen. Ging hindurch und durfte wieder zutage treten, »angereichert« von all dem.[2]

»Angereichert«, das Wort aus Celans Rede, in der er sich auch mit der Bedeutung von Wien als Station für sein Leben und Schaffen auseinandersetzt, bringt uns zu zentralen Punkten seines Werkes und Schreibens gegen Krieg und Gewalt. ›Anreichern‹ bedeutet kein positiv konnotiertes Reicher-Werden etwa durch Erfahrungen, sondern findet seine Verwendung in der konkret benennenden Sprache der Naturwissenschaften. Dort beschreibt es den Prozeß der Akkumulation, bei der Stoffe durch chemische oder physikalische Verfahren aufkonzentriert werden, zum Beispiel die Anreicherung von Staub- oder Aschepartikeln in der Luft, von Giftstoffen im menschlichen Körper oder von Gasen, die die Atemluft in einem abgeschlossenen Raum so mit Toxinen durchsetzen, daß sie tödlich wird. In Celans ›angereicherter‹ Sprache findet der Tod in den Gaskammern der Vernichtungslager seinen Ausdruck im Realen und Wörtlich-Genommenen.

Celan folgt in seinem Werk mit großer Genauigkeit solchen fachsprachlichen und bedeutungsgeschichtlichen Wortspuren.[3] Dieses Arbeiten mit Sprache läßt sich mit einer Wendung, die Rolf Zuberbühler mit Bezug auf Hölderlin prägt, als »Phänomen der etymologischen Spracherneuerung«[4] beschreiben, ein Verfahren der Erneuerung von Sprache, bei dem gerade die Rückführung auf fachsprachliche Bedeutung oder auf sprachgeschichtliche Hintergründe, die häufig einen verlorengegangenen etymologischen Wortsinn wiederbeleben, neue aufkonzentrierte Bedeutungsebenen einführt. Dabei arbeitet Celan besonders mit der Fachsprache der Naturwissenschaften. Ihre Sachlichkeit und Präzision wirkt dabei der Gefahr entgegen, das Grauen mit einer phrasenhaften und ästhetisierenden Sprache zu verschleiern, sie ›verweigert Poetisierung‹[5] und verleiht diesem Grauen eine Materialität und Persistenz, die es in Celans Gedichten buchstäblich bis auf seine grundlegendsten Elemente zer- und darlegt. Die Lesart von Celans Gedicht *Auf Reisen* wird dieser Spur des Gedächtnisses der Toten des Holocaust und ihrer letzten materiellen Überreste – Staub, Asche und Haar – im folgenden noch weiter nachgehen. Das »all das«, von dem Celans Sprache »angereichert« ist, ist dieses Grauen, das wir mit Chiffren wie ›Auschwitz‹ zu fassen suchen und das Celans Lyrik eingeschrieben ist, nicht als reiche Erinnerung, sondern in ihr aufkonzentriert mit anhaltender Präsenz von fast sinnlicher Faßbarkeit. Celans Schreiben gegen Krieg und Gewalt ist ein Schreiben mit dieser anhaltenden Präsenz.

Der folgende Beitrag will in seinem ersten Teil die Bedeutung des Ortes Wien für Celan nachvollziehen als Ort, an dem seine Jugenderinnerungen und das Wissen um das Grauen des Krieges auf die Gegenwart der Wiener Nachkriegszeit treffen, deren Gesellschaft und Kulturszene Celans Arbeiten entscheidend prägen. Im zweiten Teil will eine Lesart des ›Wien-Gedichtes‹ *Auf Reisen* den Spuren von Celans Schreiben gegen Krieg und Gewalt – im oben beschriebenen Sinn – nachgehen. Beide Abschnitte setzen sich dabei mit je anderem Schwerpunkt mit der Suche nach ›jenem anderen Deutschland‹ auseinander, das der Titel zitiert, als Suche nach einem Ort im ersten und als Suche nach einer Sprache im zweiten Teil.

I. Wien

Die Sprache, die für Celan bis in die kleinsten Formulierungen ›angereichert‹ ist, ist das Deutsche. Vor dem Hintergrund von Celans Biographie wird der Charakter extremer Gespanntheit dieser Sprache deutlich, den Theo Buck mit der Alliteration »Muttersprache. Mördersprache«[6] zusammenfaßt. Der Belastung durch diesen Doppelcharakter der Sprache ist der in der Bukowina als deutscher Muttersprachler im jüdischen Elternhaus aufgewachsene Celan im Jahr 1947 besonders ausgesetzt. In diesem Jahr erreicht er Wien, das für ihn aus der Ferne der Bukowina sprachlicher und kultureller Referenzpunkt war. »Das Erreichbare, fern genug, das zu Erreichende hieß Wien«,[7] schreibt Celan in seiner Bremer Literaturpreisrede und spielt damit auf die lange Geschichte der Beziehung zwischen der Bukowina und seinem Geburtsort Czernowitz mit der Habsburger Monarchie an. Insbesondere für die deutschsprachige jüdische Bevölkerung, die etwa ein Drittel ausmachte, ist Wien lange Zeit kultureller und politischer Referenzpunkt. Selbst als der Bukowina 1920, dem Geburtsjahr Celans, mit der rumänischen Herrschaft auch die rumänische Sprache auferlegt wird, bleibt diese Bedeutung von Wien, Österreich und der deutschen Sprache erhalten. »Eigentlich blieb Czernowitz bis 1944 eine österreichische Stadt«, schreibt die wie Celan in Czernowitz geborene Rose Ausländer.[8] Österreich und Wien werden jedoch unerreichbar für Juden, als Österreich 1938 heim ins Reich geholt wird. »Sie wissen, wie es dann durch Jahre auch um diese Erreichbarkeit bestellt war«,[9] kommentiert Celan resigniert in seiner Bremer Rede.

Am 17. Dezember 1947 kommt Celan aus Bukarest mit einem der letzten Flüchtlingstransporte, ehe der Eiserne Vorhang fällt, nach Wien, und er verläßt die Stadt nach nur sieben Monaten im Juli 1948, um nach Paris weiterzureisen. Die österreichische Metropole scheint für Celan kein Ort der Ankunft gewesen zu sein, sondern ein »Ort der Heimatlosigkeit«,[10] der auch nach 1945 im Schatten des Krieges steht. In vielerlei Hinsicht markiert Wien einen Schwellenort für Celans Leben und Werk. Hier werden seine aus der Kindheit und Jugend stammenden und durch die Habsburger Monarchie geprägten Vorstellungen, in denen Wien »Bild für eine Epoche, für eine Atmosphäre, eine geistige Haltung, eine Lebensweise« war,[11] mit der Wiener Nachkriegsgegenwart konfrontiert. Celans sicher nicht unkritische, aber doch hoffnungsreiche Erwartungen auf ein Leben in Wien als weltoffener Metropole und kulturellem Referenzpunkt weichen dort einer Enttäuschung, die in seiner verfrühten Abreise nach Paris ihren Ausdruck findet. Celan, der laut Jerry Glenn »unbedingt nach Wien [wollte]«,[12] erlebt dort, mit den Worten Leonard Olschners, eine »verfehlte Ankunft«.[13]

Die Ausstellung »›Displaced‹. Paul Celan in Wien 1947/48« versuchte im Winter 2001/02 im Jüdischen Museum der Stadt Wien mit über 150 Fotos die Stimmung der Stadt zu der Zeit zu zeigen, zu der Celan sich in ihr aufhielt. Gleichzeitig betrieb sie auch ein Stück Aufarbeitung des politischen Klimas der Wiener Nachkriegszeit und seiner Kunstszene. Dabei wird das Wien dieser Jahre weniger im Sinne der Worte beschrieben, mit denen die Ingeborg-Bachmann-Ausstellung »Writing Against War« die Wiener Jahre der Autorin beschreibt, »After the war – this is the beginning of an era«. Mit dem Blick auf Celan betont »Displaced« vielmehr die »Janusköpfigkeit der österreichischen Nachkriegsgesellschaft«[14] und ihre »Geschichtsvergessenheit nach dem Krieg«,[15] mit der jede moralische Verantwortung für die Judenverfolgung abgelehnt, der Holocaust unter den Teppich eines Nachkriegsoptimismus gekehrt wird und der Antisemitismus weiterschwelt. Peter Goßens und Marcus G. Patka formulieren radikal, daß trotz letzter Versuche, die »erschöpfte Avantgardebewegung« und den »bereits totgesagten Surrealismus« wiederzubeleben, in den Monaten, in die Celans Wienaufenthalt fällt, »der Versuch einer Neuorientierung der österreichischen Gesellschaft und Kunst [scheiterte]«.[16] Für Celan bedeutet die Ankunft in Wien anfangs die Unterbringung im Transitlager. Als Flüchtling aus sowjetisch kontrolliertem Gebiet erfährt er zudem Einschränkungen seiner Bewegungsfreiheit, besonders in der sowjetischen Zone Wiens. »Für überlebende Juden war Wien nach der Shoah eine Geisterstadt«,[17] beschreibt Helga Embacher das Klima, das Celan mit Sicherheit deutlich gespürt hat.

Ein Brief Celans an den Schweizer Publizisten Max Rychner, geschrieben in Bukarest im November 1947 und in Hinblick auf Wien, verdeutlicht bereits ein Jahr vor seiner Ankunft, in welches Spannungsfeld Celan sich begibt, als er 1948 nach Wien kommt. Dieser Brief aus Bukarest begleitet das Manuskript für einen Gedichtband Celans, was sowohl seine Entscheidung, zukünftig als deutscher und nicht rumänischer Schriftsteller Fuß zu fassen, als auch seinen dringenden Wunsch nach einer ersten Publikation seiner deutschen Gedichte verdeutlicht. Wien als Ort, an dem all dies möglich zu sein scheint, spricht deutlich aus den Zeilen. In diesem Brief artikuliert Celan aber auch sein zutiefst ambivalentes Verhältnis gegenüber Deutschland und die Hoffnung auf »jenes andere Deutschland«.[18] Einerseits drückt das an Rychner gesendete Manuskript deutlich Celans Wunsch nach einem Arbeiten sowohl in der deutschen Sprache als auch in ihrem Sprachraum aus; andererseits schreibt Celan hier aber auch,

> wie schwer es ist als Jude Gedichte in deutscher Sprache zu schreiben. Wenn meine Gedichte erscheinen, kommen sie wohl auch nach Deutschland und – lassen Sie mich das Entsetzliche sagen – die Hand, die mein Buch aufschlägt, hat vielleicht die Hand dessen gedrückt, der der Mörder meiner Mutter war.[19]

Im Wien der Nachkriegszeit lebt Celan zum ersten Mal im deutschsprachigen Raum in und mit seiner Muttersprache, gleichzeitig jedoch auch in potentieller Nähe zu den Mördern seiner Mutter. Nach seinem nur siebenmonatigen Aufenthalt in einem Wien, das sich als Deutschland näher denn erhofft entlarvt, wird Celans Suche nach ›jenem anderen Deutschland‹ ihn im Jahr 1948 geographisch aus dem deutschen Sprachraum fort und nach Paris führen.

Obwohl – oder vielleicht gerade weil – Celans Monate in Wien ihn diesem extremen Spannungsfeld aussetzen, sind sie für seine künstlerische Entwicklung von nicht geringer Bedeutung. Während seiner Wiener Zeit nimmt Celan aktiv teil an der sich versuchsweise neu orientierenden Wiener Kunstszene der Nachkriegszeit, zu der neben dem Surrealisten Edgar Jené Milo Dor, Reinhard Federmann, Werner Riemerschmid, Klaus Demus und Hans Weigel noch viele andere, auch Ingeborg Bachmann, gehören. Heutzutage geht besonders von dieser ›Liebes-Literatur-Geschichte‹ große Anziehungskraft aus. Dabei wird gerade in den Feuilletons mehr oder weniger trivial der Frage nachgegangen »Was war – literarisch – los mit Ingeborg Bachmann und Paul Celan?«[20] Bezeichnend ist dabei, daß die vermeintliche Nahaufnahme von Celan und Bachman, die in diesem Zusammenhang oft bildlich zitiert wird und der auch die Bachmann-Ausstellung »Writing Against War« nicht widerstehen kann, sich in Wirklichkeit als interpretierender Ausschnitt entpuppt. Die harmonische Vertrautheit, die der auf Celan und Bachmann zugeschnittene Teil des einzigen Fotos von beiden zeigt, muß – wie so vieles, was über die Beziehung beider geschrieben wurde und wird – relativiert werden. In ihrem wahren Format zeigt die Fotografie nämlich auch Reinhard Federmann und Milo Dor in unmittelbarer Nähe.[21]

Mit Sicherheit von großer Wichtigkeit ist für Celan, daß in Wien endlich das entsteht, worauf er bereits in Bukarest hofft und hinarbeitet: die Publikation seiner deutschen Gedichte in einem ersten eigenen Gedichtband, *Der Sand aus den Urnen*, in dem unter anderen auch das Gedicht *Auf Reisen* zu finden ist. Bereits nach Paris weitergereist sieht er sich jedoch gezwungen, diese ersehnte Publikation sofort nach Erscheinen im Wiener Sexl Verlag wieder zurückzuziehen. Er bewirkt dies vor allem wegen der vielen sinnentstellenden Druckfehler, ist aber auch entsetzt über den Einband und die zwei beigefügten Lithographien des Surrealisten Edgar Jené.

In Celans Wiener Zeit veranlaßt seine Auseinandersetzung mit der Wiener Kulturszene und besonders mit dem surrealistischen Kreis um Jené eine Neu-

und Umorientierung seines Werkes, die seine künstlerische Weiterentwicklung entscheidend prägt, aber letztendlich zur »Abkehr vom Wiener Surrealismus«[22] führt. Er erkennt das Versagen des Wiener Surrealismus, der »im Widerspruch zu seinem kritischen Anfangsimpuls [...] dabei ist, die jüngste Geschichte zum Teil einfach wegreden zu wollen, um an die Stelle der Reflexion das Vergessen bzw. Verdrängen zu setzen«.[23] Celan findet jedoch gerade in seiner Wiener Zeit und mit seiner Ankunft in Paris zu einem Schreiben gegen dieses Vergessen und Verdrängen. Seine Arbeit erreicht in der österreichischen Metropole eine »Zwischenstation«, wie Beda Allemann es nennt,[24] die deutlich die Schnittstelle zwischen Früh- und Spätwerk markiert. Barbara Wiedemann betont: »Der Abschied von Wien bedeutet ein entscheidendes Sich-Entfernen von der geistigen Sphäre der Jugend«.[25] In Wien scheint der 27jährige, dessen Leben 1970 mit dem freiwilligen Tod in der Seine endet, seine »Hälfte des Lebens« erreicht zu haben. Im Wien der Nachkriegszeit, in dem Kunst und Gesellschaft wieder aufzublühen scheinen und wo an der Oberfläche des im wiederaufgenommenen Kaffeehausbetrieb fortgesetzten gesellschaftlichen Lebens glatt über die historischen Wunden des Holocaust hinweggegangen wird, ist für Celan kein Bleiben. Er verläßt diesen Schwellenort, um nach Paris weiterzureisen und den deutschen Sprachraum als seinen Lebensraum, keineswegs aber die deutsche Sprache, für immer hinter sich zu lassen.

Celan verläßt mit Wien geographisch den deutschsprachigen Raum, in den er bis auf sporadische Besuche nicht mehr zurückkehrt. Mit Verlassen dieses Sprachraums geht jedoch seine Entscheidung einher für die deutsche Sprache als Sprache seines zumeist in Frankreich geschriebenen Spätwerks. Daß Celans Wahl an dieser Schwelle seines Schaffens auf das Deutsche fällt, ist nicht selbstverständlich, sondern eine echte Entscheidung und von besonderer Bedeutung. Obwohl es die Muttersprache des in der Bukowina Aufgewachsenen ist, präsentiert sie sich ihm jedoch, besonders zu der Zeit seines Wienaufenthaltes, nicht ohne Alternative. Als er 1947 nach Wien kommt, hat er zweieinhalb Jahre in Bukarest als Lektor und Übersetzer hinter sich. Er beherrscht das Rumänische mit großer Kompetenz und weist publizierte Übersetzungen und nicht publizierte literarische Arbeiten in dieser Sprache auf, mit der er in Czernowitz groß geworden ist.[26] Sein Dichten in rumänischer Sprache in Bukarest läßt sich als Suche nach einer alternativen Sprache zum Deutschen und einer »Rettung in (mittels) der unbelasteten Sprache«[27] lesen. Im November 1946 schreibt er jedoch noch in Bukarest an Rychner, daß es sein Schicksal sei, »deutsche Gedichte schreiben zu müssen«.[28] Die Sprache von Celans Lyrik ab 1948 ist ausschließlich das Deutsche, und Wien kann als Wendepunkt dieser Entwicklung gesehen werden. Bewußt und endgültig entscheidet sich Celan in dem Moment für das Deutsche als Sprache seiner Dichtung, als er sich ebenso bewußt und endgültig gegen den deutschsprachigen Raum als seinen Lebensort entscheidet.

Hinter Celans schneller Abreise aus Österreich, diesem deutschsprachigen Land, das eine Nähe zu seiner Muttersprache bot, das aber gerade nicht Deutschland, das Land der Mörder seiner Mutter war, und in dem Wien sich ihm als Ort der Ankunft versprochen haben mag, läßt sich eine große Enttäuschung lesen, die um so schwerer wiegt, als so viel Hoffnung und Erwartung auf Wien gerichtet war. Eine geographische Suche nach ›jenem anderen Deutschland‹ als einem realen Ort im deutschen Sprachraum endet und scheitert 1947/48 in der österreichischen Metropole. Danach führt Celans Weg nach Frankreich. Wenn angesichts der Biographie Celans überhaupt von einem Zielort auf der Suche nach ›jenem anderen Deutschland‹ gesprochen werden kann, so ist es nicht das Ziel eines bestimmten, auf der Landkarte fixierbaren Ortes, sondern die Sprache, in der er ab 1948 seine Gedichte ausschließlich schreibt. Noch passender scheint es jedoch, diesem Dichter, der von den österreichischen Behörden als *displaced person* kategorisiert wird, mit dem Titel seines letzten in Wien geschriebenen Gedichts ein ständiges »Auf Reisen« zuzuschreiben.

II. *Auf Reisen*

Wir können davon ausgehen, daß mindestens sechs Gedichte in Celans sieben Monaten in Wien entstanden sind.[29] Zuerst gedruckt wurden sie im von Celan selbst wieder zurückgezogenen Debutband *Der Sand aus den Urnen*, in dem er 48 zwischen 1940 und (Juli) 1948 entstandene Gedichte veröffentlicht. Während es unklar ist, ob der Text *Chanson einer Dame im Schatten* in Bukarest oder Wien entstand, hat Celan die folgenden sechs Gedichte sicherlich während seiner Zeit in der österreichischen Stadt geschrieben: *Nachtstrahl*, *Die Jahre von Dir zu mir*, *Lob der Ferne*, *Spät und tief*, *Corona* und *Auf Reisen*. Später wird er sie im Band *Mohn und Gedächtnis* erneut veröffentlichen.

Es verwundert nicht, daß keines dieser Gedichte sich als ein herkömmliches ›Wien-Gedicht‹ bezeichnen läßt, etwa weil es Verweise auf (stereo-)typische Wiener Wahrzeichen beinhalten würde. Aber es lassen sich doch in ihnen einige Bezüge zum Wiener Kontext der Zeit herstellen, die Celan dort verbringt. Die offensichtlichste Verbindung zum Wien der Jahre 1947/49 ist hier, daß einige dieser Gedichte eine gewisse Nähe zum Surrealismus aufweisen, der Celan – trotz seiner letztendlichen Abkehr – bereits in seiner Bukarester Zeit beeinflußt und auf dessen Wiener Variante er besonders durch die Bekanntschaft mit Jené stößt. Zum Einfluß der Wiener Zeit gehört auch die Beziehung zwischen Celan und Bachmann. Abschließende Antworten auf die Fragen nach der komplexen Konstellation Celan/Bachmann lassen sich anhand der sechs Wiener Texte jedoch nicht finden. Die Forschung hofft auf den bislang gesperrten Briefwechsel beider, mit dessen Hilfe eventuell Spuren dieser Beziehung in Celans Wiener Gedichten deutlicher lesbar werden könnten. Während spätere Texte Celans hier aufschlußreicher sind, ist uns mit Bezug auf Celans Wiener Zeit 1947/48 allein Bachmanns Rezeption seiner Texte zugänglich, die sich besonders in der Kagran-Legende in *Malina* und ihren Vorstufen zeigt (TKA 3.1, 348–357).

Von den sieben Gedichten wollen wir uns auf das letzte, *Auf Reisen*, konzentrieren.

AUF REISEN

Es ist eine Stunde, die macht dir den Staub zum Gefolge,
dein Haus in Paris zur Opferstatt deiner Hände,
dein schwarzes Aug zum schwärzesten Auge.

Es ist ein Gehöft, da hält ein Gespann für dein Herz.
Dein Haar möchte wehn, wenn du fährst – das ist ihm verboten.
Die bleiben und winken, wissen es nicht.[30]

Ein Handexemplar von *Der Sand aus den Urnen* aus Celans Besitz erlaubt uns die genauere Datierung dieses Textes auf den Juli des Jahres 1948. Handschriftlich hat Celan das Gedicht mit der Bleistiftnotiz »vor der Abreise« versehen.[31] Dieser Vermerk läßt sich im Kontext des Gedichts als weit mehr lesen als eine bloße Festlegung von Entstehungszeit und -ort. Vielmehr unterstreicht die Angabe ein Zusammentreffen der Gegensätze von Fortbewegung und Am-Ort-Bleiben, was sich in *Auf Reisen* im zentralen Thema von Stillstehen und Fortschreiten sowohl auf physischer Ebene als auch im Bereich der Zeiterfahrung zeigt.

Der Aspekt der physischen Bewegung, der mit einer Reise verbunden ist, wird besonders im Titel und in den letzten drei Zeilen eingeführt. Bilder aus dem Wortfeld von Abschied und Reise, das haltende »Gespann« und der Abschied von denen, die bleiben und winken, scheinen dies zu unterstreichen. In einfacher Lesart thematisiert *Auf Reisen* Aufbruch, Abreise und Ortsveränderung. Wie so oft bei Celan sprengt jedoch auch dieser Text den Rahmen der eindimensionalen Wortfelder und einfachen Lesarten und führt von seiner Oberfläche zu hintergründigen Deutungs- und Bedeutungstiefen. Die Komplexität solcher Texte beläßt den Lesenden dabei nicht in der Rolle des bloß passiven Konsumenten des Geschriebenen, sondern verlangt von ihm/ihr, aktiv Kontexte und Beziehungen, die der Text evoziert, nachzuvollziehen und diesen somit zugleich mit- und neuzuschreiben. Celans Gedichte leben, wie Jean Bollack es formuliert, »von einem Oszillieren zwischen den Chiffren und ihrer Entzifferung«.[32] Diesem Prozeß liegt auf beiden Seiten, Autor und Lesender, eine äußerst intensive Textproduktion und Textwahrnehmung zugrunde. Daraus resultiert ein erhöhtes Sprachbewußtsein, verbunden mit Sprachreflexion und -kritik. Hier wird die andere Seite der Suche nach ›jenem anderen Deutschland‹ deutlich, die sich nicht im geographischen Raum abspielt, sondern auf der Ebene der Sprache, wo sie sich als Celans innovativer, sprachkritischer und hochgradig verfeinerter Zugang zu seiner vielfach belasteten Muttersprache zeigt.

Auf Reisen weist eine komplexe und vielschichtige Struktur auf, die sowohl aus einem innovativen Zugang zu Sprache resultiert, als ihn auch fordert. Dabei müssen die oberflächlichen Konnotationen von Reise ergänzt werden. Den Themen Bewegung und Ortsveränderung, die auch an ein lineares Vergehen und Fortschreiten von Zeit gebunden sind, setzt der Text nämlich eine andere Ebene entgegen, deren Charakter nicht Ver- und Weitergehen, sondern unendliche Präsenz ist. Diese andere Ebene zeigt sich insbesondere in den ersten drei Zeilen: »Es i s t eine Stunde, die macht dir den Staub zum Gefolge«. (Hervorhebung H.B.) In der grammatikalischen Struktur dieses Satzes ist kein handelnder Mensch Urheber des Geschehens, sondern »eine Stunde«, in der sowohl der »Staub« als auch das Subjekt »Du« Verbergänzungen und dem Geschehen ausgeliefert sind. Entgegen herkömmlicher grammatikalischer Strukturen, die Reisen und Ortsveränderungen an ein tätiges Subjekt binden, ist der Ausgangspunkt der Bewegung hier eine Zeitangabe: »eine Stunde«. In dieser Stunde wird etwas auf das »Du« im Text bezogen, was nicht von ihm ausgeht, es aber doch betrifft und seine Situation verändert. Diese Veränderung erfolgt jedoch nicht durch ein Verändern der äußeren Umstände wie zum Beispiel bei einer Reise, sondern sie ist eine innere, auf das Subjekt bezogene. Das Ungewöhnliche an dieser Stunde ist dabei, daß sie sich einer temporalen Linearität entzieht; sie vergeht nicht mit der Zeit, sondern »ist« und hält mit einer überzeitlichen Präsenz an. Die Zeiterfahrung dieser Zeilen thematisiert nicht ihr Vergehen, sondern ihr Andauern, so daß das Gedicht, mit einem Wort aus Celans Bremer Literaturpreisrede, einen »Unendlichkeitsanspruch« erhebt, mit dem es sucht, »durch die Zeit hindurchzugreifen – durch sie hindurch, nicht über sie hinweg«.[33]

Das Wort »Staub« in der ersten Zeile weckt vordergründig die Assoziation von Staub, der auf einer Landstraße im Gefolge eines Wagens hinter diesem herwirbelt, und mag so wohl oberflächlich ins einfache Wortfeld des Reisens passen. Im Zusammenhang mit dem Wort »Opferstatt« und vor dem Hintergrund von Celans Werk erfährt dieser Staub jedoch entscheidende Bedeutungserweiterungen. Staub und Asche gehören bei Celan zu den Worten, mit denen er deutlich und faßbar auf die Toten des Holocaust verweist. Beide Begriffe sind dabei jedoch nicht metaphorisch zu verstehen, sondern deuten konkret und radikal mit den physischen Überresten der historischen Katastrophe, zu denen auch das abgeschnittene Haar zählt, auf die letzte Wirklichkeit der ermordeten Juden. In diesem Zusammenhang erlaubt auch das Wort »Gefolge« eine bestimmte Lesart als Personengruppe, die das Trauergeleit bildet. Dieses Gefolge besteht jedoch aus dem Staub der Gestorbenen, in deren ständiger Begleitung das »Du« steht, welches somit selbst in den Bannkreis des Todes rückt.

Die zweite Zeile stellt uns mit »Opferstatt deiner Hände« vor ein äußerst vielfältiges Bezugsgeflecht. Die Genitivkonstruktion läßt sich dabei sowohl als *genitivus possessivus* lesen – die Opferstatt, die zu den Händen gehört – als auch als *genitivus obiektivus* – die Statt, auf der die Hände geopfert werden. Versuchen wir beide Positionen nicht ausschließlich zu lesen, sondern miteinander in Verbindung zu setzen, kommen wir zu einer Lesart, bei der das »Du« sich als Selbstanrede des/eines Dichters und die Hände als die seinigen, die Instrumente (s)eines Schreibens darstellen. Dieses Schreiben changiert zwischen Sprachlosigkeit, dem Schreiben, das an der Opferstatt endet, und der Aufgabe, letzte Sprachmöglichkeiten zu erforschen und an der Opferstatt zu schreiben und Zeugnis abzulegen. Wir können hier Ansätze zu einer Thematisierung des Schreibens lesen, bei der besonders in Celans späterem Werk das Gedicht immer mehr auf seinen eigenen Herstellungsprozeß reflektiert. Die Lesart, daß Celan hier auf dichterisches Schreiben reflektiert, kann durch die Tatsache gestützt werden, daß er im Jahr 1960 in Frankreich eben diese Zeile wiederholt in einem Text, der die genaue Zahl der Jahre zum Titel hat, die zwischen beiden Texten vergangen ist: *Zwölf Jahre*. Dort heißt es:

> Die wahr-
> Gebliebene, wahr-
> Gewordene Zeile: ... *dein*
> *Haus in Paris – zur*
> *Opferstatt deiner Hände.*
> [...].[34]

Celans handschriftlicher Kommentar, daß *Auf Reisen* vor der Abreise aus Wien geschrieben worden ist, unterstreicht, was diese nach zwölf Jahren wiederholten Zeilen nahelegen: Es handelt sich nicht um eine Reisebeschreibung, hervorgerufen durch äußere auf der Fahrt erlebte Eindrücke, die vorüber sind bei der Ankunft. Vielmehr geht es um einen anhaltenden Zustand, eine Stunde, die ist – auch noch nach zwölf Jahren.

Auf Reisen entfaltet ein dichtes Gewebe von Bezügen, bei denen sich verschiedene Bedeutungen überlagern. Im folgenden wollen wir Celans komplexem und innovativem Arbeiten mit Sprache anhand zweier weiterer Beispiele aus dem Text nachgehen. Dabei sollen uns die Wendungen »Gespann für dein Herz« und das »Verbot« für das Haar, bei der Fahrt im Wind zu wehen, von der Textoberfläche in seine Tiefe führen. Die Wendung »Gespann für dein Herz« paßt vordergründig in den Kontext von Reise. Die Vielschichtarbeit Celans wird jedoch darin deutlich, daß sich die Wendung auch auf den Namen für *leonurus cardiaca* zurückführen läßt, eine Pflanze aus der Familie der Lippenblütler, die im Deutschen auch Herzgespann, Herzheil, Löwenschwanz oder Wilde Melisse heißt und deren beruhigende Wirkung bei Nervosität, Angstanfällen, Schlaflosigkeit und klimakterischen Beschwerden schon in mittelalterlichen Kräuterbüchern festgehalten wurde. In der Neuordnung der Wortelemente sowie mit dem persönlichen Bezug auf ein »Du« erneuert Celan den Sinn dieses Wortes. Mit der neu entstandenen Wendung erfolgt eine Um- und Neuorientierung im semantischen Bereich, die mit alten Sprachformen bricht und den Sinn für sprachliche Veränderungen schärft. Anhand der Wortneuschöpfung läßt sich ein kritischer Umgang mit Sprache festmachen, der sich nicht auf die tradierten und im Fall der deutschen Sprache auch historisch belasteten Formeln verläßt, sondern diese Sprache aufbricht, in ihre Bestandteile zerlegt und neu zusammensetzt. Dabei kommt es jedoch keinesfalls zu einem neuen harmonischen Ganzen, sondern zu sprachlichen Fügungen, die sich in keinen bestehenden Kontext einfügen lassen, sondern häufig Brüche und Risse aufweisen und komplexe, ihrer Vielschichtigkeit folgende Strategien des Zugangs erfordern. »Gespann für dein Herz« zeigt, wie das Poetische zusammengeführt wird mit Vokabular aus bestimmten Fach-Kontexten, hier ist es nicht der im Zusammenhang mit der Vokabel ›anreichern‹ bereits erwähnte Bereich des Chemischen, sondern das Botanische. Die innovative Metapher »Gespann für dein Herz« schöpft dabei jedoch aus dem Bedeutungshintergrund der Pflanze »Herzgespann«. Dieses Verfahren läßt sich auch in anderen Texten Celans beobachten, in denen zum Beispiel »Mohn«, »Aschenkraut«, »Maulbeerbaum« oder der zwischen Machandel- und Mandelbaum changierende »Chandelbaum« vielschichtige Deutungs- und Bedeutungsmöglichkeiten aufweisen. Zur Bedeutungsweite von »Herzgespann« im Kontext von *Auf Reisen* gehört, daß es uns erlaubt, über den Umweg von Celans zehn Jahre später in Paris entstandenem Gedicht *Bahndämme, Wegränder, Ödplätze, Schutt* einen Bezug zu Wien herzustellen. Dieser Text ist ebenfalls ein – mit dem Vorbehalt der Anführungszeichen zu versehendes – ›Wien-Gedicht‹ Celans, das über den Augarten beim Wiener Prater und seine Geschichte im Dritten Reich und zur Nachkriegszeit Bezug auf Wien nimmt; dazu gehört auch die Verbindung zu Ingeborg Bachmanns Gedicht *Große Landschaft bei Wien* aus dem Jahre 1953.[35]

Die vorletzte Zeile gibt uns Einblicke in Celans vielschichtiges Arbeiten aus einem anderen Blickwinkel mit dem Verbot »Dein Haar möchte wehn, wenn Du fährst – das ist ihm verboten.« Hier führt der Text die Gegensätze von Stillstand und Bewegung auf ähnliche Weise zusammen wie in der Zeitstruktur der ersten Zeile. Das Wort »Gespann« evoziert – außerhalb des Kontextes von Herzgespann – das Bild eines von Pferden gezogenen offenen Wagens, in dem dem Reisenden das Haar im Fahrtwind weht und so die Fortbewegung deutlich erlebt wird. Das Bild vom im Wind wehenden Haar hat dabei einen gewissen befreienden Effekt, der jedoch durch das Verbot zurückgenommen wird. Durch das Verbot wird die Bewegung – sogar in ihren physikalischen Gesetzen – negiert und sie erstarrt.

Wie wir bereits mehrfach angedeutet haben, hat Haar im Werk Celans einen besonderen Stellenwert.[36] Es gehört zum Wortfeld von Staub und Asche als letzte Überreste der Toten. »Haut und Haare, handwerklich und industriell verarbeitet, in Rauch aufgegangen, absurd sezierte Gliedmaßen, zu Halden aufgehäufte Leiber: das ist die historische Hypothek des Körpers.«[37] Haar ist auch eine Chiffre für Zeit, zum Beispiel das »Weißhaar der Zeit«,[38] und zeigt zugleich ein unzeitiges Aus-der-Zeit-genommen-Sein. Einprägsam in ihrer persönlichen Dimension wird diese Bedeutung, wenn Celan, dessen Mutter im KZ ermordet wurde, schreibt: »Meiner Mutter Haar ward nimmer weiß.«[39] Aber nicht nur Einzelschicksal, sondern auch das jüdische Schicksal beschreibt die Chiffre vom Haar: »Judenlocke, wirst nicht grau.«[40] Haar spielt in diesem Zusammenhang eine wichtige Rolle als Signifikant für jüdische Tradition und Haartracht, und vor diesem Bedeutungshintergrund wird die geschichtliche Dimension des ›Verbots‹ für das Haar deutlich. Erzwungenes Abschneiden der Haartracht, die Kopfrasur, aber auch Verbote, sich zu rasieren, zählten zu den antisemitischen Gesetzen und KZ-Praktiken des Nationalsozialismus. In einem Buch aus Celans Handbibliothek legt der Autor Eugen Kogon Zeugnis von dem ab, was ihm nach seiner Deportation nach Buchenwald widerfährt: »wer lange Haare oder einen Bart hatte, wurde daran zu Boden gerissen. […] Man […] wurde zu den Friseuren gebracht, die einen von oben bis unten, vorne und hinten mit Haarschneidemaschinen […] abschoren.«[41]

Der Eindruck von Bewegung, Reise, gar Befreiung wird durch das Verbot für das Haar nihiliert. Die einzige wirkliche Bewegung und das einzige Indiz für das Reisen liegt gar nicht beim »Du«, sondern bei denen, die bleiben und in fast naiver Unwissenheit »winken«. Der Zusatz, daß »sie es nicht wissen«, schließt diese anderen jedoch von der Wirklichkeit des »Du« aus und lokalisiert sie als außerhalb der Bereiche von Erinnern, Bezeugen und Gedenken stehend, in einer Sphäre, die vom Vergessen und Verdrängen bedroht ist.

Auf Reisen mag dazu verführen, seine Entstehung konkret und vereinfachend als Beschreibung von Celans biographischen Daten und seiner Abreise aus Wien nach Paris im Jahre 1948 zu lesen. Es ist jedoch keineswegs ein einfaches Reise- oder Wien-Gedicht, in dem es um kleine biographische (Reise-)Geschichten geht. Im Text oszillieren verschiedenste, oft gegensätzliche Ebenen: Reise und Stillstand, vergehende und angehaltene Zeit, persönliche Erinnerung und universelle Zeitbezüge, Befreiung und Erstarrung, Sprache und Sprachlosigkeit, Gedenken und Vergessen. Der Raum der Sprache Celans ist ein äußerst vielschichtiger und von Rissen und Furchen durchsetzter, in dem kein Schritt mit Selbstverständlichkeit gemacht werden kann. Sich in ihm zu orientieren, erfordert ein stetiges Suchen nach Zugängen und Orientierungspunkten und die Bereitschaft zum Aufbruch zu innovativen und vielschichtigen Deutungs- und Bedeutungsebenen. Die ›Reise‹ des vor der Abreise nach Paris geschriebenen Textes führt nicht zu einem bestimmten Ort auf der Landkarte ›jenes anderen Deutschlands‹, sondern in den Raum der (deutschen) Sprache, für die Celan ein an der historischen Situation geschärftes Bewußtsein besitzt, mit dem er sich ihre letzten und äußersten Sprachmöglichkeiten zu erschließen sucht.

Anmerkungen

1 So lautete das Motto des Symposiums in Nottingham, und *Writing Against War* war der Titel der parallelen Ingeborg Bachmann-Ausstellung, in deren Kontext im Januar 2005 dieser Beitrag entstand.

2 Paul Celan. »Rede anläßlich der Entgegennahme des Literaturpreises der Freien Hansestadt Bremen, 1958«. Paul Celan. *Gesammelte Werke in fünf Bänden*. Hg. von Beda Allemann, Stefan Reichert, unter Mitwirkung von Rolf Bücher. Frankfurt/M.: Suhrkamp, 1983, Bd. III, 185.

3 Zu Celans Verwendung geologischer Fachsprache siehe Uta Werner. *Textgräber. Paul Celans geologische Lyrik*. München: Fink, 1998.

4 Rolf Zuberbühler. »Etymologie bei Goethe und Hölderlin«. Ingrid Riedel (Hg.). *Hölderlin ohne Mythos*. Göttingen: Vandenhoeck & Ruprecht, 1973, 34–47, hier 44.

5 Vgl. die Studie von Klaus Voswinckel. *Paul Celan. Verweigerte Poetisierung der Welt. Versuch einer Deutung*. Heidelberg: Winter, 1974.

6 Theo Buck. *Muttersprache. Mördersprache*. Aachen: Rimbaud, 1993.

7 Celan, *Werke*, Bd. III, 185.

8 Rose Ausländer. *Gesammelte Gedichte*. Hg. von Hugo Ernst Käufer, Berndt Mosblech. Köln: Braun, 1977, 505.

9 Celan, *Werke*, Bd. III, 185.

10 *Celan und/in Europa*. Hg. von John Neubauer, Jürgen Wertheimer. *Arcadia* 32 (1997), 1, 3.

11 Barbara Wiedemann. »Der Blick von Paris nach Osten«. Peter Goßens, Marcus G. Patka (Hgg.). *Displaced. Paul Celan in Wien 1947–1948*. Frankfurt/M.: Suhrkamp, 2001 (anläßlich der Ausstellung »›Displaced‹. Paul Celan in Wien 1947–1948« im Jüdischen Museum Wien, 14. November 2001 bis 24. Februar 2002), 139–153, hier 151.

12 Jerry Glenn. »Paul Celan in Wien«. Milo Dor (Hg.). *In memoriam Reinhard Federmann*. Wien: Löcker & Wögenstein, 1977, 100–108, hier 100.

13 Leonard Olschner. »Das zu Erreichende hieß Wien. Die verfehlte Ankunft Paul Celans«. Vortrag gehalten im Institute of Germanic and Romance Studies (London) am 13. Mai 2005.

14 Peter Goßens, Marcus G. Patka. »Internationale Zone – Wien 1947 und die Ankunft Paul Celans«. Dies. (Hgg.), *Displaced*, 9–20, hier 20.

15 Peter Bogner. »Leopold Wolfgang Rochowanski und die Agathon Galerie«. Goßens, Patka (Hgg.), *Displaced*, 80–88, hier 83.

16 Goßens, Patka, »Internationale Zone«, 20.

17 Helga Embacher. »Spuren jüdischen Lebens im Wien von 1948«. Goßens, Patka (Hgg.), *Displaced*, 21–32, hier 21.

18 Paul Celan an Max Rychner, Bukarest, 3.11.1946. Nachlaß Max Rychner: Privatbesitz, Frankfurt/M. Zitiert nach Goßens, Patka (Hgg.), *Displaced*, 101.

19 Ebd.

20 Rolf Michaelis, *Die Zeit*, 16. Mai 1997.

21 Zeugnisse der literaturwissenschaftlichen Auseinandersetzung mit der »Konstellation« Celan/Bachmann oder Bachmann/Celan sind neben vielen Einzelstudien u.a. der Band von Sigrid Weigel, Bernhard Böschenstein (Hgg.). *Poetische Korrespondenzen*. Frankfurt/M.: Suhrkamp, 1997, und die Tagungsprotokolle Dieter Burdorf (Hg.). *Im Geheimnis der Begegnung*. Iserlohn: Institut für Kirche und Gesellschaft, 2003.

22 Christine Ivanovic. »Paul Celans Umweg über den Wiener Surrealismus«. Goßens, Patka (Hgg.), *Displaced*, 62–70, hier 69.

23 Michael Jakob. *Das »Andere« Paul Celans oder von den Paradoxien relationalen Dichtens*. München: Fink, 1993, 154.

24 Paul Celan. *Gedichte in zwei Bänden*. Hg. von Beda Allemann. Frankfurt/M.: Suhrkamp, 1975 (Bibliothek Suhrkamp, 412/3), Bd. II, 419.

25 Paul Celan. *Das Frühwerk*. Hg. und kommentiert von Barbara Wiedemann. Frankfurt/M.: Suhrkamp, 1989, 234.

26 Andere Sprachen kommen im Verlauf von Celans intensiver Übersetzertätigkeit hinzu, und sein Werk ist vom versierten Umgang u.a. mit dem Französischen, Russischen, Englischen, Italienischen und Hebräischen geprägt. Zu diesem wichtigen Aspekt von Celans Schaffen siehe besonders: Axel Gellhaus, Rolf Bücher, Sabria Filali et al. (Hgg.). *»Fremde Nähe«. Celan als Übersetzer*.

Marbach am Neckar: Deutsche Schillergesellschaft, 1998 (Marbacher Kataloge, 50).

27 Jakob, *Das »Andere« Paul Celans*, 159–160.

28 Paul Celan an Max Rychner, Bukarest, 3.11.1946. Nachlaß Max Rychner: Privatbesitz, Frankfurt/M. Zitiert nach Goßens, Patka (Hgg.), *Displaced*, 101 (Hervorhebung H.B.).

29 Zur Frage der Datierung dieser Texte siehe Paul Celan. *Die Gedichte. Kommentierte Gesamtausgabe*. Hg. von Barbara Wiedemann. Frankfurt/M.: Suhrkamp, 2003, 602–606.

30 Ebd., 42.

31 Dieser Vermerk stammt vermutlich aus den 1960er Jahren und ist von Celan im Zuge der Goll-Affäre, der für ihn äußerst schmerzhaften Auseinandersetzung mit den böswilligen und antisemitisch geprägten Plagiatsvorwürfen von Claire Goll, der Witwe Yvan Golls, geschrieben worden.

32 Jean Bollack. *Paul Celan. Poetik der Fremdheit*. Wien: Paul Zsolnay, 2000, 42.

33 Celan, *Werke*, Bd. III, 185.

34 Celan, *Die Gedichte*, 130.

35 Wiedemann streicht die Verbindung zwischen Celans zehn Jahre auseinanderliegenden Gedichten *Bahndämme, Wegränder, Ödplätze, Schutt* und *Auf Reisen* mit Hilfe jener Pflanze heraus, die zwar in keinem von beiden wortwörtlich genannt, aber doch im neuen Wortgefüge des älteren oder in der Umschreibung des jüngeren evoziert wird. »Lichtgewinn, meßbar, aus / Distelähnlichem: einiges / Rot, im Gespräch / mit einigem Gelb«, heißt es in *Bahndämme, Wegränder, Ödplätze, Schutt* (Celan, *Die Gedichte*, 112), was Wiedemann als einen Verweis auf das hellrot blühende Echte Herzgespann liest. Mit seinem hohen vierkantigen Stengel und derben Blättern ist dies tatsächlich distelähnlich, und es wächst auf den trockenen Böden von Wegrändern, Schutt- und Bruchflächen. Die Durchdringung des poetischen mit dem fachsprachlichen Bereich wird bei diesem Titel besonders deutlich, der wörtlich, jedoch in veränderter Reihenfolge, die Standortbeschreibung der Nikkenden Distel aus Alois Koschs *Naturführer*, den Celan besaß, widerspiegelt. (Quelle: Celan, *Die Gedichte*, 665.) Zur Bedeutung von *Bahndämme, Wegränder, Ödplätze, Schutt* als Gedicht im Kontext von Wien und Ingeborg Bachmann siehe auch Jürgen Lütz. »Der Name der Blume. Über den Celan-Bachmann Diskurs dargestellt am Zeugen ›Ich höre die Axt hat geblüht‹«. Axel Gellhaus, Andreas Lohr (Hgg.). *Lesarten. Beiträge zum Werk Paul Celans*. Köln, Weimar, Wien: Böhlau, 1996, 49–80. Joel Golb. »Allegorie und Geschichte. Paul Celans *Bahndämme, Wegränder, Ödplätze, Schutt*«. Ebd., 81–118; Goßens, Patka: »Internationale Zone«, 9–20.

36 Haar ist bei Celan auch Teil einer hocherotisch geladenen Sprache, zum Beispiel: »Rotrot, weit hinterm Schamhaar« (Celan, *Die Gedichte*, 225).

37 Burghard Dameran. »›Ich stand in dir‹. Bemerkungen zur Erotik bei Celan«. *Celan Jahrbuch* 7 (1997/98), 293–306, hier 306.

38 Celan, *Die Gedichte*, 38.

39 Ebd., 30.

40 Ebd., 142.

41 Eugen Kogon. *Der SS-Staat. Das System der deutschen KZ*. Frankfurt/M.: Verlag der Frankfurter Hefte, o.J. [1948], 74–76.

Martin A. Hainz

Messianismus, mittelbar
Zu Celans Perspektive wider die Gewalt

Indirect Messianism
On Celan's Vision Against Violence

Paul Celan's messianism aims at the possibility of real »Heimat«, i. e. a world fit to live in (in both a literal and a metaphysical sense). This vision requires a use of language which reflects the hidden violence of language and is therefore constantly questioning itself. In this sense, Celan's texts – be they poems or translations – display a messianic structure by revealing the resident cruelty of any preceding use of language. This is particularly striking in his translation of E.M. Cioran's »Treatise on decomposition«, which prima vista seems to fail. However, Celan's translation succeeds in showing the elements and patterns of violence in Cioran's metaphysics, making his translation »true« on a higher level than the original. As a consequence Celan's deconstructive poetry enables us to develop a more productive and non-violent engagement with difference. Written against the feigned truth of ›epistème‹, Celans poems engender truth based on the respect for difference – only this truth is reasonable, »dem Menschen zumutbar« (Bachmann).

1

Paul Celan ist ein als solcher oftmals gerne verkannter Vertreter auch der politischen Lyrik, der als politischer Dichter immer wieder für Dialog und Frieden votierte – freilich auf eine vermittelte Weise, nämlich in der Polemik wider das Selbstgerechte in der deutschen und in jeder Sprache und Kultur. Dagegen setzte er ein Vertrauen auf einen Messianismus, doch ist mit diesem Begriff bei Celan gewiß vorsichtig umzugehen; denn die Vereinnahmung Celans als eines religiösen Dichters ist fragwürdig, wie der Blick auf sein Werk und entsprechende Versuche der Rezeption zeigt: Eine Interpretin Celans schrieb, dieser Dichter fühle den »Kosmos als harmonisch[e] Ordnung«, »die eine weise Hand hält«, aus »diesem Wissen heraus vertraut sich Celan dem Splitter an und lächelt«.[1] Der Befund stammt aus dem Jahr 1969 – ein Jahr vor dem Selbstmord des Dichters. Aber auch die Selbsttötung war und ist für manche Celan-Rezipienten kein Grund, ihn nicht derart versöhnt mit der Welt und seinem Leben zu sehen. Wohl ist der Gang in die Seine kein integraler Bestandteil oder Schlüssel des dichterischen Werkes, es scheint dennoch hernach erst recht vollends unmöglich, dies zu schreiben: Paul Celan »brauchte für sich keinen solchen [= heimatlichen, M.H.] Ort, weil er selbst in seinen Gedichten zuhause war«.[2]

Vielmehr ist richtig, daß die Dichtung Celans von der Unwahrheit dessen berichtet, was sich als Heimat inszeniert; er selbst knüpft an seine Heimat demgemäß ironisch und nur wenig nostalgisch an, spricht von der Landschaft, »in der Menschen und Bücher lebten«[3] – doch auch davon, daß diese Region bloß auf der »Kinder-Landkarte«[4] existierte. Das Ziel dieser Demontage von Heimat ist eine Utopie: die einer nicht mehr durch Gewalt und das Ressentiment derer, die auf ihr Heimatrecht pochen, nur eingeschränkt bewohnbaren Welt. Das Zuarbeiten auf diesen Ort ist die Poesie – wenngleich Celan in die tatsächliche Zukünftigkeit dieses Ortes wenig Hoffnung legte, erst recht nicht in den Glauben, daß eine nahe Zukunft den Wunsch nach Heimat erfüllen könne. Was sollte diese Hoffnung auch stützen? Immer sieht Celan gerade im Glauben selbst eine Bastion des Ungeistigen. Das jüdische Wort ist für Celan »das Wort, / dem ich entrollte«,[5] allenfalls als eines der Opfer des Nationalsozialismus und als Zeuge, der für die Ermordeten zu sprechen hatte, war der Dichter jenem Glauben verbunden, dem er sich sonst nicht zugehörig empfand.[6] Das dem Judentum doch gleichsam verwandtschaftlich verbundene Christentum verdammte er explizit: Das »Christentum hatte eine Funktion: die [...] Germanen zu [...] barbarisieren«,[7] so heißt es bei ihm... Celan polemisiert und ist ein geradezu orthodoxer Häretiker – er »hoffte, bis zuletzt lästern zu können«[8].

2

So ist zu verstehen, daß Celan zwar nicht glaubte, doch einer belebbaren Welt unermüdlich die Treue hielt, einer Welt, in der das verantwortungsvolle Handeln alte Schuld als Mahnung im Gedächtnis behalten und neue Schuld nicht auf sich laden würde. Ist also Celan auch ein Häretiker und Blasphemiker, so ist der zugleich doch von einem Messianismus geprägt, vorsichtiger ausgedrückt: von einem »Messianische[n] ohne Messianismus«.[9]

Das zeigt sich allenthalben, so auch und zuallererst bei seiner berühmten *Todesfuge*. In einer Verkürzung wurde nicht nur ein Trauergedicht in ihr gesehen, vielmehr auch ein Versöhnungsgedicht. Noch mehr widerfuhr diese vereinfachende Rezeption Rose Ausländer – ihre Lyrik wurde denn auch wie jene Celans mit Ingrimm gegen Theodor W. Adorno verteidigt, dessen Diktum in Wahrheit das sagt, was der Anstoß zur besten Lyrik nach Auschwitz war, daß nämlich nach »Auschwitz ein Gedicht zu schreiben [...] barbarisch«[10] sei, und zwar zweifach: Es ist in einem negativen Sinne barbarisch, insofern das Gedichteschreiben allzu leicht suggeriert, die Kultur sei durch ihre Mitschuld am Kulturverbrechen Auschwitz nicht beschädigt worden; es ist in einem positiven Sinne barbarisch, insofern es zeigt, daß der Mensch immer Kulturwesen ist, die Kultur aber selbst verlangt, ihr zu mißtrauen: »Es ist einer Kultur eigen, daß sie nicht mit sich selber identisch ist.«[11]

Nicht der *Todesfuge*, sondern ihrer Rezeption, die diesen indirekten Messianismus, dieses vermittelte Engagement gegen Krieg und Gewalt verkannte, galt denn auch die scharfe Kritik von Günther Anders; er sah, daß die »Söhne der Mörder [...] die Leichen der von ihren Eltern Ermordeten [beklatschen]«[12] – und nannte darum die *Todesfuge* insgesamt »läppisch«.[13] So sehr er mit der Aburteilung des Gedichts über das Ziel hinausgeschossen haben mag, so akkurat bezeichnet er das

Dilemma der Rezeption: Diese sucht Absolution und Entlastung durch eine vom jüdischen Dichter nur in ihren Augen geradezu angetragene Vergebung – und findet sie notfalls auch dort, wo sie nicht ist.

In der *Todesfuge* ist sie in der Tat nicht. Celans »lesebuchzerschlissene«[14] Fuge ist vielmehr eine Analyse des kulturellen Scheiterns der Kultur im Kulturverbrechen des Antisemitismus und schließlich des Holocaust. Erst eine in der Selbstreflexion genesende Kultur hat die Chance, die tragende Antithese des Gedichts – »wir schaufeln«,[15] »er spielt«[16] – zu überwinden, doch die Ignoranz gegenüber dieser Antithetik zeigt, daß die Leser der *Todesfuge* in vielen Fällen ja weiterhin jenes Rezeptionsunvermögen dem Anderen und Fremden gegenüber pflogen, ein Unvermögen, das als Wurzel des Bösen in der Kultur von Celan gezeigt wird.

Das einigermaßen schlecht bekannte lautere ›Gretchen‹ etwa erinnert bei Celan zum Strukturprinzip erhoben sogleich an die Unschuld, die ›Gretchen‹ ja auch ist – im Kulturgedächtnis, weniger freilich bei Goethe.[17] So wird schon die eigene Kultur von jenen nicht verstanden, die als Leser der *Todesfuge* die zwei Frauen, die in ihr genannt werden, als Inbegriff der schönen und guten Frauen zweier Völker verkennen. Nur Sulamith indes ist eine solche Frau. Noch schlechter als die deutsche ist jenen Lesern freilich die hebräische Tradition bekannt, deren prägende Kraft für das Christentum, ehe jenes von den Nationalsozialisten gleichfalls diffamiert wurde, von der Propaganda negiert wurde:

> **Christentum** *s*, die von Jesus Christus gestiftete Religion, [...] entwickelte sich unter inneren Auseinandersetzungen aus dem Urchristentum,[18]

so heißt es im *Volks-Brockhaus* von 1939, das Judentum bleibt im Artikel unerwähnt, dafür ist im Artikel »Judentum« das »Christentum [...] Träger der Judenfeindschaft«.[19] Auch *Meyers Lexikon* aus dem Jahr 1937 betont, daß zwar die Evangelien »die Erfahrung an und mit Christus in den Vorstellungsformen des jüdischen und des hellenistischen Denkens [...] zum Ausdruck brachte[n]«, doch »in bewußtem inhaltlichem Gegensatz zu diesem«.[20] Die Bibel sollte also nach dem Willen der Nationalsozialisten – wenn überhaupt – so gelesen werden, als gäbe es darin ›Sulamith‹ und das Judentum insgesamt nicht. Diese Ausklammerung sah schon Lichtenberg, in dessen Schriften sich doch verschiedentlich Antisemitismen – die er zugleich kurioserweise nur den »schlechtesten Leute[n]«[21] zubilligte – finden, von denen er fast nur Spinoza ausnahm.[22] Er schreibt:

> Die Katholiken verbrannten ehmals die Juden, und bedachten nicht, daß des lieben Gottes Mutter von der Nation war, und bedenken noch jetzt nicht, daß sie eine Jüdin anbeten.[23]

Halb oder gar nicht bekannte Versatzstücke ergeben in Celans Fuge einen Kulturholismus, der persifliert, was seine Leser in der *Todesfuge* ernstlich gegeben sehen wollen; dieses ständige Fortsetzen von Kultur, die an sich affirmiert nur steten Rekurses und Konservierens bedarf, prägt ja auch den »Mann [...] der schreibt / der schreibt wenn es dunkelt nach Deutschland«;[24] dieser Mann rekurriert auf das absolute – von seinen Möglichkeiten abgelöste – Gedicht des deformierten Heinrich Heine: »Denk' ich an Deutschland in der Nacht, / Dann bin ich um den

Schlaf gebracht«,[25] so schreibt jener. Diese Verszeilen aus *Nachtgedanken* finden sich in der *Todesfuge*, in einem Poem, das – »aus den ernstesten Gründen« – »ein literaturbesessenes Gedicht [ist], das eine durchgängige Zitatstruktur aufweist.«[26]

> SCHWARZE Milch der Frühe wir trinken sie abends
> wir trinken sie mittags und morgens wir trinken sie nachts
> wir trinken und trinken[27]

– hiermit beginnt ein nicht zuletzt polemischer Text, der nicht etwa ein Bild des Erlebten gibt, sondern die Mechanismen darstellt, die das erwähnte Rezeptionsunvermögen begründen, daß nämlich unter dem Blickpunkt der nationalsozialistischen Ideologie allerlei Kulturgut in dieser Weise sozusagen zur Unkenntnis genommen wurde:

> Ich kenne Menschen, die unendlich viel »lesen« [...] und die ich doch nicht als »belesen« bezeichnen möchte. [...] Es fehlt ihnen die Kunst, im Buche das für sie Wertvolle vom Wertlosen zu sondern, das eine dann im Kopfe zu behalten für immer, das andere [...] gar nicht zu sehen, auf jeden Fall aber nicht als zwecklosen Ballast mitzuschleppen.[28]

So wird gelesen, betrachtet und zugehört, doch dem (nicht) Rezpierten wird keine irritierende Wirkung zugebilligt; so werden Gretchen und noch vieles aus der deutschen Kultur scheinbar Versatzstücke des Nationalsozialismus. Es ist falsch, dies der vereinnahmten Kunst und insbesondere jener Dichtung, die in der *Todesfuge* allenthalben durchschimmert, anzulasten, die Liebhaber der zur Rezipierbarkeit entstellten Texte aber, die für Unvereinbarkeiten blind waren, sie folgsam gar nicht zu sehen bereit waren, trifft diese gezeigte und durch Celans Rezeption gleichsam nochmals bewiesene Schuld gewiß.

Man könnte die Spur weiterverfolgen, doch für die These, daß die *Todesfuge* jedenfalls nicht platt versöhne, kein Verständigungs-, sondern ein Mißverständigungstext ist, bedarf es keiner weiteren Belege. In ihr ist ein Mechanismus gezeigt, der das Andere und konkret die (zu einem solchen Anderen auch und nicht zuletzt stilisierten!) Juden auslöschte – erst in der Wahrnehmung, dann realiter. Und in ihr ist das Schweigen dieses Anderen hörbar, das allein von den Opfern blieb, denn »Opfer sein bedeutet, nicht nachweisen zu können, daß man ein Unrecht erlitten hat«.[29]

3

Dieses Zeigen und Erinnern zielt nicht unmittelbar, sondern dialektisch auf ein mögliches Ende der Gewalt und des Krieges, wenngleich Celan wie angedeutet darauf kaum zu hoffen wagt. Dieses käme mit dem Unbehagen an jener scheinbar so glatt funktionierenden *Todesfuge*, es müssen also Leser, die das Unversöhnliche der Texte recht verstehen, kommen. Diese Leser verstünden auch Adornos nur scheinbar gegen Celan gerichtetes Diktum, wonach Lyrik nach Auschwitz »barbarisch«[30] sei – ein Diktum, das eine ganze Reihe von Fragen aufwirft, unter anderem nämlich, ob diese Barbarei schlicht negativ besetzt sei, ob diese Barbarei der Kultur im Sinne Benjamins immanent sei (»Es ist niemals ein Dokument der Kultur, ohne zugleich ein solches der Barbarei zu sein.«[31]), oder auch, ob es barbarisch sei, zu meinen, man schreibe nach Auschwitz, als wirke dieses nicht fort.[32] An der *Todesfuge* nähmen diese Leser all das wahr, was an ihr kritisch herbeizitiert ist. Dieses literaturbesessene Gedicht, das außerdem kulturbesessen ist, wurde womöglich gerade von seinen besten Lesern nicht gepriesen, sie würden das Totalitäre aus dem »Schlagerartige[n]«[33] der Fuge hören, die Fuge wäre ihnen darum »fast unhörbar«.[34]

So erschließt Celan Geschichte, und zwar in einer Dekonstruktion des historisch Gegebenen. Peter Szondi hat an *Du liegst* überzeugend aufgezeigt, wie Historie als zu erschließende in den Gedichten Celans eingebettet ist.[35] Im Anschluß ist kaum an der Einsicht zu rütteln, daß die Gedichte Celans den Gang in die Bibliothek nicht zufällig erfordern, sondern bewußt initiieren:

> Die Celanschen Gedichte erbitten den Umweg über die Lektüre anderer Texte, Artikel, literarischer Quellen, man könnte auch sagen: Sie setzen die Institution Bibliothek voraus, Gänge, die gemacht werden müssen – gegen die Versuchung, seine eigene Unwissenheit zu beschwichtigen, sich zuzumachen gegenüber dem Anspruch jedes einzelnen dieser unscheinbaren Gedichte.[36]

Tatsächlich legt Celan derart frei, was der Leser dann aber auch zu erkennen hat – der Leser hat zu antworten, ist diesen Gedichten verantwortlich, *responsabilité* ist ja nicht nur die Fähigkeit, sondern auch und vor allem der »impératif de la résponse«.[37]

Dieses Spiel der Verantwortung prägt gerade die als hermetisch und unpolitisch rezipierten Neologismen Celans, die genau das: verschlossene Neologismen nämlich keineswegs sind – »Büßerschnee«[38] ist nur dann unverständlich, wenn man nicht den Terminus der physischen Erdkunde kennt, der so pyramidale Eisspitzen bezeichnet – Stelen aus Schnee gewissermaßen, die einem unendlichen, den Opfern von Auschwitz ja vorenthaltenen Gräberfeld gleichen.[39] Der »Atemkristall«[40] – gleichfalls in *Weggebeizt* zu finden – ist nur dann eine verschlossene Reminiszenz an die Romantik, wenn man großzügig vergißt, daß Zyklon B in Form kleiner Kristalle in luftdicht verschlossenen Behältern zu den Vernichtungslagern geliefert wurde.

Bei Celan (und übrigens auch bei Adorno) findet sich schließlich aus der Hoffnung auf einen solchen Leser, der da komme, um die Dekonstruktion als ihr Leser zu verstehen und zu treiben, ein sublim messianistisches Motiv: die »Flaschenpost«.[41]

4

Dieser Messianismus wider die Gewalt findet sich bei Celan auch dort, wo er sich mit Fragen der Übersetzung befaßt. Nicht nur scheint da ein Moment der Gnade faßlich, bezeichnend ist ja Celans Anmerkung, ein Poem sei nicht zu übertragen, die er später durchstrich: »~~unübersetzbar~~ übersetzt!«[42] Auch ist zu sehen, daß den

Worten unterstellt wird, in ihrer abgebrochenen Entstehungsdynamik und -logik der Übersetzung förmlich zu harren.[43] Die Grundlage dessen ist Benjamins Ausdruck der »Nachreife«: »Nachreife auch der festgelegten Worte«, »Nachreife des fremden Wortes«.[44] Ingold zieht daraus den Schluß: »Der übersetzte Text ist ein weitergeschriebener Text.«[45] Doch es ist nicht bloß ein Weiterschreiben, es ist ein Entfalten, die Worte geben vor, wie sie nachreifen sollen. Es scheint, als sei das Original »not something that is established once and for all«.[46] Es wird, was es ist, durch jenen Text, der ihn fortschreibend – auch – suspendiert.[47]

Der erste, der Celan mit diesen Gedanken in Verbindung brachte, ist Szondi.[48] Böschenstein sieht ähnlich die Celansche Übersetzung als Reife, die in eine Fortschrift statt einer Vorschrift des Originals mündet; er verweist auf eine Passage Celans, die dem Übersetzten Valéry über diesen hinaus folgt – und das auch sagt: Das »›ich brauch dich nicht, du bist / entbehrlich‹ ist hier in mehr als einem Sinne gültig, nicht thematisch nur, auch sprachlich.«[49] Celan selbst spricht sich auch für eine »heutigere Diktion«[50] aus, was gleichfalls andeutet, welcher Prozeß Übersetzung bei ihm ist.

Man könnte hier zu den Shakespeare-Übertragungen Celans kommen, die deutlich zeigen, was Celans Poetik ausmacht; interessanter ist es aber vielleicht, sich einer Übersetzung Celans, die mißglückt sein soll, zu widmen – und die es tatsächlich in einer Weise ist, welche die »Nachreife« als Begriff erhellt, die nämlich das Original auseinandernimmt und auf eine Verantwortungslosigkeit darin bezieht, die gedanklich wie sprachlich besteht. Es ist Celans Arbeit an Ciorans *Lehre vom Zerfall*: »Von den vier Übersetzern [Celan, Leonhard, Bondy und Mattheus, M.H.] hat Celan den Sprachduktus Ciorans am wenigsten wiedergeben können«,[51] schreibt Cornelius Hell. Man könnte es glauben und hinnehmen, gäbe es nicht die Möglichkeit, Celan habe – jenseits der »Rhetorik eines Selbstgerechten«,[52] die, wie Axel Gellhaus rechtens schreibt, Celans Sache nicht war – begründet seinen Weg der Übersetzung genommen. Celans Übersetzung wäre immanente Kritik, darum: mißraten. Hierfür (und dafür, daß Cioran es so verstanden haben könnte) spricht, daß der angeblich schlecht Übertragene seinen Übersetzer mit teils so nicht richtigen oder wenigstens unwahrscheinlichen Schilderungen in Schutz nimmt. Cioran behauptet dies:

> Paul Celan, dem ich zufällig einige Monate vor seinem Tod begegnete, teilte mir mit, er würde gerne noch einige wichtige Verbesserungen an den Übersetzungen vornehmen. [...] Damals, wir wohnten beide im Quartier Latin, bat er mich, jeweils nach Fertigstellung der einzelnen Kapitel, mir diese anzuschauen, um ihm etwaige Vorschläge zu machen. Das habe ich aber nie getan. Die Probleme des Übersetzens waren mir zu jener Zeit völlig gleichgültig.[53]

Von diesem der Übersetzung gegenüber ›gleichgültigen‹ Cioran wird allerdings kolportiert, er habe das Rumänische als seine Literatursprache gegen das Französische gewechselt, »als er [...] an einer Übersetzung Mallarmés scheiterte«[54] als Cioran von Celan um Mithilfe gebeten wurde, schrieb er bereits französische Texte. Er, dem die Probleme des Übersetzens zu jener Zeit völlig gleichgültig gewesen sein sollen, will also aufgrund einer problematischen Übertragung das Idiom gewechselt haben. »Welch Paradox, sich auf französisch zu quälen, in einer Grammatikersprache zu leiden, in einem völlig unberauschenden Idiom!«,[55] ruft jener Cioran aus, der von derlei Fragen des Sprachwechsels unberührt zu sein behauptet, also ohne Sinn für das in der Sprache Gelegene doch notiert, daß das Rumänische »die häßlichste und poetischste Sprache, die es gibt«,[56] sei. Cioran wechselte die Sprache: »Mit 37 Jahren die Sprache zu wechseln ist [...] eine Qual«,[57] schreibt er – und tut es folglich nicht ohne einen Anstoß aus der Sprache. Cioran hat Vergleiche zwischen Original und Übersetzung bei Heidegger angestellt,[58] schreibt vom Surrealismus, dieser »ausgerenkten Sprache« sei die Übersetzung dessen, was »bisher als unübersetzbar« gegolten habe,[59] möglich, auch zur deutschen Übersetzung der *Syllogismen der Bitterkeit* äußert Cioran sich.[60] Warum behauptet Cioran, er habe sich für Celans Arbeit nicht interessiert, warum entschuldigt er ferner Celans mißlungenen Text beredt damit, daß die Umstände des Entstehens der Übertragung ›elend‹ gewesen seien?[61]

Zutreffender als vieles ist, was Cioran erwiderte, als man ihm folgerichtig den Vorschlag machte, die also zu hastig verfertigte und darum schlechte Übersetzung seines Textes durch Celan zu korrigieren – was Celan selbst vorgehabt haben soll, ob im Sinne derer, die seinen Text bemängeln, sei mit gutem Grunde dahingestellt.[62] Er erwiderte: »Celan kann man nicht verbessern.«[63] Ist davon die Rede, Celans Übersetzung der *Lehre vom Zerfall* sei jedenfalls nicht völlig geglückt, müßte man dies beherzigen – und noch mehr, was Cioran selbst ferner bemerkt hat; er führt zwar an, es seien Celans Bedingungen beim Übersetzen dieser Schrift nicht günstig gewesen, merkt aber auch an: »In den meisten Fällen ist der gute Übersetzer hellsichtiger als der Autor, der [...] dessen ›Geheimnisse‹, d.h. dessen Fehler und Grenzen, übersieht oder verkennt.«[64]

Es scheint nicht unmöglich, daß Celans Arbeit eine Annäherung an Cioran ist, die doch nicht aus Sympathie erfolgt; ähnlich hat sich Celan mit Heidegger intensiv befaßt – aufgrund profunder Antipathie. Hierfür ist die Annahme nicht vonnöten, daß Celan von Ciorans Anfängen gewußt hat, wahrscheinlich war ihm Ciorans faschistische Vergangenheit, für die jener eine »intellektuelle Scham« empfand,[65] unbekannt.[66] Bezeichnend ist übrigens, daß Cioran andeutet, Celan müsse »schon lange[,] bevor die Schrecknisse über ihn und die Seinigen gekommen sind«, »gebrochen sein«[67] – das ist von der entwirklichenden Formulierung an eine Unschulds- und Unzuständigkeitserklärung des einstigen Faschisten.

Celan hat Ciorans Worten eine Reife, die diese Worte und Gedanken bloßstellt, angedeihen lassen; Cioran dürfte es verstanden haben. Ein Beispiel der ungelenken, zu skrupulösen Übertragung ist die folgende Passage:

> La théorie guette et capte nos venins; et les rend moins nocifs. C'est une dégradation par en haut, l'esprit-amateur de vertiges purs – étant ennemi des intensités.[68]

> Die Theorie lauert unseren Giften auf, bemächtigt sich ihrer und macht sie weniger schädlich. Das ist die Destillierung von oben her: der Geist [...] ist allem Intensiven feind.[69]

Da wird die ›Herabminderung‹ zur ›Destillation‹. Und man ahnt, daß das auch eine Verfeinerung andeutet – was die Valorisierung eben erschwert, die Ciorans

Denken doch klar vornimmt, wo das Denken das Denken abzuurteilen vorgibt. Cioran schreibt, er sei »ein Brüll-Philosoph«, dessen »Ideen [...] bersten«.[70] Diese »Apotheose des Umsonst«[71] ist keine, die ausgetragen würde, eine Melancholie vielmehr, die sich als Bilanz vorwegnimmt – vielleicht, um gar nicht wahr zu sein. So schreibt Derrida, es sei das keine ›Melancholie‹, die vorm Unmöglichen ins Reich des Meta flieht, als »›Melancholie‹ [...] das Scheitern der sogenannten Arbeit unterschreiben würde«.[72] Cioran will das Trauern als Ganzes und droht es darin zu verraten.[73]

Sloterdijk schreibt von Ciorans Willen zum Ganzen im Zersplittern – fast in dessen Worten –: »Präambivalente Denkformen schlagen durch – [...] Spannungssituationen wollen nicht mehr so sehr ermittelt und aufgelöst als in die Luft gesprengt werden«,[74] freilich zugunsten des Bestehenden, das eher als die fragile Beschaffenheit des Möglichen diese Weigerung eines Durchdenkens übersteht, vielleicht sogar wohlweislich initiiert hat. Durch Celans Formulierung wird Ciorans Satz also sozusagen wahrer, denn nun artikuliert sich nicht nur das Ressentiment, sondern desgleichen die Unstimmigkeit, die jedem solchen Versuch einer Gegnerschaft wider die ratio eigen sein muß – und die Cioran (zu) oft vermeidet.

5

So ist zur Frage zu kommen, ob es einen Messianismus, ein wirkmächtiges Votum Celans wider Gewalt und Krieg gibt. Die Antwort, die am ehesten angemessen ist, wäre wohl: Es gibt etwas von dieser Art – einen sehr leisen Messianismus, der sich nicht nur indirekt entfaltet, sondern in diese Indirektheit, die zu erlernen wäre, auch seine Hoffnungen legt. Dieser Messianismus will die Dekonstruktion und Suspension jener metaphysischen Systeme, auf die sich für gewöhnlich messianistische Vorstellungen stützen.

> Orkane.
> Orkane, von je,
> Partikelgestöber, das andre,
> du
> weißts ja, wir
> lasens im Buche, war
> Meinung.[75]

Das »andre [...] war / Meinung. // War, war / Meinung«[76] – das polemische Moment und seine Hoffnung auf ein Uneigentliches sind gegen d e n Urfehler der Philosophie in Anschlag gebracht worden. Demokrit sagt es, »εἶναι δὲ πάντα τὰς ἀτόμους [...] ἕτερον δὲ μηδέν«,[77] ›es seien nur Atome, das Übrige‹ sei bloße ›Meinung‹ – und die abendländische Vernunft folgte dieser dogmatischen Rhetorik, konkret bis zu einem gewissen Grade auch Celans Interpret Szondi.[78] Celan aber schreibt in einem Brief: »Ich brauche nicht erst hervorzuheben, daß das Gedicht um dieser Meinung – um der M e n s c h e n willen, also gegen alle Leere und Atomisierung geschrieben ist.«[79] Dies ist das Moment, worin die Gedichte Celans sehr subtil der Gewalt trotzen: Gewalt rührt aus der Unwahrheit der metaphysischen Systeme her, die den Anderen (und das Andere) nicht nur ignorieren, vielmehr leugnen, also erst begrifflich und dann real tilgen. Die Poesie überführt und dekonstruiert dichtend, übersetzend und denkend diese Rhetoriken der Eigentlichkeit und ist darin wahr, daß sie gegen das Abgeschlossene interveniert, für das Meinen votiert: für den Mehrwert des Dia- und Polylogs.

Die Wahrheit zeitigt das Gespräch, das Gespräch zeitigt die Wahrheit. Ingeborg Bachmanns Poetik berührt hier jene Celans intensiv: »Die Wahrheit [...] ist dem Menschen zumutbar.« (W 4, 277) Tatsächlich wäre die Wahrheit ohne Zumutung wohl keine Wahrheit, die Zumutung ohne Wahrheit keine Zumutung. Wo die beiden bestehen, ist die Utopie der Gewaltlosigkeit – bei aller Fragilität – für den Moment real.

Anmerkungen

1 Dorothea Kim. *Paul Celan als Dichter der Bewahrung. Versuch einer Interpretation.* Aarau: Sauerländer, 1969, 96, 98.

2 Marko Pajevic. *Zur Poetik Paul Celans. Gedicht und Mensch – die Arbeit am Sinn.* Heidelberg: Winter, 2000 (Beiträge zur neueren Literaturgeschichte, 177), 213.

3 Paul Celan. *Gesammelte Werke in fünf Bänden.* Hg. von Beda Allemann, Stefan Reichert, Rolf Bücher. Frankfurt/M.: Suhrkamp, 1986 (suhrkamp taschenbuch, 1331), Bd. III, 185.

4 Ebd., 202.

5 Ebd., Bd. II, 13.

6 Paul Celan nahm nach seiner Bar-Mizwa an keinem Gottesdienst mehr teil – cf. Wolfgang Emmerich. *Paul Celan.* Reinbek b. Hamburg: Rowohlt, 1999 (rowohlt monographie · rororo 50397), 32.

7 Paul Celan, Gisèle Celan-Lestrange. *Briefwechsel. Mit einer Auswahl von Briefen Paul Celans an seinen Sohn Eric.* Übers. v. Eugen Hemlé. Hg. von Bertrand Badiou. Frankfurt/M.: Suhrkamp, 2001, Bd. II, 383; vgl. Bd. I, Abb. 18b.

8 Paul Celan, Nelly Sachs. *Briefwechsel.* Hg. von Barbara Wiedemann. Frankfurt/M.: Suhrkamp, 1996 (suhrkamp taschenbuch, 2489), 41, Notizen von Paul Celan, »25. mai«; cf. auch John Felstiner. *Paul Celan. Eine Biographie.* Übers. v. Holger Fliessbach. München: Beck, 1997, 209.

9 Jacques Derrida. *Marx & Sons.* Übers. v. Jürgen Schröder. Frankfurt/M.: Suhrkamp, 2004 (suhrkamp taschenbuch wissenschaft, 1660), 88.

10 Theodor W. Adorno. »Kulturkritik und Gesellschaft«. Ders.. *Prismen. Kulturkritik und Gesellschaft.* Hg. von Rolf Tiedemann. Frankfurt/M.: Suhrkamp, [3]1987 (suhrkamp taschenbuch wissenschaft, 178), 7–26, hier 26.

11 Jacques Derrida. *Das andere Kap. Die vertagte Demokratie. Zwei Essays zu Europa.* Übers. v. Alexander García Düttmann. Frankfurt/M.: Suhrkamp, 1992 (edition suhrkamp, 1769), 12.

12 Günther Anders. *Ketzereien.* München: Beck, 1982, 69.

13 Ebd., 208; cf. Martin A. Hainz. »*Trojanisches Pferd,* Negativ oder: Günther Anders als *falscher Feind* Paul Celans«. *arcadia* 38 (2003), 1, 66–76, hier 66ff.

14 Otto Lorenz. »Paul Celan«. *Kritisches Lexikon zur Gegenwartsliteratur.* Hg. von Heinz Ludwig Arnold. München: edition text + kritik, 1978ff., 44. Nachlieferung (Stand: 1.4.1993), 10; cf. Felstiner, *Paul Celan,* 299.

15 Celan, *Gesammelte Werke,* Bd. I, 41 u. Bd. III, 63.

16 Ebd., Bd. I, 42 u. Bd. III, 64.

17 Cf. ebd., Bd. I, 41f. u. Bd. III, 63f. sowie Konrad Paul Liessmann. *Der gute Mensch von Österreich. Essays 1980–1995.* Wien: Sonderzahl, [2]1996, 179f.

18 *Der Volks-Brockhaus. Deutsches Sach- und Sprachwörterbuch für Schule und Haus. A–Z.* Leipzig: Brockhaus, [7]1939, 110.

19 Ebd., 325.

20 *Meyers Lexikon.* Bd II: *Bolland – Deutsche Zunge.* Leipzig: Bibliographisches Institut, [8]1937, Sp. 573.

21 Georg Christoph Lichtenberg. *Schriften und Briefe.* Hg. von Wolfgang Promies. Bd. I: *Sudelbücher.* München: Hanser, 1968, 193, [C 187].

22 »Der einzige Jude von Kopf war Spinoza, und den erkannten sie für keinen Glaubensgenossen und wollten ihn ermorden.« Ebd., 942, [L 661]; cf. auch etwa ebd., 934, [L 593].

23 Ebd., 669, [J 111].

24 Celan, *Gesammelte Werke,* Bd. I, 41 u. Bd. III, 63.

25 Heinrich Heine. *Sämtliche Gedichte in zeitlicher Folge.* Hg. von Klaus Briegleb. Frankfurt/M., Leipzig: Insel, [5]1997, 446.

26 Emmerich, *Paul Celan,* 51.

27 Celan, *Gesammelte Werke,* Bd. I, 41; vgl. Bd. I, 41f. u. Bd. III, 63f.

28 Adolf Hitler. »Die Kunst des Lesens«. N.N. (Hg.). *Ewiges Deutschland. Ein deutsches Hausbuch.* Braunschweig, Berlin, Leipzig, Hamburg: Westermann, 1939, 7–8, hier 7 (Hervorhebung M. H.).

29 Jean-François Lyotard. *Der Widerstreit.* Übers. v. Joseph Vogl. München: Fink, [2]1989 (Supplemente, 6), 25, Nr. 9.

30 Adorno, *Prismen,* 26.

31 Walter Benjamin. »Über den Begriff der Geschichte«. Ders. *Gesammelte Schriften.* Hg. von Rolf Tiedemann, Hermann Schweppenhäuser. Bd. I: *Abhandlungen.* Frankfurt/M.: Suhrkamp, 1991 (suhr-

kamp taschenbuch wissenschaft, 931), Bd. I/2, 691–704, hier 696.

32 Cf. Martin A. Hainz. *Masken der Mehrdeutigkeit. Celan-Lektüren mit Adorno, Szondi und Derrida.* Wien: Braumüller, 2001 (Untersuchungen zur österreichischen Literatur des 20. Jahrhunderts, 15), 14f. u. passim.

33 Franz Josef Czernin. »Das Wort ›Liebe‹ ist leer«. *Falter* 41/02 (bücherherbst 2002), 14–15, hier 14.

34 Ebd.; cf. Martin A. Hainz. »Die *Todesfuge* – als Polemik gelesen«. Andrei Corbea-Hoisie, George Gutu, Martin A. Hainz (Hgg.). *Stundenwechsel. Neue Lektüren zu Rose Ausländer, Paul Celan, Alfred Margul-Sperber und Immanuel Weißglas.* Iasi, Konstanz, Bucuresti: Editura Universitatii »Al. I. Cuza«, Hartung-Gorre, Editura Paideia, 2002 (Jassyer Beiträge zur Germanistik, IX · GGR-Beiträge zur Germanistik, IX), 165–188, hier passim.

35 Cf. Peter Szondi. *Schriften.* Hg. von Jean Bollack, Wolfgang Fietkau. Bd. 2: *Essays: Satz und Gegensatz. Lektüren und Lektionen. Celan-Studien.* Anhang: *Frühe Aufsätze.* Frankfurt/M.: Suhrkamp, 1978, 395 u. Hainz, *Masken*, 55ff.

36 Roland Reuß. *Im Zeithof. Celan-Provokationen.* Frankfurt/M., Basel: Stroemfeld, 2001, 9.

37 Jacques Derrida. *Du droit à la philosophie.* Paris: Éditions Galilée, 1990 (Collection *La philosophie en effet*), 397.

38 Celan, *Gesammelte Werke*, Bd. II, 31.

39 Cf. auch Uta Werner. »Unendliches schaufelt. Paul Celans Lyrik und die Wiederkehr des Verworfenen«. Eckart Goebel, Martin von Koppenfels (Hgg.). *Die Endlichkeit der Literatur.* Berlin: Akademie Verlag, 2002 (LiteraturForschung), 131–145, hier 142f. u. 145.

40 Celan, *Gesammelte Werke*, Bd. II, 31.

41 Ebd., Bd. III, 186 sowie Theodor W. Adorno. *Philosophie der neuen Musik.* Frankfurt/M.: Suhrkamp, [7]1995 (suhrkamp taschenbuch wissenschaft, 239), 126; cf. Felix Philipp Ingold. *Der Autor im Text.* Bern: Benteli, 1989 (um 9), 27.

42 Notiz Paul Celans, zit. in Axel Gellhaus et al. *»Fremde Nähe«. Celan als Übersetzer.* Marbach am Neckar: Deutsche Schillergesellschaft, [2]1997 (Marbacher Kataloge, 50), 508.

43 Cf. zum *Abbruch* Theodor W. Adorno. *Ästhetische Theorie.* Hg. von Gretel Adorno, Rolf Tiedemann. Frankfurt/M.: Suhrkamp, [13]1993 (suhrkamp taschenbuch wissenschaft, 2), 191.

44 Walter Benjamin. »Die Aufgabe des Übersetzers«. *Gesammelte Schriften*, Bd. IV/1, 9–21, hier 12, 13.

45 Felix Philipp Ingold. »Üb er's: Übersetzen (Der Übersetzer; die Übersetzung)«. Martin Meyer (Hg.). *Vom Übersetzen. Zehn Essays.* München, Wien: Hanser, 1990 (Edition Akzente), 144–167, hier 149.

46 Hans-Jost Frey. »The Relation between Translation and Original as Text [The Example of Celan's Version of Shakespeare's Sonnet 137]«. Ares Fioretos (Hg.). *Word Traces. Readings of Paul Celan.* Baltimore, London: Johns Hopkins UP, 1994, 345–352, hier 347.

47 »As [...] long as the two poems in their correlation are read as text, the first is as much ›transferred‹ into the second as the second ›afflicts‹ the first«. Ebd., 352.

48 Cf. Szondi, *Schriften*, 325.

49 Bernhard Böschenstein. »Übersetzung als Selbstfindung. George, Rilke, Celan zwischen Nachgesang und Gegengesang«. Meyer (Hg.), *Vom Übersetzen*, 37–57, hier 55; cf. Celan, *Gesammelte Werke*, Bd. IV, 121.

50 Paul Celan, zit. in Gellhaus et al., *Fremde Nähe*, 429.

51 Cornelius Hell. *Skepsis, Mystik und Dualismus. Eine Einführung in das Werk E. M. Ciorans.* Bonn: Bouvier, 1985 (Studien zur französischen Philosophie des 20. Jahrhunderts, 11), 25; cf. Andrei Corbea-Hoisie. *Czernowitzer Geschichten. Über eine städtische Kultur in Mittel(Ost)-Europa.* Wien, Köln, Weimar: Böhlau, 2003, 218 (Anm.) sowie das lesenswerte Vorwort Thomas und Simone Stölzels in ihrem *Cioran-Lesebuch*: Emile M. Cioran. *Zersplitternde Gewißheiten. Ein Cioran-Lesebuch.* Hg. von Thomas u. Simone Stölzel. Frankfurt/M.: Suhrkamp, 2002 (suhrkamp taschenbuch, 3278), 14.

52 Axel Gellhaus. »Seit ein Gespräch wir sind. Interpretation des Gedichts *Todtnauberg*«. Hans-Michael Speier (Hg.). *Gedichte von Paul Celan.* Stuttgart: Reclam, 2002 (Universal-Bibliothek, Nr. 17518 · Interpretationen), 162–174, hier 171.

53 Emile M. Cioran. »Beim Wiederlesen der

Lehre vom Zerfall«. Übers. v. Verena von der Heyden-Rynsch. *Akzente* (1979), 3, 332–337, hier 336f.

54 Leo Federmair. »Die Verbesserung des Originals«. *Literatur und Kritik* (2003), 373/374, 40–46, hier 46.

55 Emile M. Cioran. *Cahiers 1957–1972*. Übers. v. Verena von der Heyden-Rynsch. Hg. von Simone Boué u. Verena von der Heyden-Rynsch. Frankfurt/M.: Suhrkamp, 2001, 57.

56 Ebd., 90.

57 Emile M. Cioran. »Begegnungen mit Paul Celan«. Übers. v. Verena von der Heyden-Rynsch. *Akzente* (1989), 4, 319–321, hier 319.

58 Cioran, *Cahiers*, 110.

59 Ebd., 111.

60 Ebd., 191.

61 Cf. Cioran, »Beim Wiederlesen«, 336.

62 Cf. ebd.

63 Cioran, »Begegnungen«, 320.

64 Cioran, »Beim Wiederlesen«, 337.

65 Cf. Cioran, *Cahiers*, 176.

66 Cf. Emmerich, *Paul Celan*, 101; cf. zu Cioran und der *Eisernen Garde* Peter Motzan. »Am Scheideweg. E. M. Ciorans letzte rumänische Schrift und ihre Vorgeschichte«. *Südostdeutsche Vierteljahresblätter* (1997), 2, 156–160, hier 156ff.

67 Cioran, »Begegnungen«, 321.

68 Emile M. Cioran. *Précis de décomposition*. Paris: Gallimard, 1949 (collection *tel*), 46.

69 Emile M. Cioran. *Lehre vom Zerfall*. Übers. v. Paul Celan. Stuttgart: Klett-Cotta, [3]1994, 39.

70 Cioran, *Cahiers*, 13.

71 Emile M. Cioran. *»Cafard«. Originalaufnahmen 1974–1990*. Hg. von Thomas Knöfel, Klaus Sander. Köln: c+p supposé, 1998, Nr. 28.

72 Jacques Derrida. »Kraft der Trauer. Die Macht des Bildes bei Louis Marin«. Übers. v. Michael Wetzel. Ders., Herta Wolf (Hgg.). *Der Entzug der Bilder. Visuelle Realitäten*. München: Fink, 1994, 13–35, hier 15.

73 Es ist bezeichnend, daß Cioran der klassischen Philosophie das »Versagen vor der Trauer« vorwirft; cf. Cioran, *Lehre vom Zerfall*, 61ff., aber auch 75ff.

74 Peter Sloterdijk. *Kritik der zynischen Vernunft*. Frankfurt/M.: Suhrkamp, 1983 (edition suhrkamp, 1099), Bd. 2, 559.

75 Celan, »Engführung«, *Gesammelte Werke*, Bd. I, 200.

76 Ebd.

77 Demokrit. »Fragmente«. *Die Vorsokratiker II. Zenon, Empedokles, Anaxagoras, Leukipp, Demokrit. Griechisch / Deutsch*. Übers. u. hg. von Jaap Mansfeld. Stuttgart: Reclam, 1986 (Universal-Bibliothek Nr. 7966[4]), 254–345, hier 280, Frgm. 49; vgl. 280f., Frgm. 49.

78 Cf. Szondi, *Schriften* II, 366.

79 Paul Celan, Erich Einhorn. *Einhorn: du weißt um die Steine... Briefwechsel*. Hg. von Marina Dmitrieva-Einhorn. Berlin: Friedenauer Presse, 2001, 7.

Monika Albrecht

Che Guevara in ›Deutsch-Südwest‹ Uwe Timms Anti-Kriegsroman *Morenga* aus interdisziplinärer Sicht

Che Guevara in German South-West Africa Uwe Timm's Anti-War Novel »Morenga« in Interdisciplinary Perspective

This essay puts Uwe Timm's novel »Morenga« in the context of recent debates about physical violence in disciplines like sociology and history, and thus raises questions about interdisciplinarity. Timm's novel deals with similar problems to those that sociologists like Emile Durkheim addressed in the early 20th century and to which contemporary sociologists returned in the 1990s. At this point, fascination with the fragile processes of contructing reality and identity began do decline and the study of the reasons for violence seemed to provide no new insights. Embedded in the 1960s student movement and its debates about violence, the novel, by depicting a variety of violent situations, explores the logic of violence and thus contributes to socially relevant questions of why violence, in contrast to earlier assumptions, does not disappear from civilised society.

»Über Krieg kann jeder etwas schreiben«, behauptete Ingeborg Bachmann in einem Interview im März 1971, für sie sei das jedoch »zu einfach« (GuI, 70). Ihre Ausdehnung des Begriffs Krieg auf zwischenmenschliche Beziehungen und auf das, was seit den 1970er Jahren als »strukturelle Gewalt« bezeichnet wird, gilt bis heute als Qualitätsmerkmal ihres Werks. Ich möchte hier hingegen vorschlagen, darin auch eine zeittypische Erscheinung zu sehen, in der sich die Situation der 1960er und 1970er Jahre spiegelt. In der Soziologie hat man sich längst »gegen die ›Vergeistigung‹ oder ›Entmaterialisierung‹ des Gewaltbegriffs entschieden«;[1] dort ist zum Teil schon bei ihrem Aufkommen, seit den 1980er Jahren dann noch verstärkt jene inflationäre »Ausweitung des Gewaltbegriffs« kritisiert worden, für die »beispielhaft die Karriere des von dem norwegischen Sozialwissenschaftler Johan Galtung geprägten Begriffs ›strukturelle Gewalt‹« stehen kann. Die gesellschaftlichen Folgen dieser »ausufernden ›Entlarvung‹ von ›Gewaltverhältnissen‹«[2] werden heute überwiegend negativ gesehen, vor allem weil mit der zunehmenden Unschärfe des Gewaltbegriffs »die Chancen auf produktive Konfliktlösungen« sinken und weil Gewalt im »inflationären Gebrauch« des Begriffs auf bedenkliche Weise verharmlost wird, »das Tabu« also verblaßt, das dieser Begriff gerade »fixieren soll«.[3] Historiker stehen dem Terminus »strukturelle Gewalt« ebenfalls kritisch gegenüber, vor allem weil er auf inzwischen fragwürdig gewordenen Prämissen basiert, einerseits auf der These von körperlicher Gewalt als Ausnahme und Abweichung und andererseits auf jenem (in jüngerer Zeit mit Norbert Elias und seiner Rezeption verbundenen)[4] Fortschrittsmythos, der besagt, daß körperliche Gewalt im Prozeß der Zivilisation mehr und mehr zurückgedrängt, »direkte Gewalt [...] im historischen Prozeß schließlich überwunden« werde.[5] »Ersonnen, um der Opposition gegen das Selbstbild einer Gesellschaft, die sich für gewaltfrei hält, Ausdruck zu verleihen«, läßt sich die Rede von der strukturellen Gewalt auf die »Lebenslüge« dieser Gesellschaft ein,[6] so kritisiert auch Jan Philipp Reemtsma im Kontext eines Forschungsprojekts über Folter des Hamburger Instituts für Sozialforschung »die zynischen Euphemismen, die dieser Sprachgebrauch ermöglicht«.[7] »Anstatt auf die zum Schlag erhobene Hand zu zeigen«, so Reemtsma weiter, »schaut der Sprecher weg und redet von ›Strukturen‹«.[8]

Daß es die Phänomene als solche gibt, die der Terminus »strukturelle Gewalt« bezeichnen soll, wird wohl niemand bestreiten – auch Uwe Timm nicht,[9] um dessen Roman *Morenga* es in dem vorliegenden Aufsatz gehen wird. Timms Auffassung von Literatur als »Deklaration gegen Gewalt und Tod«[10] schließt jedoch die Auseinandersetzung mit dem realen Krieg und mit realen Manifestationen von Gewalt gerade nicht aus, und mit dem Roman *Morenga* ist ihm die Aufgabe, gleichzeitig dagegen und darüber zu schreiben, meiner Ansicht nach auf virtuose Weise gelungen. Ob Krieg und Gewalt allerdings Themen sind, über die ›jeder etwas schreiben kann‹, scheint gerade vor diesem Hintergrund sehr fraglich. Auch in den Nachbardisziplinen, die sich für diese Themen in besonderem Maße zuständig fühlen, wird heute gerade das Fehlen adäquater Analysen und Darstellungsformen betont und beispielsweise argumentiert, daß sich mit der Entlarvung von Gewaltverhältnissen das Arbeitsfeld auf die fragilen Prozesse der Konstitution von Wirklichkeit und Identität verlagert hat – mit dem Ergebnis, daß die Soziologie zu Wirklichkeiten, in denen »zugeschlagen und getötet wird«, zu »Gewalt als körperliche[r] Verletzung und vor allem als Töten von anderen Menschen«, noch immer wenig zu sagen hat: »Man überläßt es den Historikern, Journalisten, Filmregisseuren und Schriftstellern«.[11] In den Geschichtswissenschaften wird in dieser Hinsicht jedoch ebenfalls ein Mangel beklagt, nämlich das Fehlen einer Geschichte des Krieges, die nicht lediglich Schlachtenbeschreibung aus der Perspektive des Generalstabs ist, sondern »den von Menschen gemachten und hergestellten Massentod [...] in den Mittelpunkt« rückt.[12]

Mit diesem kurzen Blick auf den entsprechenden Stand der Forschung in zwei benachbarten Disziplinen ist schon ein Thema angedeutet, das seit den 1990er Jahren sowohl im deutschen als auch im anglophonen Kontext kontrovers diskutiert wird, nämlich Interdisziplinarität,[13] als zwar nicht neues, jedoch neu definiertes[14] Verfahren fachübergreifender Forschung, das in seiner gegenwärtigen Ausprägung zu einem neuen Imperativ aufgebaut zu werden scheint.[15] Vor dem Hintergrund der Verteilungskämpfe um knappe Ressourcen in den Geisteswissenschaften muten die oft mühsam wirkenden Definitionsversuche von multi-, intra- oder wie-auch-immer-disziplinärem Vorgehen zur dezidierten Abgrenzung gegenüber dem Ideal der »Interdisziplinarität«[16] allerdings nicht selten wie neue Ein- und Ausschlußmechanismen an – besonders deutlich in der immer wieder zu lesenden Abqualifizierung von ›nur‹ multidisziplinären Ansätzen als ›Mißbrauch‹ des Begriffs »Interdisziplinarität«.[17]

Auch herrscht natürlich keineswegs Einigkeit darüber, wann dieses ›Ideal der Interdisziplinarität‹ erreicht ist: Müssen interdisziplinäre Studien zu einer Integrierung der disziplinären Erkenntnisse führen?[18] Oder ist interdisziplinäre Praxis durch die Aneignung der Perspektive einer anderen Disziplin gekennzeichnet?[19] Wäre meine einleitende, exemplarische Neu-Perspektivierung einer bislang nicht hinterfragten Prämisse der Bachmann-Forschung aus soziologischer und historischer Sicht schon interdisziplinäre oder eben doch ›nur‹ multi-disziplinäre Praxis?

Von Seiten der Literaturwissenschaft wird darauf hingewiesen, daß diese Disziplin schon immer eher multi-, wenn nicht gar interdisziplinär war,[20] und ein Grund für diesen Anspruch liegt sicherlich in den Phänomenen und Problemen, mit denen sich die Literaturwissenschaft beschäftigt, denn besonders in literarischen Texten kann es ja schlichtweg um alles gehen, um die gesamte Vielfalt menschlichen Lebens in der Gesellschaft,[21] so daß eben diese potentielle Vielschichtigkeit und Mannigfaltigkeit theoretische Diskurse aus anderen Fachgebieten sozusagen von selbst anzieht.[22] Ich möchte mich hier einem sehr weitgefaßten Definitionsversuch anschließen, in dem Interdisziplinarität als ein problemorientiertes Verfahren verstanden wird, mit dem Fragen beantwortet oder Themengebiete angegangen werden, die zu komplex erscheinen, als daß sie innerhalb einer Disziplin angemessen bearbeitet werden könnten.[23] In diesem Rahmen lassen sich produktive Versuchsanordnungen zu der Frage unterbringen, welche Versatzstücke aus welchen Disziplinen und Methoden sich zum Umgang mit welchen gesellschaftlich relevanten Fragen eignen.

Krieg und Gewalt gehören zweifellos zu diesen komplexen Themen, die Analysen aus mehr als nur einer Perspektive ratsam machen, und sicherlich kreist das gemeinsame Erkenntnisinteresse der Sozial- und Geschichtswissenschaften ebenso wie das der Literatur und ihrer Wissenschaft unter diesem Aspekt um vergleichbare Fragen, etwa um die nach dem Verhältnis von Krieg und Gewalt auf der einen und Frieden und Gewaltlosigkeit auf der anderen Seite. Diese Frage hat in den Nachbarwissenschaften in jüngster Zeit zur Aufgabe der Überzeugung geführt, »›letztlich‹ werde Gewalt aus dem sozialen Handeln verschwinden«. Auch die These von körperlicher Gewalt »als Störfall der Zivilisation« und von »Gewaltfreiheit als Regel«[24] ist längst fragwürdig geworden, auch wenn sie nach wie vor das Alltagsdenken und politische Strategien beherrscht. Anfang der 1990er Jahre wurde dies in der Soziologie so formuliert: »Der Mensch muß nie, kann aber immer gewaltsam handeln.«[25] Wenn aber jene Gewißheiten nunmehr zur Disposition stehen, »die seit dem 19. Jahrhundert das Denken über Welt und Geschichte maßgeblich geprägt haben«,[26] dann sind andere Fragen zu beantworten, Fragen etwa wie die, die sich Uwe Timms Protagonist gegen Ende des Romans stellt: »Wie kommt es zur Tötung? Wie können Menschen andere erschießen oder erhängen?«[27] Man könnte dies auch im Sinne jener Frage verstehen, die sich in den Sozial- und Geschichtswissenschaften stellt, seitdem die nach den Ursachen von Gewalt nicht mehr weiterzuführen scheint,[28] nämlich der Frage, welchen ›Logiken‹ und Dynamiken Gewalt und Krieg folgen.[29]

Uwe Timms Roman *Morenga* aus dem Jahr 1978, den ich im folgenden im Kontext solcher geschichts- und sozialwissenschaftlichen Fragestellungen und Paradigmen diskutieren möchte, ist in doppeltem Sinn ein historischer Roman, einmal indem er in einer Mischung aus fiktiven Erzählungen und historischen Dokumenten »ein breites Panorama« der Realität des deutschen Kolonialkriegs[30] von 1904 bis 1907 im heutigen Namibia sowie seiner Vorgeschichte im 19. Jahrhundert vorstellt, andererseits indem er gleichzeitig den Diskurs der Studentenbewegung der 1960er Jahre und ihrer Ausläufer in den 1970er Jahren sozusagen als doppelten Boden in den Text einzieht.[31] Zu den Brennpunkten dieses Diskurses gehörte zweifellos der US-amerikanische Krieg in Vietnam als herausragendes Beispiel der Fortdauer imperialistischer Kriege im 20. Jahrhundert, und zwar in mehrfacher Hinsicht: als Bewußtwerdung des Unrechts, das den Völkern der Dritten Welt von den westlichen Mächten angetan wird, und vor diesem Hintergrund als Suche nach Korrektiven; als Faszination angesichts der Tatsache, daß »die amerikanische Militärmaschinerie«, wie Peter Weiss es 1968 in seiner Rede beim Internationalen Vietnam-Kongreß in Berlin ausdrückte, »die Verteidiger Vietnams nicht schlagen« konnte,[32] und von daher als Hoffnung auf die Möglichkeit grundlegender Veränderungen sowohl auf der weltpolitischen Bühne als auch zu Hause in den westlichen Gesellschaften. Zehn Jahre später, als der Roman *Morenga* erschien, war diese Hoffnung bereits einer realistischeren Einschätzung gewichen, und zudem verstärkte sich der Verdacht, daß diese »neuentdeckte ›Dritte Welt‹ [...] selbst eine theoretische Konstruktion und Vision« war;[33] aber gerade vor diesem Hintergrund spielt Uwe Timm in seinem Roman noch einmal das ganze Spektrum des Anti-Kriegs-Diskurses der 1960er und 1970er Jahre durch.

Spätestens wenn sich die Hauptfigur, ein Veterinär der Kolonialtruppe im ehemaligen ›Deutsch-Südwestafrika‹ mit Namen Gottschalk, des Unrechts dieses Kolonialkriegs bewußt wird (und das ist schon sehr früh im Roman der Fall), gehen der historische Kolonialismus und der Neo-Kolonialismus des 20. Jahrhunderts, die Auseinandersetzung fiktiver Figuren mit dem Kolonialkrieg und der Anti-Kriegs-Diskurs der Studentenbewegung ineinander über. Ich möchte dieses Verfahren der Überblendung historischer Diskursebenen hier nur kurz an zwei Beispielen zeigen. Das erste betrifft die Frage nach Alternativen zu Krieg und Gewalt und konzentriert sich um ein Motiv, das Uwe Timm bei seinen historischen Recherchen für den Roman gefunden hat, in diesem Fall, als er der Frage nach dem zeitgenössischen Stand der Veterinärmedizin nachging, nämlich um das Kuhgebiß: »[...] everybody thinks that is a joke«, sagte er in einem Interview, »but those dentures really existed«.[34] »Kühe ohne Vorderzähne verhungern«, heißt es schon recht früh in Gottschalks Tagebuch: »Man muß also einen Zahnersatz schaffen, ein Eisen-, besser noch ein Stahlgebiß, das mittels einer Klammer am Kiefer befestigt werden kann.« (172)[35] In der Diskussion der praktischen Details wird dann deutlich, wie aus dem Fundstück der historischen Realität im Roman Bedeutung konstituiert wird: Da heißt es, daß »Eisen leicht roste«, »Edelstahl in diesem Land« jedoch »nicht aufzutreiben« sei, aber man »müßte einfach ein Stückchen des zerfetzten Rohres des Gebirgsgeschützes absägen« und »in die Form eines Zahns feilen« (274). Diese Umwandlung der Waffe in einen friedlichen Gegenstand wird tatsächlich ausgeführt, bald darauf berichtet »ein Artillerieleutnant« »atemlos«, daß »ein Verrückter [...] an dem defekten Geschützrohr herum[säge], mit so einer ganz kleinen Säge« (276). Jene zentrale Idee der Friedensbewegung in der Entstehungszeit des Romans, tödliche Waffen in etwas zum Leben Nützliches zu verwandeln – auf den Punkt gebracht in dem Slogan »Schwerter zu Pflugscharen« –,[36] wird in Timms Roman also wörtlich genommen. Aber auch das Scheitern dieser Forderung angesichts der Übermacht und Ignoranz der ›anderen Seite‹ geht in den Roman ein, etwa wenn das Kuhgebiß, das Gottschalk dem Guerillaführer Morenga geschenkt hat, zuletzt bei dessen privater Habe gefunden, jedoch von Kolonialbürokraten in seiner Funktion nicht erkannt und kurzerhand – was sonst kann man im Pontok eines Afrikaners finden? – als »Fruchtbarkeitsfetisch« in die »Liste des Beuteguts« eingetragen wird (400). Angesichts der realen Machtverhältnisse ist Gottschalks Vision einer friedlichen Alternative zum Kolonialkrieg ebenso unrealistisch wie es in den 1970er Jahren der Wunsch war, die Schwerter mögen in Pflugscharen verwandelt werden.

Während dieser Motivstrang auf einer gängigen Polarisierung der 1960er und 1970er Jahre basiert, Krieg und Gewalt auf der Seite der Machthaber einerseits und Friedensliebe und Gewaltlosigkeit auf der Seite der Opposition andererseits, geht mein zweites Beispiel der Überblendung historischer Diskursebenen einen Schritt weiter und bringt das Motiv der Gewalt oder Gewaltbereitschaft auch innerhalb der Studentenbewegung ein. Nicht nur aus heutiger Sicht erscheint die Zeit dieser Bewegung auch als gewaltdurchtränktes ›rotes Jahrzehnt‹,[37] wie einer der damaligen Akteure es kürzlich nannte, als Jahrzehnt, das im deutschen Kontext am 2. Juni 1967 mit dem Mord an Benno Ohnesorg begann und mit den Schüssen in Stammheim vom 18. Oktober 1977 zu Ende ging. Und schon ab etwa 1967 standen den Befürwortern des friedlichen Widerstands nicht wenige gegenüber, die mehr oder weniger ernsthaft die Möglichkeiten gewaltsamen und bewaffneten Widerstands diskutierten.[38] Auch diese Debatten über die Umwertung von Gewalt (mit Schlagworten wie »Gewalt gegen Sachen« oder »revolutionäre Gewalt«) waren für Autoren wie Uwe Timm eine entscheidende generationsspezifische Erfahrung.[39]

Daß der Roman *Morenga* das Thema Gewalt und Gewaltbereitschaft innerhalb der Studentenbewegung mitreflektiert, zeigt sich besonders an einer Stelle, an der der Erzähler seine historische Distanz zu den Geschehnissen des Romans zu erkennen gibt und seine Titelfigur Morenga, einen der Anführer des Nama-Aufstands, mit einer Identifikationsfigur der Studentenbewegung vergleicht, und zwar durchaus nicht zufällig im Kontext der Beschreibung einer unscharfen und überbelichteten Fotografie:

> Es gibt eine Fotografie, die ihn [Morenga] mit seinen Unterführern zeigt. [...] Die Fotografie ist in ihrer Qualität leider schlecht, unscharf und überbelichtet. Sie erinnert an jene Bilder, die es von Che Guevara aus dem bolivianischen Urwald gibt, grell in dem Schwarzweißkontrast. (244)

Der Historiker und ehemalige Aktivist Gerd Koenen hat eine interessante sozialpsychologische Analyse des Kults um den argentinischen Arzt und Guerillaführer Ernesto Guevara vorgelegt, die folgendermaßen beginnt:

> Der eigentliche internationale Jugendkult der Zeit galt der Figur des toten Ernesto Che Guevara. Alle hatten seine ›Aufzeichnungen aus dem kubanischen Bürgerkrieg‹ gelesen und es nicht etwa komisch gefunden, dort Macho-Elogen auf die ›abgehärteten und edelmütigen Krieger‹ zu lesen.[40]

Und Koenen fährt fort:

> Wenn man fragt, worin diese Bewunderung gründete, muß man nicht allzu tief graben. Es sind ganz offenkundig die Tugenden einer vergangenen Weltkriegsepoche, die in der Gestalt eines unbefleckten Weltrevolutionärs Wiederauferstehung feierten.[41]

Der Protagonist des Romans von Uwe Timm, der das Geschützrohr einem friedlichen Zweck zuführt und als Veterinär seinen Dienst fast immer ohne Waffe versehen kann, identifiziert sich also ebenso mit dem bewunderten Krieger[42] wie sich die für die Beendigung des Kriegs in Vietnam demonstrierenden Studenten den Guerillakämpfer zum Vorbild erkoren haben. Der Roman weist auf diese Apologie der Gewalt sowohl in der Studentenbewegung als auch bei dem friedliebenden Gottschalk hin, indem er gerade nicht das bekannte Foto von Che Guevara mit dem in die Ferne, in eine friedliche Zukunft gerichteten Blick evoziert, also das berühmte Foto von Alberto Korda, sondern die martialischen Fotos aus dem bolivianischen Guerillakrieg zum Vergleich mit Morengas Photographie heranzieht.[43]

Vor diesem Hintergrund möchte ich im folgenden zeigen, wie in Uwe Timms Roman das Schreiben über den Kolonialkrieg zu einem Schreiben gegen Krieg und Gewalt wird, dabei jedoch zunächst vorausschicken, daß mit Schreiben darüber und dagegen nicht das gemeint ist, was *Morenga* im herkömmlichen Verständnis zu einem Anti-Kriegsroman macht. Denn es herrscht ja Einigkeit darüber, daß es sich um einen solchen handelt, vor allem in dem Sinne, daß der Kolonialkrieg ohne Zweifel als Unrecht von deutscher Seite dargestellt wird.[44] Uwe Timm geht jedoch noch weiter und zielt auf ein genaues Fassen der Mechanismen von Gewalt und Krieg, und es dürfte gerade die Erfahrung der – zumindest gemessen an den hohen Erwartungen – relativen Wirkungslosigkeit des Anti-Kriegs-Diskurses der 1960er und 1970er Jahre gewesen sein, die dies motiviert hat – etwa die Einsicht, daß sich mit dem Wunsch, die Schwerter mögen in Pflugscharen umgeschmolzen werden, ebensowenig ein Krieg beenden läßt wie etwa mit Analysen der kapitalistischen Interessen am Krieg, um ein anderes Versatzstück des 1968er Diskurses zu nennen. Beides hat seine Berechtigung und geht ja auch in den Text ein,[45] erklärt aber ganz sicher nicht die konkreten Manifestationen von Gewalt und Krieg.

Um diese zu verstehen, ist es aufschlußreich, an eine Beobachtung des Soziologen Emile Durkheim zu erinnern, die auch für Timms Roman als Leitlinie gedient haben könnte. Durkheims zwar in anderem Zusammenhang, jedoch in der Zeit des deutschen Kolonialismus entwickelte Beobachtung besagt nach Trutz von Trotha,

> daß eine Wechselwirkung zwischen Vorstellungen zivilisatorischer Überlegenheit und Gewalttätigkeit besteht. Einerseits ist nach Durkheim der Überlegenheitsvorstellung ein »Bestreben« komplementär, »sich auf brutale Weise grundlos und ziellos durchzusetzen, einfach aus Vergnügen am Durchsetzen«. Andererseits ist die Gewalt eine Quelle für das Überlegenheitsbewußtsein, ein »Schauspiel«, das der Despot »sich selber vorspielt, [...] um seine Höherwertigkeit, die er sich selber zuerkennt, zu beweisen«.[46]

Daß es in Uwe Timms Roman um diese Wechselwirkung von Überlegenheitsgefühl und Gewalt geht, wird vor allem deutlich, weil er als Hintergrund der Kriegs- und Gewalthandlungen durchgehend das Motiv des Sozialdarwinismus präsent hält.

Dieser dient den Mitgliedern der ›Schutztruppe‹ als Rechtfertigung sowohl für den Krieg als auch für alle großen und kleinen Gewalthandlungen am Rande, von der ›Züchtigung‹ der Einheimischen bis zur Erschießung, und der Erfolg der Gewalthandlungen wird als Beweis für die Überlegenheit der deutschen Kultur gesehen: »Dieses Gesetz, daß sich der Stärkere durchsetzt«, so muß sich Gottschalk einmal von einem Kameraden belehren lassen, »könne man doch allenthalben beobachten« (257).

Wenn Timms Roman bereits auf diese Weise der ›Logik‹ der Gewalt auf der Spur ist, so kommen durch die eigentlichen Kriegs- und Gewaltdarstellungen noch weitere Facetten hinzu. In dem Roman *Morenga* findet sich ein breites Spektrum unterschiedlicher Darstellungsformen von Gewalt, in deren Zusammenschau sich das Erkenntnisinteresse des Romans im Hinblick auf diese ›Logik‹ abzeichnet. Eine Art der Kriegsdarstellung besteht in der Übernahme von offiziellen historischen Kriegsberichten; das gesamte Kapitel mit dem Titel »Gefechtsbericht 2« etwa ist ein siebenseitiger Ausschnitt aus der Abhandlung *Die Kämpfe der deutschen Truppen in Südwestafrika* aus dem Jahr 1906.[47] Dabei handelt es sich um jene Art von Kriegsdarstellung, die heute von Historikern kritisiert wird, weil dabei die »Folgen des Tötens [...] aus der Geschichte und aus der Sprache getilgt« werden[48] – Schlachtenbeschreibungen aus der Perspektive des Generalstabs also von der Art: »Es entwickelte sich ein heftiges Feuergefecht« (104). Dagegen ist Uwe Timms Roman als ganzer durchaus eine »Kriegsgeschichte, die vom Tod spricht« – um den Titel einer neueren historischen Studie über »den von Menschen organisierten und bewerkstelligten Massen-Tod« zu nennen.[49] Im Gegensatz zu dem eben zitierten zweiten »Gefechtsbericht« gehen die Kriegs- und Gewaltdarstellungen in den fiktiven »Gefechtsberichten« sowie auch in anderen Kapiteln des Romans über die von offizieller Seite eingestandenen Folgen der Kriegsaktionen weit hinaus; anstatt Gewalt und Erleiden von Gewalt in forensische Begriffe wie »Brustdurchschuß« (87) oder »schräg durch den Thorax gehende[r] Schußkanal« einzukapseln, läßt sich die Sprache hier auf die tatsächlichen Geschehnisse ein, wie das folgende Beispiel aus dem fiktiven »Gefechtsbericht 1« zeigt:

> Im Tal liegt der widerliche Geruch von Verwesung [...]. / Das Schreien des Majors v. Nauendorff ist, trotz des Gefechtslärms, in den vordersten Linien zu hören. / Er hat am gestrigen Tag einen Unterleibschuß erhalten und lebt noch vierundzwanzig Stunden. (92)

Die Darstellung von kriegerischer Gewalt und ihren Folgen wendet hier und an anderen Stellen ein Verfahren an, das Steven Spielberg zwanzig Jahre nach Timms Roman zur Perfektion gebracht hat, nämlich in dem Film *Saving Private Ryan* (1998) über die Landung der Alliierten in der Normandie. Wenn dieser Film – meines Erachtens zu Unrecht – als »der endgültige Antikriegsfilm«[50] bezeichnet wird, dann steht dahinter jene Vorstellung von der abschreckenden Wirkung dargestellter Greuel, die in einer Dokumentation über Spielbergs Film von einem D-Day-Veteranen folgendermaßen ausgedrückt wurde: »The more you talk about the horrors of the war the more you are less likely to try to get involved in another one.«[51] Eine vergleichbare Annahme liegt auch einer Richtung der neueren, anthropologisch fundierten Soziologie der Gewalt zugrunde, die davon ausgeht, daß ein genaues

Hinsehen und die ›dichte Beschreibung‹ von Gewaltphänomenen in der Lage sei, bei den Adressaten »Indifferenz zu überwinden, affektiv-rationales Verstehen [...] zu ermöglichen und Betroffenheit zu erzeugen«.[52] Dagegen ist allerdings bereits kritisch eingewendet worden, daß dieser Effekt durchaus nicht gewährleistet, die Gefahr des ›Umkippens‹ in vermehrte Distanzierung vielmehr sehr groß sei.[53] Uwe Timm, der dieses darstellerische Mittel ebenfalls, im Vergleich zu Spielberg allerdings doch eher sparsam anwendet, verläßt sich jedoch nicht allein auf die abschreckende Wirkung von zerfetzten Körperteilen und vor Schmerz schreienden Verwundeten. Ebenso wie in der Soziologie gefordert wurde, das Potential einer im Grunde durchaus vielversprechenden Methode nicht dadurch zu verspielen, daß die Ergebnisse den Lesern quasi »roh« und »ohne Vermittlung« durch ein gedanklich-theoretisches Gerüst vor Augen geführt werden,[54] finden sich in Timms Roman sowohl auf der Ebene der Darstellung als auch auf der der Argumentation solche Anhaltspunkte, die Betroffenheit in rationales Verstehen überführen.

Auf der Darstellungsebene kombiniert Timm die Beschreibung des Grauens mit einem anderen wichtigen Aspekt des Krieges; den dritten »Gefechtsbericht« gestaltet er zum Teil ebenfalls aus Versatzstücken von Generalstabsberichten – auch da »entwickelt sich« nur ein heftiges »Feuergefecht«, und auch da fließt kein Blut, sondern es gibt nur »erhebliche Verluste« (238) –, doch diese Kampfhandlung ist unter Einsatz vielfältiger sprachlicher Mittel der Spannungssteigerung als äußerst dramatische Geschichte gestaltet (240f.).[55] Gerade dieses Gefecht wird jedoch zweimal erzählt, das nächste Kapitel präsentiert die gleichen Kriegsereignisse aus der Sicht von Gottschalks Tagebucheintrag über seinen Einsatz auf dem Verbandsplatz: »Ich mußte die Chloroformmaske halten. Ein Mann [...] wurde herangetragen, der [...] vergeblich versuchte, mit den Händen den austretenden Darm zurückzudrängen. Am Himmel wieder die Geier.« (263) Hat Timm die Leser zuvor noch mit einer äußerst spannenden Geschichte in Atem gehalten, so führt er diese Geschichte gleich darauf nochmals in grauenvollen Nahaufnahmen vor. Diese enge Verbindung von Krieg als Abenteuergeschichte und Krieg als Ansammlung zerfetzter Körperteile lenkt die Aufmerksamkeit auf das Abenteuer-Motiv in Timms Roman.

Denn dieses Motiv ist zentral für das Verständnis der ›Logik‹ der Gewalt, auch und gerade da, wo die Abenteurer des Kolonialkriegs gerade nicht zu Gewalttätern werden. Nach einigen Monaten in ›Deutsch-Südwest‹ fragt sich Gottschalk, was er eigentlich in diesem Krieg und »in dieser Steinwüste verloren« hatte (157), und kommt zu dem Schluß:

> Es war die Sehnsucht nach dem Neuen, [...] eine Neugierde, die alles Gewohnheitsmäßige, Erstarrte aufbrach, in der man sich plötzlich und überraschend als ein anderer wiederfand, in der die kühnsten Tagträume schaudervolles Leben annahmen, gewöhnliche Dinge sich jäh häuteten, fremd wurden und geheimnisvoll. (157f.)[56]

Allerdings ist Gottschalk einer der wenigen, die mit den unmittelbaren sinnlichen Erfahrungen der Abenteuersituation eher harmlose Vorstellungen verbinden. Wenn er sich bei den Streifzügen der ›Schutztruppe‹ einmal »wie ein Cowboy« vorkommt (272), dann verweist dies auf einen anderen Schutztruppenreiter, den Timm ebenfalls zum Western-Helden stilisiert, nämlich durch den Spitznamen »Old Shatterhand«.

Auch dieser Mann sucht offenbar immer wieder die »alles Gewohnheitsmäßige, Erstarrte« aufbrechende sinnliche Erfahrung, allerdings dadurch, daß er – daher der Beiname – als »Verhörspezialist« brutal auf Gefangene Nama einschlägt (52), und er ist ja nicht der einzige, immer wieder melden sich in Gottschalks Abteilung Freiwillige zur Mißhandlung oder Erschießung von Gefangenen.

Mit dem ambivalenten Abenteuer-Motiv weist das Erkenntnisinteresse des Romans in eine ähnliche Richtung wie das der neueren Soziologie, die in Hinsicht auf die Logik von Gewalt und Krieg zu einer ernüchternden Einsicht gekommen ist:

> Die Faszination der Gewalt ist die Faszination der Sinnlichkeit der Gewalt, die Erfahrung eines physischen und emotionalen Erlebens, das die Grenzen des Alltäglichen verläßt, in der die Gegenwart, das Jetzt und das Tun triumphieren.[57]

Eben diesen Zusammenhang versucht in Uwe Timms Roman – und dies ist die argumentative Ebene – der neben dem Protagonisten wichtigste Akteur, der Veterinär Wenstrup, schon früh seinem Freund Gottschalk deutlich zu machen. Es sei ihm, so erklärt er in einer nächtlichen Situation auf einem gefährlichen Patrouillenritt, bewußt geworden, daß das Leben nicht viel Sinn enthalte, wenn man »nicht frei seine Sinnenhaftigkeit ausbilden kann«, und eben diese Erfahrung habe er ausgerechnet in der ›Schutztruppe‹ gemacht, nämlich in »Aktion und Gefahr«, und das, so betont er, sei »das eigentlich Infame« (63).

In diesem Sinne zeigt Uwe Timms Roman ebenso wie neuere Forschungsergebnisse in den Sozial- und Geschichtswissenschaften, daß der Versuch, Gewalt und Krieg zu verstehen, mit Phänomenen zu rechnen hat, die durch gutgemeinte Wünsche und Hoffnungen (Stichwort »Schwerter zu Pflugscharen«) sicher nicht aus der Welt zu schaffen sind. Timm gehört bis heute zu den Schriftstellern, die sich von der angeblichen postmodernen Beliebigkeit oder dem »anything goes« nicht beirren lassen und auf der Erkenntnisleistung literarischer Texte beharren. Literatur, so Timm, teilt mit der Theorie »die aufklärerische Funktion«, »zugleich aber könnte sie unmittelbar Phantasie und Emotion ansprechen«.[58] Im Brückenschlag vom Kolonialkrieg zur 1968er Revolte und ihren Ausläufern war Uwe Timm in seinem Roman *Morenga* den gleichen Fragen auf der Spur, die seit einiger Zeit in den Sozial- und Geschichtswissenschaften gestellt werden, Fragen, wie es kommt, »daß Soldatsein bei allem Widerstreben so zwingend und verlockend war (und ist)«,[59] Fragen nach dem »Grund dafür, daß direkte Gewalt jenseits gesellschaftlicher Rationalität von Menschen mit Freude und mit Gewinn, ja Lust, ausgeübt wird«,[60] und viele andere mehr, die eines gemeinsam haben, nämlich, seitdem die Fragen nach den Ursachen nicht mehr weiterzuführen scheinen,[61] auf dem Weg über eine »Phänomenologie der Gewalt« neue Erkenntnisse über diese gesellschaftlich relevanten Probleme zu gewinnen.

Anmerkungen

1 Birgitta Nedelmann. »Gewaltsoziologie am Scheideweg. Die Auseinandersetzung in der gegenwärtigen und Wege der künftigen Gewaltforschung«. Trutz von Trotha (Hg.). *Soziologie der Gewalt. Kölner Zeitschrift für Soziologie und Sozialpsychologie*. Sonderheft 37/1997. Opladen/Wiesbaden: Westdeutscher Verlag, 1997, 59–85, hier 61.

2 Trutz von Trotha. »Zur Soziologie der Gewalt«. Ders. (Hg.), *Soziologie der Gewalt*, 9–56, hier 14.

3 Friedhelm Neidhardt. »Gewalt. Soziale Bedeutung und sozialwissenschaftliche Bestimmungen des Begriffs«. Bundeskriminalamt Wiesbaden (Hg.). *Was ist Gewalt? Auseinandersetzungen mit einem Begriff*. Wiesbaden 1986 (Sonderband der BKA-Forschungsreihe »Analysen zur Gewalt«, 1: Strafrechtliche und Sozialwissenschaftliche Darlegungen), 109–147, hier 131.

4 Vgl. Norbert Elias. *Über den Prozeß der Zivilisation. Soziogenetische und psychogenetische Untersuchungen* [1936]. Bern, München: Francke, 1969.

5 Thomas Lindenberger, Alf Lüdtke. »Einleitung: Physische Gewalt – eine Kontinuität der Moderne«. Diess. (Hgg.). *Physische Gewalt. Studien zur Geschichte der Neuzeit*. Frankfurt/M.: Suhrkamp, 1995 (stw1190), 7–38, hier 17.

6 Jan Philipp Reemtsma: »›Wir sind alles für dich!‹ Anstatt einer Einleitung: Skizze eines Forschungsprogramms«. Hamburger Institut für Sozialforschung, Jan Philipp Reemtsma (Hg.). *Folter. Zur Analyse eines Herrschaftsmittels*. Hamburg: Junius, 1991, 7–23, hier 9.

7 Lindenberger, Lüdtke, »Einleitung«, 20.

8 Reemtsma, »›Wir sind alles für dich!‹«, 9.

9 Ganz deutlich wird dies, wenn er Literatur auch als eine »Deklaration gegen Ideologien, die das Individuum einschränken«, bezeichnet: Colin Riordan. »›Eine Deklaration gegen Gewalt und Tod‹. Gespräch mit Uwe Timm«. David Basker (Hg.). *Uwe Timm. Contemporary German Writers*. Cardiff: University of Wales Press, 1999, 26–37, hier 36f.

10 Ebd., 36.

11 Trotha, »Zur Soziologie der Gewalt«, 13f. und 23.

12 Michael Geyer. »Eine Kriegsgeschichte, die vom Tod spricht«. *Physische Gewalt*, 136–161, 136.

13 Der Begriff »Interdisziplinarität«, daran wird immer wieder erinnert, bringt die Frage nach Definitionen und Grenzen der Disziplinen ins Spiel, genauer gesagt die Einsicht, daß in sich geschlossene und unveränderbare Disziplinen ohnehin nie existiert haben (vgl. dazu zum Beispiel Joe Moran. *Interdisciplinarity*. London, New York: Routledge, 2002, 2), daß diese vielmehr ebenso als diskursive Konstruktionen zu betrachten sind wie alle anderen sozialen Hervorbringungen und als solche mit denselben Implikationen behaftet – allen voran mit Veränderbarkeit.

14 Vgl. z. B. William H. Newell. »Professionalizing Interdisciplinarity. Literature Review and Research Agenda«. Ders. (Hg.). *Interdisciplinarity. Essays From the Literature*. New York: The College Board, 1998, 529–563, hier 533: »[...] the interdisciplinary practice of adopting the perspective of another field is less common and much more recent«.

15 Die inzwischen häufig zum Ausdruck gebrachte Desillusionierung, die Enttäuschung darüber, daß die Praxis meist hinter dem Versprechen zurück bleibt, das der Begriff Interdisziplinarität zu beinhalten scheint (vgl. dazu u.a. Ruth-Ellen Boetcher Joeres. »Elusive Theory and Illusive Practice? Editing Signs«. *PMLA* 118 [2003], 2, 318–320), hat diesem neuen Ideal offenbar ebensowenig etwas anhaben können wie die ebenfalls immer wieder aufgezählten Schwierigkeiten – angefangen mit der grundsätzlichen Frage nach der Praktikabilität und der Gefahr des Dilettantismus (vgl. dazu u.a. Bart Moore-Gilbert. »Postcolonial Cultural Studies and Imperial Historiography. Problems of Interdisciplinarity«. *Interventions. International Journal of Postcolonial Studies* 1 (1999), 3, 397–411, bes. 409), bis zu Problemen wie dem, daß nicht alle Methoden und Denkweisen mit allen anderen kompatibel erscheinen (vgl. dazu u.a. Joseph J. Kockelmans. »Why Interdisciplinarity?« Newell (Hg.), *Interdisciplinarity. Essays From the Literature*, 67–96, hier 75;

Moran, *Interdisciplinarity*, 60f.), um nur einige zu nennen.

16 Vgl. hierzu etwa Steven Tötösy de Zepetnek. »The Systemic and Empirical Approach to Literature and Interdisciplinarity. Some Pragmatic Aspects«. *Language and Literature Today* 2 (1996), 873–879.

17 Vgl. z.B. Boetcher Joeres, »Elusive Theory«, 318.

18 William H. Newell, William J. Green. »Defining and Teaching Interdisciplinary Studies«. Newell (Hg.), *Interdisciplinarity*, 23–34, hier 24:

> We define interdisciplinary studies as inquiries which critically draw upon two or more disciplines and which lead to an integration of disciplinary insights.

19 Newell, »Professionalizing Interdisciplinarity«, 529–563, hier 533.

20 Oder zumindest,

> daß das komplementäre Spannungs- und Bedingungsverhältnis von Disziplinarität und Interdisziplinarität für die Literaturwissenschaft seit dem Abschied von der Dominanz der Philologie am Beginn dieses [des 20.] Jahrhunderts konstitutiv ist.

Wilhelm Voßkamp. »Jenseits der Nationalphilologien. Interdisziplinarität in der Literaturwissenschaft«. Lutz Danneberg, Friedrich Vollhardt (Hgg., in Zusammenarbeit mit Hartmut Böhme und Jörg Schönert). *Wie international ist die Literaturwissenschaft? Methoden- und Theoriediskussion in den Literaturwissenschaften: kulturelle Besonderheiten und interkultureller Austausch am Beispiel des Interpretationsproblems [1950–1990]*. Stuttgart, Weimar: Metzler, 1996, 87–98, hier 94. Vgl. dazu auch etwa Gerald Graff. *Professing Literature. An Institutional History*. Chicago: University of Chicago Press, 1987, 121, 209. – In diesem Zusammenhang wäre natürlich auch das Stichwort Kontextualisierung zu nennen.

21 Vgl. auch Moran, *Interdisciplinarity*, 21.

22 Jonathan Culler. »Literary Theory«. Joseph Gibaldi (Hg.). *Introduction to Scholarship in Modern Languages and Literatures*. New York: Modern Language Association of America, 1992, 201–235, hier 204f.: the »very comprehensiveness of literature draws theoretical discourses from other fields into theory«.

23 Julie Thompson Klein, William H. Newell. »Advancing Interdisciplinary Studies«. Newell (Hg.), *Interdisciplinarity*, 3–22, hier 3:

> [...] a process of answering a question, solving a problem, or addressing a topic that is too broad or complex to be dealt with adequately by a single discipline or profession.

24 Nedelmann, »Gewaltsoziologie am Scheideweg«, 64.

25 Heinrich Popitz. *Phänomene der Macht*. Tübingen: Mohr (2., stark erweiterte Auflage), 1992, 50.

26 Lindenberger, Lüdtke, »Einleitung«, 17, 30.

27 Vgl. Uwe Timm. *Morenga* [1978]. Ungekürzte, vom Autor neu durchgesehene Ausgabe. München: dtv, 2003, 338 (nach dieser Ausgabe wird in dem vorliegenden Aufsatz mit der Seitenzahl im Text zitiert).

28 Die Konzentration auf die Ursachen der Gewalt wird inzwischen von vielen Soziologen ebenfalls in Frage gestellt; vgl. etwa Trotha, »Zur Soziologie der Gewalt«, bes. 16–20, der vier Einwände gegen diese Richtung anführt: »Der erste orientiert sich am Kriterium der Entdekkungsrelevanz und ist ein resignativer«, denn der Autor »kann in der Soziologie der Ursachen der Gewalt keine überraschenden neuen Einsichten entdecken, nichts, was nicht schon gesagt ist« (18); sein »zweite[r] Einwand zielt auf das Kriterium der theoretischen Relevanz und ist ein polemischer«, weil dort »alles mit allem« in Zusammenhang gebracht wird, dann zu ›großen‹ Verallgemeinerungen übergegangen wird (18f.); das Ergebnis, so von Trothas dritter Einwand, ist eine »Soziologie von Tätern ohne Verantwortung« (19); der vierte Einwand schließlich ist »theoretisch-begrifflicher und methodologischer Art«, da die Soziologie der Ursachen der Gewalt gar keine Soziologie der Gewalt sei, von Gewalt sei sie vielmehr »so weit entfernt wie die ›Ursachen‹, von denen man annimmt, daß sie Gewalt hervorrufen« (19f.).

29 Ebd., 11.

30 Jürgen Busche. »Ein deutsches Vietnam in Südwest? *Morenga*, Uwe Timms Roman über den Kolonialkrieg in Afrika«. *Frankfurter Allgemeine Zeitung*, 18. April 1978.

31 Als solche ist diese These nicht neu, doch meines Wissens gibt es bislang keine diesbezüglich systematische Textanalyse. Am konkretesten im Sinne meiner These formuliert Steffen Richter diesen Gedanken:

> In vielen Konstellationen kann und will Timms Roman seinen historischen Entstehungsort in den siebziger Jahren nicht verleugnen. Die Bestandsaufnahme der Studentenbewegung und des Scheiterns ihrer radikalen Intentionen sind ihm deutlich eingeschrieben,

und Richter nennt auch selbst einige Beispiele, die sich zum Teil auch in anderen Untersuchungen immer wieder erwähnt finden, wie etwa die komplexe, mit historischen Dokumenten arbeitende Montagetechnik des Romans, die an die Dokumentarliteratur der Zeit erinnert; darüber hinaus erweise sich Gottschalks Kollege Wenstrup »in seinen politischen und ökonomischen Analysen den Siebzigern verhaftet«, ebenso wie Timm in seiner Hauptfigur Gottschalk »die Sehnsucht nach Sinnlichkeit« der 1970er Jahre und von daher die »Idealisierung« des natürlichen Leben mitverhandelt; und vor allem verdanke sich die Parallele Holocaust/Kolonialismus »der Sensibilisierung des Autors durch die Studentenbewegung und deren Auseinandersetzung mit der Vätergeneration«. Steffen Richter. »›Hic sunt leones‹. Die Kolonialkriege in Deutsch-Südwestafrika und die deutschsprachige Gegenwartsliteratur«. *Sprache im technischen Zeitalter* 168 (2003), 428–443, hier 438–440. Die Parallele Holocaust/Kolonialismus ist ein weiterer Aspekt in Timms Roman, der – über Hinweise auf explizite Äußerungen des Autors hinaus – sicherlich einer eingehenderen Untersuchung bedarf; an dieser Stelle sei mit dem »Aschenbecher aus der Schädeldecke eines Hottentotten«, den ein ›Schutztruppen‹-Soldat herstellt (72), nur ein besonders deutliches Signalmotiv genannt, jedoch auch vor einem allzu eindimensionalen Vergleich gewarnt: Denn die Konzentrationslager, so erklärt der Stabsveterinär dem Neuankömmling Gottschalk, sind »nach den neuesten Erkenntnissen der Engländer im Burenkrieg errichtet« (26), und dem »Schlächter« General von Trotha (373) wird ein abgewandeltes Zitat in den Mund gelegt, das dem amerikanischen General Philip Sheridan (1831–1888) zugeschrieben wird: »The only good Indian I ever saw were dead«; vgl. in *Morenga* 160, 373. Entgegen den Interview-Aussagen reflektiert der Roman *Morenga* die Frage nach dem Zusammenhang von deutschem Kolonialismus und Holocaust also in einer weiter gefaßten historischen Perspektive von imperialem und kolonialem Völkermord. – Manfred Durzak sagte in einem Interview mit Uwe Timm:

> Da [in *Morenga*] bist Du einen ganz anderen Weg gegangen, hast einen historischen Stoff aufgegriffen und bestimmte Vorstellungen und politische Ziele der Studentenbewegung auf beeindruckende Weise in einem historischen Stoff aufgespürt.

Manfred Durzak. »Die Position des Autors. Ein Werkstattgespräch mit Uwe Timm«. Manfred Durzak, Hartmut Steinecke (Hgg.). *Die Archäologie der Wünsche. Studien zum Werk von Uwe Timm*. Köln: Kiepenheuer & Witsch, 1995, 311–354, hier 320f. – Vgl. auch David Baskers Bemerkung:

> Its [the novel's] subject matter, too, owes something to the concerns of the student movement, of which Uwe Timm had had such a direct experience, for it is to the issue of the exploitation of the Third World that he turns his attention here.

David Basker. »Uwe Timm: Literary Career«. Ders. (Hg.), *Uwe Timm*, 17–26, hier 21, oder die von Keith Bullivant:

> The portrayal of the suppression of the natives and of unscrupulous collaboration between German and English troops in the extermination of the rebellious Herero tribesmen under the leadership of Morenga was seen as

continuing the anti-imperialist attitudes central to the student movement of the late sixties, and also as an act of solidarity with Swapo in Namibia, the former German South-West Africa.

Keith Bullivant. »The Writer as Anthropologist. The Works of Uwe Timm«. Basker (Hg.), *Uwe Timm,* 38–46, hier 39, und nicht zuletzt hat Uwe Timm selbst u.a. in einem Interview aus dem Jahr 1999 entschieden darauf bestanden, daß der *Morenga*-Roman »aus dem Umkreis der Studentenbewegung zu verstehen« sei – ein Indiz wohl dafür, daß er dieses zentrale Thema seines gesamten Werks zumindest in der Rezeption dieses Romans nicht genügend gewürdigt sieht. Uwe Timm in Colin Riordan. »›Eine Deklaration gegen Gewalt und Tod‹«. Basker (Hg.), *Uwe Timm*, 26–37, hier 32.

32 Peter Weiss. [Beitrag zu dem Forum »Der antiimperialistische und antikapitalistische Kampf in den kapitalistischen Ländern«]. SDS Westberlin und Internationales Nachrichten- und Forschungsinstitut (INFI) (Hg.). *Der Kampf des vietnamesischen Volkes und die Globalstrategie des Imperialismus. Internationaler Vietnam-Kongreß – Westberlin.* Berlin: Verlag Peter von Maikowski, 1968, 89–90, hier 89.

33 Gerd Koenen. *Das rote Jahrzehnt. Eine kleine deutsche Kulturrevolution 1967–1977.* Köln: Kiepenheuer & Witsch, 2001, 47.

34 Obwohl Uwe Timm dieses Motiv zu einem recht umfangreichen Motivstrang entwickelte, hat das Kuhgebiß bislang nur unter dem Aspekt Beachtung gefunden, daß es zuletzt »zwischen Gottschalk und Morenga zum Zeichen einer Verständigung geworden ist«, für andere aber »überhaupt keine Bedeutung« hat. Gudrun Oberprieler. »Gottschalks Entwicklungsprozess oder der gescheiterte Versuch, einen fremdkulturellen Kode zu erlernen. Eine Untersuchung zu Uwe Timms Roman *Morenga*«. *Acta Germanica* 19 (1992), Beiheft 2, 167–183, hier 176. Die Szene wird zwar aus der Perspektive eines Mitgefangenen erzählt, der wegen Gottschalks ›verdächtigem‹ Verhalten verhört wird, läßt sich aber sicherlich zumindest bis zu einem gewissen Grade als Verständigung zwischen Gottschalk und Morenga lesen:

> Der Oberveterinär habe Morenga ein Drahtgestell geschenkt und ihm dazu etwas in Nama gesagt, was er wieder nicht habe verstehen können. Er sei sicher, daß es sich nicht um ein Maschinengewehrteil gehandelt habe [...]. Zum Abschied habe Morenga dem Veterinär die Hand gereicht.

Morenga, 398.

35 Ingo R. Stoehr. »›A trip of discovery into my own consciousness‹. A conversation with Uwe Timm. Transl. by Ingo and Louise Stoehr«. *Dimension². Contemporary German-Language Literature* 2 (1995), 3, http://www.members.aol.com/germantext/v2n3-interview.html, 22.04.2005).

36 In Anlehnung an Jesaja 2,4: »Da werden sie ihre Schwerter zu Pflugscharen und ihre Spieße zu Sicheln machen« (vgl. auch Micha 4,3).

37 In Anlehnung an den Titel der Untersuchung von Gerd Koenen.

38 Jeremy Varon. *Bringing the War Home. The Weather Underground, the Red Army Faction, and Revolutionary Violence in the Sixties and Seventies.* Berkeley, CA: University of California Press, 2004, 3:

> As early as 1967, New Leftists [...] discussed the possibility of taking up arms. [...] Though such discussions often remained at the level of speculation or fantasy, many activists took the prospect of violence very seriously.

39 In seinem Fall spiegelt sich die Apologie der Gewalt in den Diskussionen der Neuen Linken noch in den Reflexionen über den Zusammenhang von »Gewaltbereitschaft« und »Kriegsbereitschaft« in seinem jüngsten Text *Am Beispiel meines Bruders* aus dem Jahr 2003. Köln: Kiepenheuer & Witsch, 2003, bes. 149f..

40 Koenen, *Das rote Jahrzehnt*, 85; das Zitat stammt aus Ernesto Che Guevara. *Episoden aus dem Revolutionskrieg.* Leipzig: Reclam, 1978, 239. – Daß Guevara »gerade unter der westlichen Jugend das Objekt intensiver Phantasien und Besetzungen wurde«, lag Koenen

zufolge daran, daß dieser »Sohn einer weißen wohlhabenden Familie aus Buenos Aires« mit seiner »weltrevolutionären Selbstbeauftragung« ein besonders geeignetes Identifikationsobjekt für die radikalen Studenten und Intellektuellen des Westens war. Koenen, 87.

41 Ebd., 88.

42 Um nur ein Beispiel zu nennen: Gottschalk läßt sein bereits geschriebenes Entlassungsgesuch lange in einer Schublade liegen (411) und reicht es erst ein, als er erfährt, daß Morenga verwundet wurde und sich in der Kapkolonie in einem englischen Gefängnis befindet (414).

43 Über diese und die von Richter genannten Beispiele (Anmerkung 31) hinaus seien hier weitere Überblendungen historischer Diskursebenen zumindest kurz angerissen: Zunächst einmal fallen immer wieder Schlagworte des 1968er-Diskurses, wie z. B. die marxistische Nebenwiderspruchsthese, von den dominanten männlichen Trägern der Studentenbewegung gern als Abwehr gegen erste feministische Forderungen eingesetzt und in dem Roman *Morenga* in anderem Zusammenhang »Seitenwiderspruch« genannt (*Morenga*, 57). – Dann werden zentrale Themen wie etwa die brisante Problematik der Verständigung der Intellektuellen mit den Vertretern der Arbeiterklasse vor dem kolonialen Hintergrund ausführlich, wenngleich verdeckt mitdiskutiert (vgl. 376–379). – Ein weiteres Beispiel wäre etwa die Diskussion darüber, daß bei dem Aufstand in ›Südwest‹ »in einem kleinen, überschaubaren Maßstab erprobt werden [könne], was später in einem weit gefährlicheren und größeren Fall anzuwenden wäre. Er denke an einen Guerillakrieg in einer bevölkerungsreichen Kolonie, Kamerun oder Ostafrika« (373, vgl. auch 374). Auch der Krieg um Vietnam wurde in den 1960er Jahren sowohl auf der Seite der Befürworter als auch der Gegner als Testfall betrachtet, etwa wenn Herbert Marcuse schrieb:

> Es handelt sich in Vietnam darum, einen der strategisch und ökonomisch wichtigen Bereiche der Welt nicht unter kommunistische Kontrolle fallen zu lassen. Es handelt sich um einen entscheidenden Kampf gegen alle Versuche nationaler Befreiung in allen Teilen der Welt, entscheidend in dem Sinne, daß ein Erfolg des vietnamesischen Befreiungskampfes das Signal für Aktivierung solcher Befreiungskämpfe in anderen Teilen der Welt geben könnte und unter Umständen näher an den Metropolen, wo wirklich gewaltige Investitionen vorliegen.

Herbert Marcuse. »Das Problem der Gewalt in der Opposition«. Horst Kurnitzky, Hansmartin Kuhn (Hgg.). *Das Ende der Utopie. Herbert Marcuse diskutiert mit Studenten und Professoren an der Freien Universität Berlin über die Möglichkeiten und Chancen in den Metropolen in Zusammenhang mit den Befreiungsbewegungen in den Ländern der Dritten Welt.* Berlin: Verlag Peter von Maikowski, 1967, 47–54, hier 52; die Gesellschaftsform der Nama ist bei Timm eindeutig als sozialistische (*Morenga*, 277) oder »urkommunistisch[e]« (385, vgl. auch 302) dargestellt. – Zentrale Bedeutung hat in diesem Kontext der Überblendung von Diskursebenen auch das Motiv der Verantwortung des Einzelnen (375, 386) und, daraus erwachsend, der Frage, was der Einzelne tun kann angesichts des erkannten Unrechts (255, 264f., 416–418), also zum Beispiel desertieren (258f.), Befehle verweigern (340), exemplarisch einen an diesem Unrecht Schuldigen töten, wie es die RAF praktizierte (252f., 262), oder zum Feind überlaufen, wie Gottschalk es zuletzt mehrfach in Erwägung zieht. Gottschalks innere Kämpfe angesichts dieser Entscheidungssituationen können in diesem Zusammenhang durchaus mit jener Schwellensituation verglichen werden, in der sich viele Aktivisten sahen, die mit dem Gedanken spielten, in den Untergrund zu gehen und den bewaffneten Kampf aufzunehmen, und die Gerd Koenen aus der zeitlichen Distanz von dreißig Jahren so beschreibt: »Am Beginn des bewaffneten Kampfes stand die leere existentielle Tat des Übergangs in die Illegalität, in den ›Untergrund‹.« Koenen, *Das rote Jahrzehnt*, 359; in dem Roman *Morenga* findet sich eine solche existentielle Entscheidungssituation, die auch durch den Wechsel im Erzählduktus herausgehoben ist, auf 264f. – Ein zentrales Motiv sowohl der 1968er Bewegung als auch des Romans ist darüber hinaus die Suche nach alternativen Lebensweisen, die sich in *Morenga* um die Stichworte »Sozialdarwinismus« versus Kropotkins *Gegenseitige Hilfe in der Entwicklung* konzentriert (vgl. besonders 72, 172, 256-258, 277, 359f.).

44 Vgl. u.a. Gunther Pakendorf. »Morenga oder Geschichte als Fiktion«. *Acta Germanica* 19 (1988), 144–158; Konstanze Streese. *»Cric? – Crac!« Vier literarische Versuche, mit dem Kolonialismus umzugehen*. Bern u.a.: Peter Lang, 1991, 65–100; Gudrun Oberprieler, »Gottschalks Entwicklingsprozeß«; Hugh Ridley. »Die Geschichte gegen den Strich lesend. Uwe Timms *Morenga«*. Anne Fuchs, Theo Harden (Hgg.). *Reisen im Diskurs. Modelle der literarischen Fremderfahrung von den Pilgerberichten bis zur Postmoderne. Tagungsakten des internationalen Symposions zur Reiseliteratur. University College Dublin vom 10.-12. März 1994*. Heidelberg: Winter, 1995, 358–373; Jost Hermand. »Afrika den Afrikanern. Timms *Morenga«*. Durzak, Steinecke (Hgg.), *Die Archäologie der Wünsche*, 47–63; Rainer Kußler. »Interkulturelles Lernen in Uwe Timms *Morenga«*. Durzak, Steinecke (Hgg.), 65–91; Peter Horn. »Über die Schwierigkeit, einen Standpunkt einzunehmen. Zu Uwe Timms *Morenga«*. Durzak, Steinecke (Hgg.), 93–118; Keith Bullivant, »The Writer as Anthropologist«; Sabine Wilke. »›Hätte er bleiben wollen, er hätte anders denken und fühlen lernen müssen‹. Afrika geschildert aus Sicht der Weißen in Uwe Timms *Morenga«*. *Monatshefte für deutschsprachige Literatur und Kultur* 93 (2001), 3, 335–354; Steffen Richter, »Hic sunt leones«; Martin Hielscher. »Sprechende Ochsen und die Beschreibung der Wolken«. *Sprache im technischen Zeitalter* 168 (2003), 463–471.

45 Mit Blick auf den zuletzt genannten Aspekt wäre im Kontext des 1968er Diskurses die lakonische Gegenüberstellung von Verlierern (die deutschen Steuerzahler [42]) und Gewinnern des Kolonialkrieges (die Deutsche Kolonialgesellschaft [ebd.], die Woermann-Linie, die »praktisch das Monopol für sämtliche Transporte nach Südwestafrika« besaß [43], die Firma Tippelskirch, die »das Monopol für die Ausrüstung der Kolonialtruppen« innehatte [ebd.]) zu nennen oder allgemeiner die Rolle des Kapitalismus bei der Kolonisierung Afrikas, zum Beispiel in der ausführlichen Darstellung dessen, was Noam Chomski als ›Profit over people‹-Mentalität bezeichnet hat (vgl. *Morenga*, 188–207).

46 Trotha, »Zur Soziologie der Gewalt«, 11, Anm. 3; von Trotha bezieht sich auf: Emile Durkheim. *Erziehung, Moral und Gesellschaft. Vorlesungen an der Sorbonne 1902/1903*. Eingeleitet von Paul Fauconnet. Neuwied, Darmstadt: Luchterhand, 1973 [1963/1902–1903], 230f.

47 Vgl. *Die Kämpfe der deutschen Truppen in Südwestafrika*. Aufgrund amtlichen Materials bearbeitet von der kriegsgeschichtlichen Abteilung I des Großen Generalstabes. Bd. 1: *Der Feldzug gegen die Hereros*. Bd. 2: *Der Hottentottenkrieg*. Berlin: Mittler, 1906f.

48 Vgl. Geyer, »Eine Kriegsgeschichte«, 158.

49 Ebd., 136.

50 Andreas Kilb. »Der Tod am Omaha Beach. Steven Spielberg besiegt den Zweiten Weltkrieg im Kino: *Saving Private Ryan«*. *Die Zeit*, 33/1998 (http://www.zeit.de/archiv/1998/33/199833.spielberg.xml, 22.04.2005). Der Autor dieses Artikels zitiert eine Behauptung der US-amerikanischen Presse, der er jedoch selbst skeptisch gegenübersteht.

51 Vgl. *Into the Breach. »Saving Private Ryan«. A documentary*, produced by Christen Harty Schaefer 1998.

52 Nedelmann, »Gewaltsoziologie am Scheideweg«, 71.

53 Vgl. z.B. ebd., 80. – Im Fall von Spielberg ist eine solche Wirkung um so fragwürdiger, als sein Film nach den grauenvollen ersten 25 Minuten im wesentlichen wieder dem hergebrachten Muster des Kriegsfilms folgt. Vgl. ähnlich auch Andreas Kilb:

> Denn, siehe da, der Film, der angetreten ist, um das Bomben- und Granaten-Genre aus den Angeln zu heben und der Ästhetik des Gemetzels ein neues Gesicht zu geben, verwandelt sich nach einer knappen halben Stunde in ein ganz normales Kriegsspektakel à la ›Steiner‹,

›Platoon‹, ›Durchbruch auf Befehl‹ oder ›Der längste Tag‹. Das Niegesehene hat Spielberg gezeigt, jetzt bringt er das Gewohnte.

54 Nedelmann, »Gewaltsoziologie am Scheideweg«, 70.

55 Übrigens wird gerade am Ende dieser fesselnden Geschichte die Photographie von Morenga beschrieben und wie oben zitiert mit Photos von Che Guevara verglichen; damit ist einmal mehr die Assoziation Guerillakrieg/Abenteuer hergestellt.

56 Bei Gottschalk ist das Abenteuer-Motiv zudem mit dem Fernweh aus seiner Kindheit verbunden, konzentriert um das Leitmotiv der »Gewürzinseln«, von denen er als Junge im Kolonialwarenladen seines Vaters träumt (19f. u.ö.).

57 Trotha, »Zur Soziologie der Gewalt«, 32.

58 Uwe Timm. »Peter Handke oder sicher in die 70er Jahre«. *kürbiskern* 4 (1970), 611–621, hier 611.

59 Geyer, »Eine Kriegsgeschichte«, 136. Ein wichtiger Aspekt der Analyse von Michael Geyer ist die Verbindung dieser Fragen mit Vorstellungen von Männlichkeit, die bei Uwe Timm, soweit ich das sehe, jedoch nur am Rande thematisiert werden, etwa wenn ein Major das Klischee reproduziert, »draußen, im Felde, zeige sich oftmals der wahre Kern eines Mannes« (47).

60 Ronald Lutz. »Entgrenzte Gewalt. Eine kulturelle Apokalypse«. Michael Klein (Hg.). *Gewalt – interdisziplinär*. Münster, Hamburg, London: LIT Verlag, 2002 (Erfurter Sozialwissenschaftliche Reihe, 5), 223–239, hier 223.

61 Trotha, »Zur Soziologie der Gewalt«, 20.

Siglenverzeichnis

Aus folgenden Ausgaben wird in allen Beiträgen unter Verwendung einer Band-Sigle und der Seitenzahl zitiert:

W 1-4 Ingeborg Bachmann. *Werke*. 4 Bände. Hg. von Christine Koschel, Inge von Weidenbaum und Clemens Münster. München, Zürich: Piper, 1978.

GuI *Ingeborg Bachmann. Wir müssen wahre Sätze finden. Gespräche und Interviews*. Hg. von Christine Koschel und Inge von Weidenbaum. München, Zürich: Piper, 1983.

TKA 1-4 Ingeborg Bachmann. *»Todesarten«-Projekt*. 4 Bände in 5 Bänden. Unter Leitung von Robert Pichl hg. von Monika Albrecht und Dirk Göttsche. München, Zürich: Piper, 1995.

KKA Ingeborg Bachmann. *Kritische Schriften*. Hg. von Monika Albrecht und Dirk Göttsche. München, Zürich: Piper, 2005.

Bildnachweise

Abb. 1 Häupter am Bayon-Tempel in Angkor. © Jens M. Scherpe

Abb. 2 Pergamon-Altar: Gigantomachiefries, Ostseite. © Pergamon-Museum Berlin

Abb. 3 Albrecht Dürer, *Melencolia I*, Kupferstich, 1514. © Staatliche Museen zu Berlin – Preußischer Kulturbesitz, Kupferstichkabinett

Abb. 4 Donald Judd, *ohne Titel* (Leo Castelli Gallery 1970). © Art Judd Foundation. Licensed by VAGA, NY/VG Bild-Kunst, Bonn 2005

Abb. 5 Jenny Holzer, Installation *OH* in der Neuen Nationalgalerie Berlin, 2001. © VG Bild-Kunst, Bonn 2005

Abb. 6 Francisco de Goya *El perro (Der Hund)*, 1820–1823. © Museo del Prado Madrid

Zu den Autorinnen und Autoren

Contributors to this Issue

Monika **Albrecht**, Dr., Visiting Professor an der Sungshin Women's University, Seoul, Süd-Korea; Promotion Münster 1988 (*»Die andere Seite« – Untersuchungen zur Bedeutung von Werk und Person Max Frischs in Ingeborg Bachmanns »Todesarten«*, 1989); Publikationen zu Ingeborg Bachmann (Mithg. der Editionen des *Todesarten*-Projekts, 1995, der *Kritischen Schriften*, 2005, des *Bachmann-Handbuchs*, 2003) und zur Literatur des 20. Jahrhunderts aus feministischer (Bachmann, Kaschnitz) sowie aus postkolonialer Sicht (Stefan Zweig, Claire und Ivan Goll, B. Traven, A. Döblin, Bachmann, Koeppen, Frisch, J. Moosdorf, Kaschnitz, A. Schmidt).

German Department, Sungshin Women's University, 249-1, Dongseon-dong 3-ga, Seongbuk-gu, Seoul 136-742, Süd-Korea

Heike **Bartel**, Dr., Senior Lecturer am Department of German Studies der University of Nottingham; studierte Germanistik und Philosophie an den Universitäten Bonn und Oxford, Promotion 1999 (*»Centaurengesänge«. Friedrich Hölderlins Pindarfragmente*, 2000); Buch- und Aufsatzpublikationen zum Thema Mythos (*Mythos in der Literatur*, 2004), zu Hölderlin, Goethe, Celan, Anne Duden und zeitgenössischen deutschsprachigen Autorinnen, Mithg. von *»Nachdenklicher Leichtsinn«. Essays on Goethe and Goethe Reception*, 1999; *Anne Duden: A Revolution of Words. Approaches to her Fiction, Poetry and Essays*, 2003; Arbeiten für BBC Radio 4.

Department of German Studies, University of Nottingham, University Park, Nottingham NG7 2RD, Großbritannien

Mary **Cosgrove**, Dr., Lecturer am Department of German der Universität Edinburgh. Promotion University College Dublin 2002 (*Grotesque Ambivalence. Mourning and Melancholy in the Prose Work of Albert Drach*, 2004). Aufsatzpublikationen zum Thema melancholischer Erinnerung im literarischen Diskurs westdeutscher Autoren der Nachkriegszeit (W.G. Sebald, Wolfgang Hildesheimer, Günter Grass) und im Werk des österreichisch-jüdischen Schriftstellers Albert Drach. Mithg. von zwei Bänden zum Thema *Memory Contests* im wiedervereinigten Deutschland (German Life & Letters 2006; Camden House 2006).

School of Literatures, Languages and Cultures, Division of European Languages and Cultures, German Department, The University of Edinburgh, David Hume Tower, Edinburgh EH8 9JX, Großbritannien

Anne **Fuchs**, Professor of German am University College Dublin; Promotion 1991 (*Dramaturgie des Narrentums. Das Komische in der Prosa Robert Walsers*, 1992). Weitere Monographien: *A Space of Anxiety. Dislocation and Abjection in Modern German-Jewish Literature*, 1999; *»Die Schmerzensspuren der Geschichte«. Zur Poetik der Erinnerung in W.G. Sebalds Prosa*, 2004. Herausgeberschaften: (mit Theo Harden) *Reisen im Diskurs. Modelle der literarischen Fremderfahrung von den Pil-*

gerberichten bis zur Postmoderne, 1995; (mit Florian Krobb) *Ghetto Writing. Traditional and Eastern Jewry in German-Jewish Ghetto Writing from Heine to Hilsenrath*, 1999; (mit Edric Caldicott) *Cultural Memory. Essays on European Literature and History*, 2003; (mit Sabine Strümper-Krobb) *Sentimente, Gefühle, Empfindungen. Zur Geschichte und Literatur des Affektiven von 1770 bis heute*, 2003. Aufsätze zu Reiseliteratur, deutsch-jüdischen Autoren und kulturellem Gedächtnis.

Department of German, University College Dublin, Belfield, Dublin 4, Irland

Sabine I. **Gölz**, Ph.D., Associate Professor für Vergleichende Literaturwissenschaft an der University of Iowa. Promotion über Ingeborg Bachmann und Paul Celan, Cornell University, 1987. Buch- (*The Split Scene of Reading. Nietzsche / Derrida / Kafka / Bachmann*, 1998) und Aufsatzpublikationen zu Grundfragen der Poetik und Literaturtheorie in der europäischen Literatur des 19. und 20. Jahrhunderts, zu Ingeborg Bachmanns Poetik sowie über Ilse Aichinger, Jacques Derrida, Guillaume Apollinaire, Walter Benjamin und Karoline von Günderrode (»Günderrode Mines Novalis«, 2000). Aufsätze zur deutschen Nachkriegsliteratur von jüdischen AutorInnen (Jurek Becker, Esther Dischereit). Übersetzungen aus dem Russischen (mit Oleg V. Timofeyev; Texte von Sofia Kovalevskaya und Sigizmund Krzhizhanovsky) sowie Ausstellungen photographischer Werke in Rußland und den USA. Neuere Arbeiten über die Stadt Moskau (»Moscow for Flâneurs. Pedestrian Bridges, Europe Square, and Moskva-City«, 2006) und über Schrift und Photographie bei Walter Benjamin (in Vorbereitung).

Department of Cinema and Comparative Literature, The University of Iowa, Iowa City, IA 52242, USA

Dirk **Göttsche**, Professor of German an der University of Nottingham; Promotion Münster 1986 (*Die Produktivität der Sprachkrise in der modernen Prosa*, 1987), Habilitation Münster 1999 (*Zeit im Roman. Literarische Zeitreflexion und die Geschichte des Zeitromans im späten 18. und im 19. Jahrhundert*, 2001); Buch- und Aufsatzpublikationen zu Wilhelm Raabe (*Zeitreflexion und Zeitkritik im Werk Wilhelm Raabes*, 2000), Marie Luise Kaschnitz (*»Für eine aufmerksamere und nachdenklichere Welt«*, 2001) und Ingeborg Bachmann (Mithg. der Editionen des *Todesarten*-Projekts, 1995, der *Kritischen Schriften*, 2005, des *Bachmann-Handbuchs*, 2003) sowie zum Zeitroman, zur Kleinen Prosa und zur österreichischen Moderne, zur Editionsphilologie und zur interkulturellen bzw. postkolonialen Literaturwissenschaft.

Department of German Studies, University of Nottingham, University Park, Nottingham NG7 2RD, Großbritannien

Martin A. **Hainz**, Mag. Dr., Univ.-Assistent am Institut für Germanistik der Universität Wien. Bücher: *Entgöttertes Leid* (2005), *Lunovis ips'albumst* (2005), *Masken der Mehrdeutigkeit* (2001, ²2003); *Vom Glück sich anzustecken* (Hg., 2005), *Stundenwechsel* (Hg. mit Andrei Corbea-Hoisie, George Gutu, 2002); derzeit mit einer Habilitation zu F. G. Klopstock befaßt. Zahlreiche Aufsätze zur deutschen und österreichischen Literatur sowie Philosophie, v.a. zu Rose Ausländer, Paul Celan, der Bukowina, ferner zur Interpretationstheorie (v.a. auch »Lyrik nach Auschwitz«);

Mithg. der historisch-kritischen Rose Ausländers-Ausgabe (2005ff.), Mitarbeit an der historisch-kritischen Thomas Bernhard-Ausgabe.

Institut für Germanistik, Universität Wien, Dr. Karl Lueger-Ring 1, A-1010 Wien, Österreich

Hans **Höller**, Professor am Fachbereich Germanistik der Universität Salzburg; Promotion Salzburg 1973 (*Kritik einer literarischen Form. Versuch über Thomas Bernhard*, Stuttgart 1979); danach von 1973 bis 1979 als Lektor in Neapel, Wroclaw und Montepellier; seit 1979 am Germanistikinstitut der Universität Salzburg; Habilitation Salzburg 1984 (*Ingeborg Bachmann. Das Werk*, 1986); Buchpublikationen zu Molières und Kleists *Amphitryon*, zu Peter Weiss' *Ästhetik des Widerstands* (*Hinter jedem Wort die Gefahr des Verstummens*, Hg., 1988), *Thomas Bernhard* (rowohlt monographien 1993), Ingeborg Bachmann (rowohlt monographien 1999); Kommentierte Editionen von Werken Ingeborg Bachmanns, Thomas Bernhards, Jean Amérys (zuletzt: *Ingeborg Bachmann, Hans Werner Henze: Briefe einer Freundschaft*, 2004).

Universität Salzburg, Fachbereich Germanistik, Akademiestr. 20, A-5020 Salzburg, Österreich

Tabea C. **Kretschmann**, MPhil; Abschluß des Studiums mit dem Master of Philosophy in Historical Studies an der University of Cambridge/UK und dem ersten Staatsexamen in den Fächern Deutsch, Geschichte und Italienisch an der Friedrich-Alexander-Universität Erlangen-Nürnberg. Zulassungsarbeit zum ersten Staatsexamen: »›... und das Inferno als Ausblick‹ – Die produktive Rezeption von Dante Alighieris *Divina Commedia* in Ingeborg Bachmanns Hörspiel *Der gute Gott von Manhattan*«.

Ulmenweg 17, 91054 Erlangen

Franziska **Meyer**, Dr., Lecturer am Department of German Studies der University of Nottingham. Buch- (*Avantgarde im Hinterland. Caroline Schlegel-Schelling in der DDR-Literatur*, 1999) und Aufsatzpublikationen u.a. zur Brieffreundschaft im 18. Jhr., zu westdeutschen Autorinnen der Nachkriegszeit, den Literaturverhältnissen des Kalten Krieges in DDR und BRD, Gender-Aspekten in Biographik und historischem Roman sowie zur Behandlung des Holocaust in Literatur und Film; Mitglied des Vorstandes der Anna-Seghers-Gesellschaft, Mithg. u.a. des Jahrbuches *Argonautenschiff* 2004 und des Ausstellungskataloges *Eine Kulturmetropole wird geteilt. Literarisches Leben in Berlin (West) 1945-1961* (1987).

Department of German Studies, University of Nottingham, University Park, Nottingham NG7 2RD, Großbritannien

Ritchie **Robertson**, D.Phil., seit 1989 University Lecturer an der Universität Oxford und Mitglied des St John's College; seit 1999 Professor of German; seit 2004 Mitglied der British Academy. Zahlreiche Veröffentlichungen zur deutschen und insbesondere zur österreichischen Literatur seit 1750, unter anderem über Lessing, Blumauer, Goethe, Schiller, Grillparzer, Kürnberger, Schnitzler, Hofmannsthal, Kafka, Musil, Joseph Roth, Elias Canetti. Hauptveröffentlichungen: *Kafka: Judaism, Politics, and Literature* (1985, deutsch 1988), *Heine* (1988, deutsch 1997); *The ›Jewish Question‹ in German Literature 1750–1939* (1999); *Kafka: A Very Short Introduction* (2004); (Hg.) *The Cambridge Companion to Thomas Mann* (2002). Mithg. (mit Katrin Kohl) des Bandes *A History of Austrian Literature 1918-2000* in der Reihe Camden House History of German Literature (erscheint 2006). Übersetzungen aus E.T.A. Hoffmann, Heine, K.P. Moritz. Mit Edward Timms Hg. des Jahrbuchs *Austrian Studies*, 1990-99. Seit 2000 Mithg. der Zeitschrift *Modern Language Review*.

St. John's College, Oxford OX1 3JP, Großbritannien

Dennis **Tate**, Professor of German Studies an der Universität Bath. Buchpublikationen zur ostdeutschen Literatur vor und nach der Wende: *The East German Novel*, 1984; *Geist und Macht. Writers and the State* (Mithg.), 1992; *Franz Fühmann. Innovation and Authenticity*, 1995; *Günter de Bruyn in Perspective* (Hg.), 1999; *Heiner Müller. Probleme und Perspektiven* (Mithg.), 2000. Mithg. der *Encyclopedia of Contemporary German Culture*, 1999. Neuere Aufsatzpublikationen u.a. zum autobiographischen Schreiben ostdeutscher Autoren, zu Uwe Johnson, Volker Braun und Christoph Hein.

Department of European Studies and Modern Languages, University of Bath, Bath BA2 7AY, Großbritannien.

Elisabeth **Wagner**, Dr., seit 1998 Koordinatorin des interdisziplinären Graduiertenkollegs »Codierung von Gewalt im medialen Wandel« an der Humboldt-Universität zu Berlin; studierte Germanistik, Politikwissenschaften und Kunstgeschichte, Promotion im Fach Kunstgeschichte, wissenschaftliche Assistentin für die Peter-Weiss-Retrospektive in der Akademie der Künste, Berlin (1992), und Moderna Musset, Stockholm (1993), wissenschaftliche Mitarbeiterin am Forschungsprojekt »Neue Ansätze kultureller Weiterbildung« am Forschungsinstitut für Arbeiterbildung / Ruhruniversität Bochum, Mitbegründerin der Mosse-Lectures an der Humboldt-Universität zu Berlin. Kunstwissenschaftliche Publikationen: *Räume schaffen. Neue Ansätze kultureller Weiterbildung* (1996), *Kunstszenarien in Unternehmen* (1999), *Kunstvermittlung heute* (2000).

Graduiertenkolleg »Codierung von Gewalt im medialen Wandel«, Humboldt-Universität zu Berlin, Schützenstr. 21, 10099 Berlin

Beate **Willma**, Doktorandin am King's College London (Music Department); studierte Deutsch (Lehramt), Schulmusik und Historical Musicology in Tübingen, Stuttgart und London; zur Zeit Promotion zur Rolle der musikalischen Avantgarde und des zeitgenössischen musikalischen Diskurses in Ingeborg Bachmanns Poetologie; Tätigkeiten im Opernbereich als Dramaturgin und German Language Coach sowie als Part-time Lecturer am King's College London; arbeitet ab Herbst 2005 als Produktionsdramaturgin für Det Kongelige Teater (Oper) und Den Anden Opera (experimentelles Musiktheater), beide Kopenhagen, Dänemark.

Music Department, King's College London, Strand Campus, London WC2R 2LS, Großbritannien

KRIEG UND LITERATUR/WAR AND LITERATURE Vol. X (2004)

Herausgeber / Editor
Erich Maria Remarque-Friedenszentrum
Erich Maria Remarque-Archiv/Forschungsstelle Krieg und Literatur, Fachbereich Sprach- und Literaturwissenschaft, Universität Osnabrück, Postfach 4469, D-49034 Osnabrück

Gestaltung / Layout: Claudia Glunz, Thomas F. Schneider, Michael Fisher

KRIEG UND LITERATUR/WAR AND LITERATURE erscheint einmal jährlich.
Preis pro Heft EUR 41,– / Abonnement: EUR 37,– p.a (+ Porto).

KRIEG UND LITERATUR/WAR AND LITERATURE will be published once a year.
Price per issue EUR 41,– / Subscritpion rate: EUR 37,– a year (+ p&p).